近世後期テニヲハ論の展開と活用研究

遠藤佳那子 [著]

Endo Kanako

勉誠出版

巻頭言

服部　隆

明治以降の日本語研究を振り返るとき、江戸時代の伝統的国語研究が果たした役割は大きい。

たとえば、明治後期に日本語に即した統語論を構想した山田孝雄は、十八世紀に本居宣長が行った係り結び研究の本質を押さえたうえで研究を進めており、また昭和初期に時枝誠記が提示した言語観は、十九世紀の鈴木朖による「詞」と「テニヲハ」の分類意識をその出発点にしている。このような事例は、日本語の研究者には広く知られるところであろう。

直接的な人的交流がなくても、書物として遺された研究が後世に影響を与える。すなわち、文の分析や語の定義といった課題について、時代を越えて江戸時代の著述が読み解かれ、再解釈されていくといった研究史の展開は、たしかに日本語文法研究の受容史を、一つの系譜として捉えるうえで興味深い視点となる。

一方で、事実の連なりという視点から文法研究の歴史を語るうえでは、江戸時代と明治以降の日本語研究が、幕末・明治初期において、どのような時代背景や人的関係の下で接続していったのか

（1）

についても、検討しなければ不十分である。明治前期の日本語文法研究においては、西洋文典の枠組みの中に、江戸時代の伝統的国語研究も踏まえつつ日本語をいかに落とし込んでいくかという「折衷」作業が求められた。この点については、すでに古田東朔先生が詳細な調査を行ったうえで、大槻文彦がこの作業をいかに行ったのか展望を示しているものの、接続の対象となる幕末の伝統的国語研究が、そもそも宣長や眼の研究と同質のものなのか、そして当時どのような学術的交流が行われたのかについては、いまだ不明の点も多い。

本書をまとめた遠藤佳那子さんは、これを明らかにするために、江戸時代から明治初期に至る伝統的なテニヲハ研究を、主に動詞の活用研究との関係からたどるとともに、明治以降の近代的文法研究に江戸時代のテニヲハ研究がどのような影響を与えたのかを検討している。

具体的には、研究に手薄な部分が残る幕末の伝統的テニヲハ研究について、東京大学国語研究室所蔵のテニヲハに関する著述を網羅的に調査しつつ、テニヲハ研究と活用研究との関係を、完了の助動詞「り」や用言の命令形語尾の扱いを例に再検討し、語尾とテニヲハの境界がどのように確定していったかを丹念にたどっている。

さらに、江戸時代と明治時代をつなぐ研究者として黒川真頼を取り上げ、黒川が本居春庭・東條義門の活用研究などのように受容したかを押さえるとともに、明治期最初の学校文法とも言える大槻文彦『語法指南』が助動詞や活用形をどのように認定したかについて、黒川を含む江戸時代・明治初期のテニヲハ研究との関係から考える視点を提供している。これは、テニヲハに関するこれま

（2）

での研究史に対して、十分な新しさを持つものと言える。

もちろん、江戸時代から明治時代にかけてのテニヲハ研究を、さらに係り結び研究なども取り込みながら詳細に検討し、今後、総体として提示する必要があることはいうまでもない。しかし、資料の調査・整理、内容の吟味を通して、幕末から明治初期にかけてのテニヲハ研究の状況を示したことのみをとっても、本書は、日本語文法研究史をたどるに当たって、必読の文献であると考える。

日本語は、決して自然に与えられたものではない。先人達の日本語との格闘の結果として存在している。

本書を日本語と日本語研究の歴史に興味のある方々にぜひ手にとっていただきたいゆえんであり、また、遠藤佳那子さんの研究が今後ますます発展することを希望してやまない。

はじめに

本書の表題『近世後期テニヲハ論の展開と活用研究』は、テニヲハ論をテニヲハの側のみではなく、活用研究の側から捉え直す、いわば「活用表から考えたテニヲハ論の歴史」という目論見による。

『古今和歌集』仮名序に「やまとうたは、人の心を種として、よろづの言の葉とぞなれりける」とあるが、心の種から生い出た「出葉＝テニヲハ」は詠歌において古くから注目されてきた。ではその「テニヲハ」とは、何を指してきたのか。本書はその外延の変遷を、活用研究の側から、特に活用表の仕組みから追究するものである。

序章にも述べるように、本書が注目する近世後期は陸続と語形変化の図表、活用表が作られた時期である。多くの近世国学者にとって活用表は学説の中核を担う存在であり、各々の著書は図表の注解書として対を成すものであると言ってよい。本居宣長の『てにをは紐鏡』に対して『詞玉緒』があり、義門の『和語説略図』に対して『語学指南』があり、黒川真頼の『詞の栞』に対して『詞

の栞打聴』がある。注解書はいずれも図表を前提として語法を説き、証歌を補う。図表に記載されない事柄は特殊な事例であり、関連項目で注記されるにとどまる。裏を返せば、骨子に関わる事例はすべて漏れなく図表に組み込まれているということであり、図表はそのようでなければならない。つまり彼らの文法体系の構想は、その図表の設計と密接に関わっているのである。

しかしながら、現代の我々の目に、それらは必ずしも十全な設計ではないようにも映る。たとえば『てにをは紐鏡』では、動詞と形容詞と助動詞が混在しており、形容詞の次に過去の助動詞「き」が並ぶ。ナ行変格活用はタ行下二段活用と八行下二段活用の並びに挿入されている。そもそも下二段活用を行ごとに逐一図表に挙げるのは重複なのではないか、一括して下二段活用を一例挙げれば済むのではないか。学校文法の活用表と照らし合わせ、こうした相違点を瑕疵として評価しかねない。

だが彼らの目指す語形変化表は、現代とは異なる範囲と尺度を持つと考えなければならない。本邦の語学研究は、語学のための語学ではなく、他の目的のための手段として行われてきた。仏典の読解・研究のための音韻研究、キリスト教宣教のための語義・文法の研究がその例で、国学者による古語研究の目的も、古典を精確に読み、和歌を正格に詠む、というところにある。その点で、活用表は語学的な営為の結晶であると同時に、彼らの歌学、古典学の精髄でもあるのである。

たとえば宣長は、テニヲハには「本末」を「かなへあはするさだまり」（『詞玉緒』全集 一七頁）があることを発見した。これがいわゆる係り結びの法則の発見と整理の端緒である。そして次に引用

はじめに

するように、世間の人々がこれ以上その法則を誤ることが無いよう、研究の成果を説いて教えるために図表を組み立て、解説書を編むのである。

世くだりては。歌にもさらぬ詞にも。このとくのへをあやまりて。本末もてひがむるたぐひのみおほかるゆゑに。おのれ今此書をかきあらはせるは。そのさだまりをつぶさにをしへさとさんとてなり。

（『詞玉緒』全集　一七頁）

先ほどの『てにをは紐鏡』の例について詳しく見れば、この図表にはテニヲハの「本末」の定格を明らかにして伝えるという目的があり、語形変化表には「末＝結び」となる述語形式、すなわち終止形・連体形・已然形のバリエーションを示すことが眼目となる。その三活用形の形式に注目して分類すれば、形容詞活用型の過去「き」が形容詞の次に配列されるのは至当である。また、ナ行変格活用の終止形・連体形・已然形は下二段活用型と同じく「u、uる、uれ」と変化するため、ことさら両者を区別する必要は無く、これもこの配置で問題ない。

下二段活用のみならず、すべての種類の活用型を各行にわたって逐一挙例する意図も想像できよう。富士谷成章の「装図」などは比較的抽象化された簡潔な図表であるが、同時に五十音図を紹介している。それは母音交替による語形変化の規則を理解して自在に操るには五十音図の知識が不可欠となるためであり、活用表を補う役割がある。『てにをは紐鏡』では五十音図を示すかわりに、

各行の実例を示すことでこれを補ったと考えられる。たとえ五十音図に馴染んでいない初学者で

あっても、五十音図を確認することなく適正な語形を求めることができるわけである。

本書は、このように図表をとおして彼らの研究が成された歴史的地平に肉薄し、その射程を読み

解こうとするものである。右に述べたことは一例に過ぎず、また別の視点に立てば異なる解釈もあ

りえるだろう。ある図表がどのような意図を以て作られ、何に対して最適化されているのかは一概

に一般化できるものではなく、たとえ同じ人物の手になるものであっても個別に考える必要がある。

本書ではそのいくつかの解釈を試み、特に本居春庭の活用表「四種の活の図」の枠組みが、活用論

だけでなくテニヲハの範囲の設定においても重要な画期点となったことを示した。

国学者たちの学問的背景に比して筆者はあまりに矮小であり、力及ばぬ点も多くあるが、願わく

は、小著に対し広く諸賢のご批正を賜わることができれば幸いである。

二〇一九年　秋

遠藤佳那子

目　次

巻頭言..服部　隆 (1)

はじめに..(5)

序　章..1

　第一節　研究の背景と目的............................1

　第二節　編述の方法と「近世後期文法論関係書年表稿」....8

　第三節　活用研究から考えるテニヲハ論................20

第一部　完了「り」の学説史

　第一章　完了「り」考——鈴木朖まで——..............31

(9)

一、はじめに……………………………………………………31

二、近世前期の記述………………………………………………33

三、本居宣長──ラ行変格活用型への注目──………………35

四、富士谷成章──「り」の析出──……………………………37

五、鈴木朖──語尾との縮合──…………………………………45

六、まとめ…………………………………………………………48

第二章　完了「り」考──本居春庭以降──……………………51

一、はじめに………………………………………………………51

二、本居春庭──所属不定の活用──…………………………52

三、義門──「有」の一群──……………………………………56

四、富樫広蔭──「属詞」の枠組み──…………………………62

五、黒沢翁満──動詞の再活用──……………………………63

（10）

目　次

六、まとめ ……………………………………………………………………………… 65

第三章　「自他」再考 …………………………………………………………………… 69

一、はじめに …………………………………………………………………………… 69

二、『二歩』における「自他」 ……………………………………………………… 71

三、富士谷成章の「自他」——「裏・表」—— ……………………………… 76

四、本居宣長の「自他」と「こなた・かなた」 ……………………………… 79

五、まとめ——渡辺実の「わがこと・ひとごと」—— ……………………… 82

第二部　**命令形の学説史**

第四章　「命令形」考 …………………………………………………………………… 89

一、はじめに …………………………………………………………………………… 89

二、秘伝書から宣長・成章へ ……………………………………………………… 90

(11)

三、活用研究の展開……………………………………………………96

四、幕末の研究——テニヲハの整理——………………………………100

五、まとめ………………………………………………………………106

第五章　続「命令形」考——明治前期における——

一、はじめに……………………………………………………………111

二、近世後期の活用表の特徴…………………………………………111

三、明治前期　伝統文典………………………………………………112

四、明治前期　洋式文典………………………………………………116

五、大槻文彦「語法指南」の活用表…………………………………125

六、まとめ………………………………………………………………134

（12）

137

目　次

第六章　「属」考――意味分類の試み――

一、はじめに………………………………………………………141

二、「属」の枠組み………………………………………………141

三、文法的な特徴…………………………………………………144

四、表現機能の所在をめぐって…………………………………147

五、おわりに………………………………………………………150

………………………………………………………………………154

第三部　八衢の系譜

第七章　黒川真頼の活用研究と草稿「語学雑図」

一、はじめに………………………………………………………159

二、黒川真頼の国語研究の活動…………………………………159

三、資料の概要……………………………………………………160

四、資料の成立時期………………………………………………164

………………………………………………………………………169

(13)

第八章　黒川真頼における『詞八衢』の受容と展開

一、はじめに……………………………………………………181

二、特徴的記述──ラ行変格活用──………………………182

三、義門『詞の道しるべ』による『詞八衢』受容…………185

四、『詞八衢』からの展開──「階」の枠組み──…………190

五、「階」の意義………………………………………………192

六、まとめ……………………………………………………194

終　章………………………………………………………197

五、改変の意義………………………………………………171

六、文部省編輯寮における位置付け………………………173

七、まとめ……………………………………………………173

（14）

附　録

おわりに……………………………………………………………………… 205

【附録一】東京大学国語研究室蔵　黒川真頼文庫目録〈語学之部〉小型本

黒川文庫　小型本　調査報告………………………………………… 209

【附録二】黒川真頼　草稿『詞の栞』影印・翻刻（一部）……………………… 234

【附録三】黒川真頼『詞乃栞打聴』翻刻……………………………………… 243

参考文献一覧…………………………………………………………… 251

引用文献一覧（影印、翻刻など）…………………………………… 305

初出一覧………………………………………………………………… 312

索引……………………………………………………………………… 313
　　　　　　　　　　　　　　　　　　　　　　　　　　　　　　　　左1

(15)

【凡例】

・引用文に付した波線は、すべて引用者による。

・割書は〔 〕に入れて表示した。

・字体は現行のものに改めた箇所がある。

・特に注記しない限り、資料の引用は、各種影印本、早稲田大学古典籍総合データベース、国会図書館デジタルコレクション、架蔵本による。

・引用に用いた翻刻資料と略表記は以下のとおりである。

『国語学大系』→「大系」

『日本歌学大系』→「歌学大系」

『本居宣長全集』→「全集」

『義門研究資料集成』→「集成」

『黒川真頼全集』→「真頼全集」

・本論に引用した和歌は、『新日本古典文学大系』（岩波書店）による。

(16)

序　章

第一節　研究の背景と目的

一、テニヲハとは

本研究は、近世後期のテニヲハ論について、特に活用研究との関係に着目しながら、テニヲハの範囲およびその整理のあり方がどのように展開したのかを記述しようとするものである。

「テニヲハ（あるいはテニハ、辞、助辞など）」は、古くから日本語に関わる人々の関心事であり続けた。「テニヲハ」という用語は漢字の四隅に付されたヲコト点が起源とされ[1]、はじめは漢文訓読の場などで問題とされた。その一方で、歌論や連歌論の世界でもテニヲハは最重要項目の位置を占めた。和歌や連歌を創作する際に、歌の出来を左右する要として重要視されたためである。「テニヲハ」の語源を「出葉」だとする説は[2]、そうした位置付けをまさしく象徴している。　歌は言葉によって色見えぬ心を表すものであり、葉を見てその草木が何ものかを知ることができるように、歌においては心の種から萌え出た葉、「出葉＝テニヲハ」を以てその心の有様を知るといういうわけである。

1

このように、テニヲハは漢字・漢文など外国語に接触することによる外発的な認識と、詠歌という日本の文化において育まれた内発的な要請というふたつの点から注目されてきたと言えよう。日本語が、どのような人々に、どのような文脈で研究されてきたか振り返るとき、これらテニヲハに対する学問の流れを看過することはできない。本研究では、特に後者の、歌論の流れを承けて展開した学説を取り上げてゆくこととなる。

しかしながら、ひとくちに「テニヲハ」と言っても、その対象は時代によって大きく変遷してきた。

テニヲハに関する記述は、『万葉集』巻一九が早い例として知られている。

霍公鳥　今来喧曾无　菖蒲　可都良久麻泥尓　加流ゝ日安良米也　毛能波三箇辞欠之　　　　　　　　（四一七五）

我門従　喧過度　霍公鳥　伊夜奈都可之久　雖レ聞飽不足　毛能波氏尓乎六箇辞欠之　　　　　　　　　（四一七六）

ここで言及されているのは、「も」「の」「は」「て」「に」「を」六種の助詞であり、こうしたものが最初期の「辞（テニヲハ）」の指す具体的な対象であったことがうかがわれる。「テニヲハ」という呼称自体は、『八雲御抄』（一三世紀頃までに成立）が初出とされる。

第五にてにをはといふ事

これはよくもあしくも思ふべきにもあらず。あしくてはかなはぬことなれど、てにをはのすこしたがひたるよりは、それをあはせむと、だびて聞えたるはまさりてわろし。

（『八雲御抄』歌学大系　八五頁）

序　章

右に「てにをは」の用語で議論されているのは、現在言うような品詞論的な問題ではなく、文（歌）の中においてそれらの首尾が釣り合うことの是非である。これはあくまで表現論的な視点で、語分類の概念ではない。近世以前のテニヲハ論は、詠歌を目的とした表現論の文脈で、助詞、助動詞、代名詞、副詞など広い範囲の語を対象としていたのである。

一八世紀初頭、有賀長伯『和歌八重垣』をはじめとして秘伝の内容が公刊されてから、近世後期にかけ、本居宣長、富士谷成章などが輩出し、写本も含めて陸続とテニヲハ論に関する書物が編まれるようになる。近世後期はテニヲハ論が広く展開した時期であり、転換期であると言えよう。前代までには助詞、助動詞、副詞、接尾辞や活用語尾が雑多な構成で配列されていたテニヲハ論であるが、この時期、品詞論的な厳密さをもって内容・体裁ともに急速に整えられてゆくのが確認できるようになる。たとえば富士谷成章はテニヲハを「挿頭」（副用言の類）と「脚結」（助詞、助動詞類）に分け、「脚結」について体系的な下位分類を行った。本居春庭は活用体系を整えるうえで「受るてにをは」を設定し、活用語尾とテニヲハを分離している。富樫広蔭もテニヲハを「動辞」（助動詞類）と「静辞」（助詞類）とに分類した。このように、この時期のテニヲハは助動詞、助詞、接尾辞を指す概念として整理され、副詞や代名詞の類、そして活用語尾がテニヲハ論から除外されていった。

その後、幕末から明治期にかけ、近世の歌学と国学によるテニヲハ論の蓄積は、洋文典の枠組みと出会い、大槻文彦によって折衷される。大槻文彦は助詞と助動詞を分け、助詞に対してのみ、「天尒遠波」という術語を用いた。幕末には助動詞と助詞、一部の接尾辞を包括する概念であったが、ここに至って、品詞の一として、助詞のみを指す術語となるのである。

このように「テニヲハ」の指し示す対象は、時代により、また各々の資料によっても範囲が異なっており、決

3

して自明の概念ではなかった。そのため近世を通じてテニヲハの内容と範囲が急速に整理されたとはいえ、その整理の仕方は決して一様ではなく資料の間には大小の相違が確認できる。それら多種多様のテニヲハ論が、どのように明治期に継承されたのかは、研究史上の問題点として残されているのである。

以上のようなテニヲハ論の歴史を踏まえ、本研究で考えようとするのは、近世におけるテニヲハの整理のあり方と、その後の継承の内実である。

二、これまでの研究

本書で扱う近世後期とは、後述するとおり、およそ一七〇〇年頃から慶応年間までを想定している。この時期は係り結びの研究や活用体系の整理、自他論など、画期的な成果が残されたため、それらに対する先行研究にも相応の蓄積があり、非常に充実している。これを研究対象の時代順におおまかに整理しておく。

まず、宣長や成章に先立つテニヲハ論については、根来司氏、根上剛士氏、佐藤宣男氏などが書誌学的研究と内容解釈を行っている。根来氏、根上氏はそれに基づいて近世前期から宣長・成章に流れ込むテニヲハ論の流れまで描出しており、また佐藤宣男氏は、写本や連歌論書の記述を丁寧に紹介するところに特徴がある。

富士谷成章については竹岡正夫氏の膨大な論考があり、隅々まで研究が行われている。だがそのために、後続の研究者は竹岡氏の影響を避けがたいきらいもある。他方、本居宣長は語学だけでなく、文学、思想、歴史の各分野から、多くの研究者によって研究されてきた対象である。語学だけを取り上げてもその内容は多様であり、古典に付された注釈、俗語訳、そして文法論などの側面があり、それぞれに先行研究が蓄積されている。特に舩城俊太郎氏、松繁弘之氏が継続して宣長の文法論について論述している。春庭については渡辺英二氏、鈴木

4

腺については岡田稔氏、義門については三木幸信氏など、それぞれの人物に研究者がおり、書誌学的研究の段階から巨視的な見地による歴史的位置付けまで論考がある。学説間の影響関係については、本居宣長、富士谷成章、鈴木朖、本居春庭の四者それぞれの関係が問題とされることが多い。ただし、義門以降の学者や資料に対しては、格段に研究の層が薄くなり、わずかな先行研究と、古田・築島（一九七二）をはじめとする日本語学史の概説書で触れられるばかりとなる。

こうした個々の学者・資料に特化した研究がある一方で、尾崎知光氏の論考は、個々の資料に対する書誌学的研究から、学説間の影響関係、歴史的展開の跡付けまで多岐にわたって広く行われており、近世期の学史を研究するうえで必ず参照しなければならない存在である。同じく近世期の学史を細部から大局的観点までおさえるのは、古田東朔氏の一連の研究である。古田氏の場合、明治期への流れや洋学との関連に広がりがある点で特徴がある。

以上概観してきた先行研究は、主に次の観点のいずれかに拠っていると言えよう。

（一）　資料の書誌学的研究
（二）　資料の成立過程の解明
（三）　記述内容の解釈
（四）　学説間の影響関係の解明
（五）　特定の学術用語や概念の歴史的展開の跡付け

このうち、最も基礎にあるのは（一）に関する最低限の手続きであることは言を俟たない。その前提に基づいて、（二）と（三）の段階に進むことが可能になり、人的交流や学界状況といった、語学上の問題から見れば周辺的な事柄についても考証を行うことができる。

その上に積み重ねられるのが、（四）や（五）の研究である。たとえば本居春庭に対する、富士谷成章からの影響や鈴木朖の学説との関係性などの問題は（四）にあたる。また（五）は、「終止形」という術語の初出と継承の跡付けといった語誌的アプローチも可能であろうし、反対に、現在「終止（形）」と呼ばれる形式がどのように記述されてきたかといった問題設定もありえる。

（一）から（三）の観点による研究は、特定の資料についてある程度詳しい研究が成されれば、新出資料が発見されない限り新たな論考は生み出されにくい。対して、（三）や（四）、（五）については、既存の解釈を説き直したり、未着手の事柄を論述してゆくことで新たな視点を獲得することが可能であろう。たとえば富士谷成章の文法論は竹岡氏と中田氏の註解が一般的に普及しているが、難解な部分や補足が必要な箇所も散見され、現代の文法論の立場から原典を読み直す余地はおおいにある。他の学説も、一見簡明な記述であっても、同様の手続きを経て、新たに他の学説との関係性が見直されることもありえよう。

三、本研究の目的

これまでの研究を概観したが、（一）から（五）まで挙げた観点それぞれについて、課題が無いとは言えない。

（一）から（三）の個別の学説の解釈と書誌学的研究については、幕末期の資料に対する研究の層が薄く、春庭や義門らの学説がどのように明治期へ継承されたのか、その道筋についていまだ不明瞭な点がある。

6

序章

他方、（四）や（五）については、研究対象となる学術内容が充実し細分化するがために、「係り結び」などといった特定の事項を軸とした研究に力が注がれたり、分野別、項目別にあらかじめ資料を分類したうえで学史を概観することが多く、テニヲハであればテニヲハ論に限って、活用論であれば活用研究の資料に限って通史が描かれてきた。そのため、テニヲハ論と活用論など、項目を跨いだ視点で学説の展開を論じるものは比較的少ない。しかし、現在では用いられないものの、ある時期には通用し一般的であった概念や、現行の項目や分野に当てはまらない事項はどうしてもこぼれ落ちてしまう。特に近世期のテニヲハ論には、活用語尾と助詞・助動詞との弁別や、活用の有無によるテニヲハの分類など、用言の活用研究の展開が深く関わる側面が散見され、既存の分野の枠を超えた検討が必要になることが予想される。この点で、鈴木（一九七五）は活用研究とテニヲハ論を関係付けて論じる数少ない先行研究として注目される。これについては、第三節に触れる。

さらに、従来の先行研究に不足すると思われるのは、ある概念や術語の成立以後の経過を描出するという観点である。たとえば、「四段活用」などの術語は本居春庭、六活用形の完成は義門、「下一段活用」を最初に設定したのは林圀雄『詞緒環』、などというように、これまで特に注力されてきたのは、現在の学説の由来をたどり、ある学説や学術用語などの初出を確認し、その出来した背景を記述することであった。これが重要な営為であることは言うまでもない。だが、初出が確認できたとしても、それと後世の学説とが直接の継承関係にあるかという、第二部に取り上げる命令形はその一例である。このような、追跡調査とも言うべき、ある時点で出来した学説を明治へ繋げる作業が残されているのである。

これらの課題を踏まえ、本書では近世後期のテニヲハの整理のあり方について、テニヲハ論内部だけでなく活

7

用研究との接点に着目し、その展開を描き出すことを目的とする。具体的な問題として取り上げるのは、完了の助動詞「り」と命令形の問題である。これらは後述するように、テニヲハと活用語尾の両領域の間でなかなか所属が定まらない存在であった。そして、明治期まで記述が定着していないにも関わらず、その経過が跡付けられていない存在である。これらの学説史を跡付けることで、近世後期のテニヲハ論が活用論との関係において如何に展開したのか、その一端を描き出したい。さらに幕末から明治初期の資料研究については、黒川真頼の資料を紹介し歴史的な位置付けを考察することにより、具体的な実践を示す。

第二節　編述の方法と「近世後期文法論関係書年表稿」

一、本研究の方針と方法

山東（二〇〇二）は、従来等閑視されてきた明治前期の文典類を扱うため、従前の国語学史の立場を点検する必要があった。その結果、たとえば保科孝一などに見える進歩史観的立場や、山田孝雄のように「国語」の名目のもと外国人による日本語研究を排斥してしまう立場、また、「国語意識」の展開として叙述される時枝誠記の『国語学史』などは、明治前期の文典類を扱うには不十分であると判断される。そのうえで、山東氏は『日本語学史は、日本語研究に対する言語学史である（八九頁）」と提言し、古田東朔氏の立場を踏襲しつつ、科学史として編述することを目指して資料の実証性と徹底的客観性を重視する方法論を主張するのである。

本書で扱う近世後期のテニヲハ論は、一見、そうした従前の国語学史の立場からも充分に取り上げることが可能であるようにも思われる。しかしながら、従来、近世後期の特に末期、幕末期の学説は独自性に欠き、宣長や

序　章

成章、春庭、義門などの修正と増補を行うのみと位置付けられ、資料の点数に比して等閑視されていると言わざるをえない。これは、これまでの学史編述の立場が当代の学説を扱うに不十分であった証左であるとも言えよう。また、仮に本書においては充分だったとしても、今後、近世後期だけでなく日本語に関する研究の通史を編述することを視野に入れたとき、やはり従前の立場では不十分となることが明白である。

そこで本書では、山東氏、ひいては古田東朔氏の方法であった、資料を扱う際の実証性と客観性を重視する行き方を踏襲して、近世期の学史編述に臨むこととする。その客観性を担保するためにまず資料と客観性を重視する行のうえで筆者自身の問題意識を位置付け、論じてゆかねばならないだろう。

もうひとつ、本書の指針とする方法として、服部氏の行き方がある。服部（二〇一七）は、学史研究の方法を考えるうえで、ストーリーとプロットを区別する重要性を指摘する。そして、次に必要な作業として以下のことを挙げる。

まずは編年体の著述目録を作成し、そこから明治時代、あるいは一九世紀といった起点と終点を定めた、国語学史的に意味のある「事件」として研究者の描きたいストーリーを切り出す。

（服部二〇一七　二七頁）

こうして切り出されたストーリーから、資料の選択を行い（静的視点）、プロットを考える（動的視点）ということである。プロットを記述するにあたって、服部氏は研究者同士の関係性や社会状況など直接的な関係性や、特定の枠組みから展開を考える観点などを例に挙げ、次のように述べる。

9

以上の切り口は、その一例であり、研究者の依って立つ言語観からたどるなど、他にも文法研究の展開を或るプロットのもと記述する方法はあるだろう。その切り口を発見することが、「歴史」を語るうえでまず必要となると考える。

歴史の編述に際しては「ミッシングリンク」や「空白」といった表現が用いられ、それを繋ぎ、埋めることが研究の意義として唱えられることがあるが、それらは所与のものではなく、論者の問題意識からどのようなストーリーとプロットを想定するかにより、何処にも生じうるものだと考える。どの点（学説や資料）を結んでどのような線（ある事柄の由来や系譜）を描き出すか、あるいはある線を想定した際にどのような点を新たに見出すか、その選択をする際に、はじめて記述すべき空白が見出されるのではないだろうか。そうした営為は、ともすれば極めて恣意的なものになりかねないが、その公平性を極力保持するためにも、選択肢となる資料や事実を客観的視点によって網羅し、整理されなければならないのである。

本書では、その必要から、「近世後期文法論関係年表稿」を作成した（後述）。これを前提として、近世後期の学史を描いてゆきたい。

具体的には、次の点に注意して資料にあたらねばならないだろう。

過去の諸研究が、どのような環境の中で、どのような目的・意図の下で行われたか、そして、それが次の世代の研究にどのような影響を及したか、という点に目を注ぎ、個々の研究の水準を現在のそれと比較するよりも、むしろ過去の学者たちの研究意識に重点をおいて考察するという行き方である。

（服部二〇一七　四〇頁）

10

序　章

同時代においてはどのような評価があり、影響力があったのか（あるいは無かったのか）という視点と、前代から後代へ、どのように継承されたのか（あるいは何故されなかったのか）という視点、いわば共時的観点と通時的観点を以て、その学説が出来した時代特有の前提条件や背景なども考慮してゆく必要があるだろう。

先述したように、特に幕末期の資料群は、現在の学術水準に照らせば我々の目に稚拙と映じるものも多いが、明治期の日本語研究との断続の観点から、あるいはそれ以前のテニヲハ論との関係から、右のような叙述がなされて然るべきである。それにも関わらず、未だ行われていないのが現状である。また既に評価の高い学説についても、同時代の研究状況を視野に入れた上での位置付けを再考する余地がある。資料が残っている以上は、傑出した学説だけを取り上げて歴史を紡ぐのではなく、その足元にどのような蓄積があるのかといった視点から考察しなければならない。

ただし、近世期の語学的な資料には、各自の文法学説を記述したいわゆる文法関係資料だけでなく、語彙集、字書・辞書類、言葉を話題にした随筆、先人の学説に対する注釈書、また宣長の『古事記伝』のような古典注釈書の類もある。語学的営為をどの範囲に定めるのかは非常に難しい問題であり、こうした資料も当然ながら国語学史の研究対象となりうる。これを踏まえたうえで、本書においてはまず、最も精製され、体系性への志向が認められる文法関係資料に範囲を絞り、随筆や注釈の類は今後の研究の課題としたい。

（古田・築島一九七二　一頁）

11

二、「近世後期文法関係書年表稿」

本書が対象とする「近世後期」とは、歴史学において一般的に「近世」と言われる範囲に基づく。(3) すなわち、安土桃山時代と江戸時代を合わせた、永禄一一（一五六八）年から慶応三（一八六七）年のうち、その後半部分にあたる。具体的には、古田・築島（一九七二）の記述をもとに、秘伝書の公刊が始まる一七〇〇年前後から慶応年間までの約一六〇年と定め、さらにその期間の中に、仮に次のような区分を設けた。

（1）一七〇〇年頃〜一七七〇年頃…秘伝書の公刊と発展
（2）一七七〇年頃〜一八〇〇年頃…成章・宣長の台頭
（3）一八〇〇年頃〜一八四〇年頃…活用研究の整理
（4）一八四〇年頃〜一八六七年頃…語全体の整理と記述

本書が「近世」ではなく「近世後期」を設定するのは、同じ近世とはいえ、それ以前とそれ以後では学問のあり方が異なると考えるためである。節目となるのは、秘伝書の公刊である。これは全面的な解放ではなく部分的であったとはいえ、(4) 秘伝の内容が自由な学問の場に公開されたということである。秘伝の制約が強くはたらいた近世前期とは異なり、近世後期は秘伝を受け継ぎつつ、批判的に、あるいは実証的にテ・ニ・ヲ・ハの記述を試み、それが新たな研究の展開を導くことになったと考えられる。こうした理由から、「近世後期」という範囲を特に定めるのである。

序章

次に研究の準備として、この時期にどのような資料があるのかを確認し、整理を行った。その結果が、「近世後期文法関係資料年表稿」である。年表では、各資料の著述の特徴（テニヲハ、用言、個別の語法解説など）によっておおまかな分類をしつつ、年代に沿って相互の関係を整理した。その過程で図表形式の資料（『和語説略図』なども分けた方が良いと判断し、テニヲハと用言の間にその欄を設けた。また、資料内に登場する活用表（『あゆひ抄』の「装図」など）も、資料の表題とは別に「活用表」の欄に掲出するようにした。

この年表により、各分野、盛んに資料が編まれた時期と下火になった時期などがあることが改めて可視化された。

ここで、いくつか気付く点がある。はじめに、テニヲハ論関係の資料が最も少ない（3）の時期に、多くの活用表が成立していることである。その前代である（2）までに、五十音図を音義的に解釈した賀茂真淵『五十聯音』が現れ、富士谷成章の「装図」に到って活用の形式が一応の成立を見たと考えて良いだろう。その後（3）において活用研究が整理されるのと併せて、表形式に活用体系を整理する営為が定着していったものと見られる。

さらに（3）の前後を比較してみると、便宜的に「テニヲハ（総論）」とした最上段では、（2）までは未整理の部分もあるとはいえ、ほぼテニヲハのみ（テニヲハそれ自体の内容は様々あるとしても）の記述で占められている。しかし（4）においては、語分類の指針、活用体系などの解説があったうえで、テニヲハの記述がなされるようになる。それから、（2）まではテニヲハを五十音順に排列するか、『あゆひ抄』のように意味分類で排列するかであったのに対し、（4）では一様に上接語の活用形に従って整理し排列するのである。

これらの事実から、テニヲハ論の展開を考察する際、用言の研究、特に活用論の動向に留意しなければならな

13

いことが改めて示唆される。

三、活用表の成立と展開

「近世後期文法関係書年表稿」に確認したとおり、近世後期には活用表が多く成立した。これは、それまでには無かった資料の形式である。

活用表の前身となるのは、五十音図を音義的に解釈したとされる、谷川士清「倭語通音」であろう。『日本書紀通証』（宝暦二二年）に収録されたこの表の各段には、次のように記される。

　ア段…声韻一体
　イ段…韻未定
　ウ段…韻已定
　エ段…韻告人
　オ段…韻自言

欄の下にある「倭語ノ活用自ラ音韻ノ次序有リ」という注記から、これらが五十音図と用言の活用形を関連付けたものであると察せられる。同様に、賀茂真淵『語意考』（明和六年自序）の「五十聯音」にも、各段を以下のように記す。

14

序章

　ア段…はじめのことば　　初

　イ段…うごかぬことば　　体

　ウ段…うごくことば　　　用

　エ段…おふすることば　　令

　オ段…たすくることば　　助

　いずれも五十音図の音義的な解釈にとどまり、活用体系を組織付けるには至らないが、その萌芽であると言ってよいだろう。

　五十音図と活用表の分岐点となるのは、本居宣長『てにをは紐鏡』（明和八年）と、富士谷成章『あゆひ抄』（安政七年）に収録された「装図」であろう。『てにをは紐鏡』は、現在一般的に活用表とされる形式とはやや異なるが、表形式で語の形態変化を一覧させる点で、やはり活用表として扱ってよいと考える。

　宣長の『てにをは紐鏡』は、「はも徒」「ぞのや何」「こそ」の各テニヲハに対する結びの形態を示すもので、それぞれ終止形、連体形、已然形に対応する。テニヲハと句末との呼応関係を示すことが目的であるため、活用体系の全容を示そうとするものではない。

　一方、成章の「装図」は、鈴木（一九七五）にも整理されるとおり、語内部の形態変化に重点を置いた仕組みとなっている。まず「本」「末」「引・靡」の三段において、活用形を構成する際の語形変化の範囲を示す。語尾の有無や、下接語に続く場合に「靡」（なびき）の「る」（連体形語尾）を分出するか否かといった、語尾、語全体に関わる形態変化のありさまである。次の三段「往」「目」「来」では語内部における相通的な形態変化の様相、そして最後の三

段「靡伏」「伏目」「立本」は、接尾辞的に種々の用法を補完する語尾の類型を示す。いわば、三段の展開を三種重ねた、三次展開の図である（表1）。

五十音図に活用形を重ねていた段階では、語尾の母音交替の類型を整理するにとどまる。しかしこの二種の表によって、各種の形態変化が生じる条件が整理され、体系付けられるのである。またその形態変化も、五十音図に基づく母音交替だけでなく、「靡」（「る」「れ」）の分出も含まれ、ともに活用体系に位置付けられる。

この次に現れるのは、鈴木朖『活語断続譜』（享和三年頃成）、そして本居春庭『詞八衢』（文化五年）にある「四種の活用の図」である。これらは、宣長のようにテニヲハとの呼応関係に限定せず、活用変化の全体を示し、語尾の母音交替に着目した一次展開の図表である。ただし、活用の条件として、朖は断続を重視するのに対し、春庭はテニヲハとの承接を重視する。また、朖は同音形式を認めるため、七、あるいは八の活用形を定めるが、春庭は五活用形である（表2）。

その後、種々の活用表が著わされるが、概ね、以上列挙した四種の活用表のいずれかの系統に分類することができる。

四、活用と活用表の関係

近世後期には活用表という資料形式が成立し、それはおもに四種類の系統に分けられることを確認した。さきにテニヲハ論の展開を考察するにあたって、活用論の展開に留意する必要があると述べたのも、活用表の形式がテニヲハ論を考えるうえで無視することの出来ない資料であるためだが、同時に、考察にあたっては改めて慎重になるべき点があるように思われる。それは、各活用表がどのような構想から出発したのか、何に重点を置いて

16

序　章

表1　富士谷成章「装図」

装																
状			事													
鋪	芝	在	孔	事												
恋	早	遙	有	越	恨	落	捨	思	打	見	得	寝	為	来	居	
こひ	はや	はるかな	あ	こ	うら	お	す	おも	う	み	う	ぬ	す	く	う	本
し	し	り	り	ゆ	む	つ	つ	ふ	つ							末
キ	き	る	る	ル	ル	ル	ル			ル	ル	ル	ル	ル		靡引
ク	く	り	り	え	み	ち	て	ひ	ち	み	え	ね	し	き	る	往目
		れ	れ	え	み	ち	て	へ	て	み	え	ね	せ	こ	る	目
		ら	ら	やえ	み	とち	て	ほは	た	み	え	なね	せ	こ	る	来
				レ	レ	レ	レ			レ	レ	レ	レ	レ		靡伏
ケ	け															伏目
カ	か															立本
有末有靡	有末有引	有末有靡					有末無靡		無末有靡					無末無靡		

［語全体の形態変化］：本・末・靡引　［語内部の相通］：往目・目・来　［接尾辞関連］：靡伏・伏目・立本

表2　本居春庭「四種の活の図」※一次展開

活の段二下	活の段二中	活の段一	活の段四
飢 枯 消 誉 弁 兼 捨 痩 受 得	率 旧 老 試 恋 落 起	居 見 干 似 着 射	鈎 住 逢 打 押 飽
ゑれえめへねてせけえ	ゐりいみひちき	ゐみひにきい	らまはたさか
まし んぬ じ で ず	まし んぬ じ で ず	まし んぬ じ で ず	まし んぬ じ で ず
			りみひちしき
しる つん けん てり	しる つん けん り	しる つん けん り	しる つん けん てり
しか ぬる なば き つ丶	しか ぬる なば き つ丶	しか ぬる なば き つ丶	しか ぬる なば き つ丶
うるゆむふぬつすくう	うるゆむふつく	ゐみひにきい／るるるるるる	るむふつすく
とも とし らき べん らり めり	とも とし らき べん らり めり	とも とし らき べん らり めり	とも とし らき べん らり めり
うるゆむふぬつすくう／る丶るるるるるるる丶	うるゆむふつく／る丶るるるるる		るむふつすく
より を に まで かな	より を に まで かな	より を に まで かな	より を に まで かな
うるゆむふぬつすくう／れれれれれれれれれれ	うるゆむふつく／れれれれれれれ	ゐいみひにき／れれれれれれ	れめへてせけ
ども ば	ども ば	ども ば	ども ば

[テニヲハとの接続による語形変化のバリエーション]

序章

記されているのかという問題である。

すなおに考えれば「活用」の現象を一覧できる表が「活用表」であり、これは何を「活用」とするかという問題と表現とは表裏一体の関係にある。たとえば、春庭の「四種の活の図」は、「受るてにをは」と活用形と活用の種類とが一貫して対応することが肝要とされ、その上で活用に四種類の類型があることが強調される。それに対して鈴木朖の『活語断続譜』は、それほど徹底した一貫性を設定しておらず、また「断ニ続キニヨル違ヒメヲ譜ニアラハシテ其各ノ類ヒニ定格アル事ヲアカシサレト又其詞ニヨリテ同シ格ナカラモ聊ツ、ノタカヒアル事ヲモ明シ[5]」と述べ、断続の違いを強調して示す。語尾「よ」の加除が一貫しない命令形を表中に立てたり、テニヲハを特に承けず「断」れるだけの終止形と、推量の助動詞「べし」に「続」く場合とを区別したりする朖の立場は、そうした活用表でなければ成立しない。ある語形の機能をどの程度勘案して独立した活用形と認めるか、その取捨選択には、それぞれが規定した活用表の原理と対応する点が少なからずあると考えられる。

だが他方、学説と図表とが必ずしも全く一致するとは限らない。たとえば、春庭の図では四段活用の終止形と連体形など、同じ語形の欄を統一してしまっている。これは、両者を区別しないわけではなく、四段活用に関して「第三の音くすつふむるは切る〻詞と体言へ続く詞とをかねたり[6]」と述べ、上二段活用についても「第二の音きちひみりゐはこれも四段の活の第一の音と第二の音との活をかねて用言へ続く詞なり[7]」などと用法を区別しており、表においては経済的な記述を目指したことがうかがえるのである。

このように、図表の形式は、限られた空間に、より多くの情報を見やすく配置する都合上、学説を常に十全に表現しているとは限らない。そのため、本書ではテニヲハ論と活用論および活用表の記述を積極的に関連付けて考察するが、その際、各活用表の特徴に注意し、表の解釈においては当人や門弟の祖述を充分に吟味して扱わな

19

けれIばならないのでめるO

第三節　活用研究から考えるテニヲハ論

一、活用研究から見たテニヲハ研究史

　鈴木重幸氏による「四段活用論の成立」（一九七五）は、超克すべき対象として四段活用論の成立史を跡付けるものである。これは国学に由来する形態論に偏重した学説を批判することが主旨であり、それを検討しようとする本論とは立場も目的も異なる。しかしながら、結果的に鈴木（一九七五）は国学者の活用研究とテニヲハ論を関係付けて論じる数少ない先行研究となっており、その解釈は学史として示唆に富むものであるため、ここに取り上げる。

　はじめに、活用論の成立と相互に作用しながら同時に進行するものとして、テニヲハが語尾から分離され整理される過程があるとし、次の二つの側面を指摘する。

　1、　用言のいわゆる活用語尾といわゆる助詞・助動詞の分離
　2、　活用語尾、助動詞の活用形の組織付け

　まず1については、以下にまとめるように、助詞・助動詞と用言の活用語尾との相違を三点挙げる。

20

序章

①助詞・助動詞はすべての用言において原則として音声的に同一だが、活用語尾は活用のタイプによって異なる

②助詞・助動詞は形態素としての意味的な独立性があるが、活用語尾はほとんどない

③用言から助詞・助動詞を除いても語彙的な意味の区別が可能だが、語尾を取り除くと語彙的な意味を表すことができない

以上の性質から、助詞・助動詞は用言から分離しやすく、活用語尾は分離しにくいため、助詞・助動詞は用言から切り離されるのだとする。

一方、2の実例に取り上げられるのは、鈴木朖『活語断続譜』、富士谷成章「装図」、本居春庭「四種の活の図」の三種の活用表である。これらを比較して、鈴木（一九七五）ではおおよそ以下のような特徴を指摘する。

・鈴木朖……①すべての活用形をあげる

　　　　　②活用を断続による変化とし、同音形式も認める

　　　　　③単独での用法を主とする

・富士谷成章①単独での用法を主とする（助詞・助動詞との接続は従）

　　　　　②活用形の内部構造が考慮されている

・本居春庭……①「受るてにをは」への接続に重点を置く

　　　　　②活用語尾の音声的特徴（母音交替）を重視する（同音形式を認めない）

21

この論考が指摘することは、概ね首肯できることである。以下、学史の記述という立場からさらに論考すべき点を述べる。

第一に、助詞・助動詞と活用語尾とを比較して得られる「分離しやすさ」は、当時の、たとえば鈴木朖や富士谷成章らにも共有できる基準なのだろうか。現代の目を通した文法単位の認識と、当時のそれとが一致する保証は無い。第二に、かりに「分離しやすさ」によってテニヲハが語尾とは弁別できたとして、そこからどのように整理されたのかは跡付けられていない。これら二点については、2の活用体系の組織付けの過程に、積極的に関連付けてゆくことで、活路が見出せると考える。

さらにもう一点、義門において「六ワク」の四段活用論は完成したと鈴木氏は結論づけるが、その完成したものが後代とどのような関係を持ったのかという問題が残る。幕末から明治前期の資料を概観すると、義門をそのまま踏襲する立場は少数に限られており、明治期のそれは義門のそれを直接受容したとは考えにくいのである。

第一節に述べたように、テニヲハの範疇は決して自明のものではない。たとえば大槻文彦のそれと比較しても、あるいは同時代の学説どうしの間にも、内容に相違がある。テニヲハ論の最初期からテニヲハとして記述されてきた項目、たとえば「や」「か」、あるいは「けり」などはどの時代もテニヲハの中に含まれるが、決してそうしたものばかりではないのである。それはつまり、近世期の国学者たちが、語尾とテニヲハとの線引きにそれぞれ悩み、取り組んでいたということである。この具体を各々の資料から読み取り、およそ一六〇年に及ぶこの時期に、どのような展開があったのかを跡付ける必要があることが改めて確認される。

22

序章

二、本研究の意義

以上述べてきたことを踏まえ、改めて、本書で試みることを以下に述べる。

従来の研究では、テニヲハならテニヲハ論というように、分野に限定されて学説史が描出されてきた傾向があ
る。また、幕末期の研究が比較的手薄であり、通史的な流れを描く場合にも、完全に繋がりが明らかになってい
ないにも関わらず、春庭や義門らの説から大槻文彦へ一足飛びに繋げて記述される憾みがある。

これに対し、本書では、活用研究、特に活用表の枠組みを積極的に援用して、テニヲハ論の展開を跡付けるこ
とを試みる。

活用体系および活用表の整理が進められるのと並行して、近世後期をとおして形作られたのは、語の切れ目の
認識であり、すなわち品詞分類の原形である。これらは表裏一体の関係にあり、鈴木氏も指摘するように、どこ
までを活用語尾とし、どこからをテニヲハとして切り出すかという認識があってはじめて、語の分類も成立する。

これを考察するにあたって、本書では大槻文彦の学説と、現代の学校文法を相対的基準として比較対象に用い
た。その結果、大槻や学校文法とは解釈が異なり、なおかつ近世後期をとおして、語尾とテニヲハどちらにもな
かなか所属が定まらない項目があることがわかった。これらはつまり、用言とテニヲハの境界線上にあるという
ことであり、これに着目することで、当時、両者の境界がどのように規定されるのかを探ることができると考え
られる。こうした目論見から、本研究では以下、ふたつの項目に焦点を絞る。

ひとつめは、完了の助動詞「り」である。この周辺には、形容詞カリ活用の語尾や用言「あり」の問題があ
る。近世後期には、ラ行変格活用の位置付けを行う過程で、活用語尾に「あり」が融合したものとしてこれらを一括
して扱う立場があるためである。しかし、完了の助動詞「り」は、現在こそ助動詞とされるが、大槻においても

23

語尾と位置付けられる場合がある。つまり、後にテニヲハの側に属するようになるが、近世後期には用言の側にあった存在だということである。これについて、第一部第一章では鈴木朖まで、第二章では続く本居春庭から幕末までをたどり、完了「り」をめぐる言説史を通覧する。第三章では、完了「り」が「自他」の文脈で取り上げられたことから、近世における「自他」説の流れについて補説する。

ふたつめは、命令形とその語尾「よ」である。命令形を活用形に含める富士谷成章や鈴木朖の立場がある一方で、本居春庭『詞八衢』をはじめ、明治三〇年代に至るまで命令形を活用形としない立場が広く行われる。そこでは、命令形は用言とテニヲハのどちらにも明確な位置付けを持たず、「下知」という意味分類の範疇で記述される。これは、完了「り」とは対照的に、後に用言の側に属するが、近世後期にはテニヲハの側に近い存在だったものと言えよう。この問題について、第二部で明治前期に亘って論じる。そして命令形に関連して、命令表現を集めた『誂属』を含む『あゆひ抄』の「属」について考察し、第六章とする。

これらの問題の背後には、テニヲハは心情を表す役割を担うものとされてきたことや、語尾の母音交替（相通説）と音節の増減（延約説）など、前代の伝統的なテニヲハ論がそれぞれに深く関わっている。そこに「麿」の分出といった新たな観点が加わり、伝統的な学説を一部では踏襲、援用し、一部では活用論の確立によって脱ぎ捨て、また一部では乗り越えきれずにいたことがうかがわれる。

最後に第三部を設け、明治初期に本居春庭『詞八衢』を受容した個別事例の一として、黒川真頼の学説について取り上げる。未発表資料である草稿「語学雑図」を紹介し、真頼が春庭の学説をどのように受容し、それなどのように展開させ、克服したのか述べる。

全体を通して、本研究では、活用現象に対する言説とテニヲハ論との関わりに着目し、本居春庭の学説をテ

24

序　章

ニヲハ論の歴史的転換点と考える視点を提案する。春庭はテニヲハ論よりもむしろ、活用論、自他論など用言研究において一時代を築いた存在として、従来注目されてきた。しかし春庭の提示した「四種の活の図」によって、テニヲハの外延、あるいはテニヲハ内部の分類法や捉え方が大きく転換したと考えられ、テニヲハ論の領域においても無視できない存在であることを論じる。

なお巻末には、第三部に関わる黒川真頼の資料を附録として付した。

附録一は「東京大学国語研究室蔵　黒川真頼文庫目録〈語学之部〉小型本」とその調査報告である。附録二は、未発表資料である黒川真頼『詞の栞』（写本）の影印とその解説部分の翻刻、そして附録三は、黒川真頼の研究の集大成とも言うべき『詞乃栞打聴』（明治二三年刊）の翻刻である。これら三点の附録により、黒川真頼の学説の具体を示す。

注

（1）　梅井道敏『てには網引綱』（明和七年）。
（2）　『歌道秘蔵録』など。
（3）　吉川弘文館『国史大辞典』には「近世」を「永禄十一年（一五六八）から、江戸幕府が滅亡して明治維新が開始される慶応三年（一八六七）までの約三百年間」としている。
（4）　築島・古田（一九七二）。
（5）　『活語断続譜』巻一、一二丁表。
（6）　『詞八衢』上巻、六丁表。
（7）　同前、七丁表。

25

近世後期文法関係資料年表稿

	−1770　　　　　　　　　　−1700	秘伝書
テニヲハ（総論）	(1) 秘伝書の公刊と発展	『手爾葉大概抄』 『手爾葉大概抄之抄』 「姉小路式」 『春樹顕秘抄』 『歌道秘蔵録』（寛文十三年・一六七三刊） 『一歩』（延宝四年・一六七六） 有賀長伯『和歌八重垣』（元禄十三年・一七〇〇刊） 有賀長伯『春樹顕秘増抄』（元文二年・一七三七までに成立か） 遁庵子『和歌童蒙抄』（宝暦三年・一七五四） 雀部信頼『氏邇波義慣鈔』（宝暦十年・一七六〇序） 村上織部『古今集和歌助辞分類』（明和六年・一七六九成） 枡井道敏『てには網引綱』（明和七年・一七七〇刊）
図表	本居宣長『てにをは紐鏡』（明和八年・一七七一刊） 賀茂真淵『五十聯音』 谷川士清『倭語通音』	
用言		
各論	賀茂真淵『語意考』（明和六年・一七六九自序） 富士谷成章『かざし抄』（明和四年・一七六七自序） 谷川士清『日本書紀通証』（宝暦十二年・一七六二刊）	
増補、注釈など		

―1800

（3）活用研究の整理	（2）宣長・成章の台頭
橘守部『助辞本義一覧』（天保九年・一八三八刊） 鈴木朖『言語四種論』（文政七年・一八二四刊）	富士谷成章『あゆひ抄』（安永七年・一七七八刊） 本居宣長『詞玉緒』（天明五年・一七八五刊） 富士谷成章『装図』
篠原景雄『天言活用図鏡』（天保六年・一八三五刊） 海野幸典『天言活用図』（天保四年・一八三三刊） 義門『和語説略図』（天保四年・一八三三刊） 静教『詞のしをり』（天保元年・一八三〇刊） 富樫広蔭『辞玉襷』（文政十二年・一八二九刊） 義門『友鏡』（文政六年・一八二三刊） 本居春庭「四種の活の図」 鈴木朖『活語断続譜』（享和三年・一八〇三頃成）	
本居春庭『詞通路』（文政十一年・一八二八序） 義門『詞の道しるべ』（文化七年・一八一〇頃初稿成立） 本居春庭『詞八衢』（文化五年・一八〇八刊）	本居宣長『活用言の冊子』（天明二年・一七八二頃成立）
義門『山口栞』（天保七年・一八三六刊） 鶴峯戊申『語学新書』（天保四年・一八三三刊）	本居宣長『玉あられ』（寛政四年・一七九二刊）
『玉あられ論辨』（天保元年・一八三〇刊）	市岡猛彦『紐鏡うつし辞』（享和四年・一八〇四序）

—1840

（4）語全体の整理と記述

右系列	左側諸書（右→左の順）
荒木田守訓『言辞の音の貌』（天保十一年 一八四〇刊）	鈴木重胤『詞捷径』（弘化二年 一八四五刊）／富樫広蔭『詞玉橋』（※明治二四年刊）／?榊玉緒『詞の縄墨』／黒沢翁満『言霊のしるべ』上巻（嘉永五年 一八五二刊）／大国隆正『活語活法理抄』（安政三年 一八五六刊）／師岡正胤写『語学指掌図略解』（安政二年 一八五六奥書）／物集高世『辞格考抄本』（安政五年 一八五八刊）／新井良融写『語学指掌図略解』（万延元年 一八六〇奥書）／清原道旧『言霊音義解』（明治七年 一八七四刊）
伊庭秀賢『霊語指掌図』（天保十年 一八三九刊）	八木立禮『用語大成総括之図』（嘉永四年 一八五一識語）／物集高世『作用言の格』（安政二年 一八五六刊）／轟好道『てにをは活辞一覧』（安政五年 一八五八跋）／清原道旧『五位十行活図式』
義門『活語指南』（天保十五年 一八四四刊）	長野義言『活語初の栞』（弘化二年 一八四五刊）／八木立禮『用語大成』（嘉永四年 一八五一自序）／黒川春村『活語四等弁』（嘉永五年 一八五二跋）／横山由清『活語自他捷覧』（安政四年 一八五七刊）
大国隆正『ことばのまさみち』（天保七年 一八二六序）	?香川景樹『言語解』／中島廣足『かたいと』（嘉永六年 一八五三序）／?権田直助『形状言八衢』
義門『玉緒繰分』（天保十二年 一八四一刊）	中島廣足『玉襷窓の小篠』（文久元年 一八六一刊）

第一部　完了「り」の学説史

第一章　完了「り」考——鈴木朖まで——

一、はじめに

　完了「り」は、現在、学校教育で用いられる古典文法では完了の助動詞として記述される。それに対して、明治前期の文典における語分類上の所属や記述には不確定なものが多く、また文典によってゆれも見られる。

　たとえば、大槻文彦の『語法指南』（明治二十年）は、前代の伝統的国学と洋文典の枠組みを折衷したものとして、ひとつの画期点と位置付けられる文典である。その中で完了の助動詞「り」を以下のように立項して説く。

（16）り＝此語ハ、規則動詞ノ第一類ニ限リテ属ク助動詞ニテ、且、其第三変化ニ属ク、即チ、「行ケリ＝押セリ＝別テリ」ノ如シ。是等ノ意義ハ、「行キ、て、あり」押シ、て、あり」ナド解スベクシテ、亦、「行ク」押ス」等ヲ、第一過去ニイフナリ。規則動詞第一類ノ六種ノ語ニ連続セシメテ、左ノ表ヲ示ス。

（『語法指南』六六〜六七頁）

第一部　完了「り」の学説史

右の引用箇所は、「第一過去」の助動詞「つ」「ぬ」「たり」「せり」（サ行変格活用「す」に完了「り」が接続したもの）を列挙する並びに置かれる項目である。この後には、「第二過去」の「けり」「き」と続く。

ところが、その後の『広日本文典』（明治三〇年）では、「半過去」の助動詞として「つ」「ぬ」「たり」「せり」を列挙するところまでは「語法指南」と大差ないが、「せり」の後にあった「り」の項目が、以下の記述に取って代わる。

○又、一種ノ半過去アリ。四段活用ノ動詞ノ「咲く」指す」勝つ」等ヲ、常ニ「咲けり、」指せり、」勝てり、」ナド用キル、是等ノ意義ハ、「咲き、て、あり」指し、て、あり」勝ち、て、あり、」ナド解スベクシテ、其動作ヲ、半過去ニイフモノナリ。此ノ語尾活用ヲ成スハ、四段活用ニ限リ、其活用ノ状ハ、略、「あり」ニ同ジ。

（『広日本文典』一三五頁）

この箇所は「助動詞」の章にあたるが、大槻は完了「り」を、助動詞ではなく「半過去」の表現を担う「語尾」として解釈している。

大槻のこの転換については、いまは措く。ここでは、『広日本文典』のように完了の助動詞「り」を助動詞としない文典が大槻の他にも同時代に散見されることに注目したい。その中には、落合直文・小中村義象『中等教育日本文典』（明治三三年）や、三土忠造『中等国文典』（明治三四年）といった広く用いられた文典も含まれており、『広日本文典』の立場が決して特異ではなかったことがうかがわれる。

明治前期の日本文典においては、国学と洋学それぞれの活用論の立場がどのように折衷されたかが問題となり、

32

第一章　完了「り」考

特に大槻文彦は折衷文典として評価される以上、ここでも洋文典における活用の範囲と時制の枠組みからの影響を考えなくてはならない。

しかしながらその一方で国学の側に目を向けると、すでに近世国学において、「り」を独立した文法項目として掲出する立場と、語尾と解釈する立場との両者が存在することが確認でき、前者には富士谷成章、鈴木朖、後者には本居宣長、春庭などが例として挙げられる。つまり、前述のような明治期の完了「り」を析出しない立場は、国学からの流れを汲む可能性があるということであり、まずは国学の側の立場を整理することによって、一端であるとはいえ、明治期の記述の背景が明らかになることが期待される。

本章ではこうした事情を踏まえ、まず鈴木朖までの学説を取り上げ、各々がどのような観点から「り」を記述したのか考察を行う。他方、本居春庭以降の立場については次章で取り上げ、どのような枠組みに完了「り」を位置付けているのか確認し、活用語尾とテニヲハとの境界の認識のあり方を考える。

二、近世前期の記述

完了「り」は、近世前期のテニヲハ書にはそれほど記述が見られない。係助詞や、「かな」「けり」など表現上注意すべきとされた他のテニヲハ類に比して、注意が払われてこなかったことがうかがわれる。数多くの句末の用例を集める『氏爾乎波義慣鈔』（宝暦一〇年）にも、「妻もこもれり～我もこもれり」「雨にまされる～」の例が記されるだけである。

比較的記述が多く見られるのは、『古今集和歌助辞分類』（明和六年）である。「さける」（カ行四段活用）、「なら

33

第一部　完了「り」の学説史

次のように説く。

へる」「まとへる」（ハ行四段活用）、「氷れる」「とまれる」「まされる」（ラ行四段活用）、それぞれの用例に対して、

かくつづけしは。さくといふことを。語調の為に延たる辞也。

　　　　　　　　　　　　　　　　　　　　　《『古今集和歌助辞分類』下巻　二六丁表》

ならふ・。まとふといふことを。語調に随へて二言に延たるのみ。

　　　　　　　　　　　　　　　　　　　　　《『古今集和歌助辞分類』下巻　三一丁裏》

これらはこほる。とまる。まさる。といふ意のみなれは。句調の為の延語の辞のみ。

　　　　　　　　　　　　　　　　　　　　　《『古今集和歌助辞分類』下巻　三四丁表》

この書では、完了「り」の有無で意味の相違は生じず、語尾は調子を整えるための「延たる辞」「延語の辞」(2)に過ぎないとする。完了「り」は、たとえ記述されても、特筆すべき意味の無い表現とされていたことが確認できる。

こうした情勢に反して、『一歩』（延宝四年）は完了「り」に注目した早い例であると言えよう。

一或書に云　我魚をこのめるによつて〜みづからの事をいはんとてかく書し物ありこのめるは他の詞なる故自他の相違也このみしにこのむによつてなと〜書へし他をさしてわがといへは右の詞つ〜きにてよく侍　（中略）

一或書に云こひしさかきりなければかなしくおもへり

へ上の詞は自也かなしくおもへりといふは他の詞にて自他の相違也かなしくおもふと書へき所也

第一章　完了「り」考

かよへり　かよへる

右は　ゑの連声の内けせてへめえれへの八字にりとるとを加へてとめたる也此類多し下知をゑのひゞきにとむるをもつて是等を心得へし下知は自の詞なれ共他に物をいひ付る詞なれはなり右いつれも自の詞にいひては不似合

（『一歩』大系　八九頁〜）

『一歩』は、完了「り」を「自他」の文脈におき、「他」の表現であるとする。完了「り」を伴わない形式と比較して、話し手の目前にある事態を客体として把握し、客観的に述べる表現と位置付けるわけである。[3]

（『一歩』大系　一一三頁）

以上、近世前期のテニヲハ論において、完了「り」は「り」それのみが分析されることはなく、「咲く」に対する「咲ける」、「思ふ」に対する「思へる」のように、いわば動詞の一用法の一部として捉えられていたと言えよう。また意味の面においては、「自他」の対立軸において記述する『一歩』を除いて、積極的な考察はされてこなかったようである。

三、本居宣長──ラ行変格活用型への注目──

三―一、『てにをは紐鏡』『詞玉緒』

本居宣長の『てにをは紐鏡』（明和八年）および『詞玉緒』（安永八年自序）において、完了「り」は「第十三段」〜「第十八段」に見える。四段活用動詞に「り」が後接した形式が「けり」「せり」「てり」のように、各行の語

第一部　完了「り」の学説史

尾を抽出するかたちで列挙される。この段は、「第七段」に「あり」(ラ行変格活用動詞)、「第八段」〜「第十二段」にラ行変格活用型の助動詞が列挙される並びにある。「第七段」の前後に配置されているのは助動詞の類で、動詞は「第廿一段」からとなり、他の動詞とは一線を画す配置となっている。

この二つの資料は、「はも徒」「ぞのや何」「こそ」に対する三転の結び方を示そうとするものであり、「はも徒」の欄が「り」となる形式をまとめ、「あり」をそれらの代表として筆頭に配置したものと思われる。

三─二、『活用言の冊子』

一方、宣長の『活用言の冊子』(天明二年頃成立)[5]には、「第六会」ラ行四段活用型の末尾にその記述が見える。

○アリ　○ヲリ〔居〕　○ケリ〔未〕　○ナリ
○メリ〔辞〕　○タリ〔辞〕　○ケリ　○ナリ〔辞〕
○メリ　○セリ　○テリ　○ヘリ
◑エリ　○レリ　○シカリ　○モタリ　○ハンベリ

此類ハ、オナジラ・ル・レ・ノ・ハタラキナガラ、リトスワルコトバナルユエニ、ベツニコ〻ニ出セリ、

（『活用言の冊子』二九丁表）

「オナジラ・リ・ル・レ・ノ・ハタラキ」と述べるように、同じラ行の中で四段に変化すること、つまり行内での変化の類型数（いくつの音に変化するか）の点に注目していることがうかがわれる。一方で、「リトスワル」点で、四段活用型とは弁別している。

第一章　完了「り」考

三―三、小括

　宣長は、「あり」を代表とするラ行変格活用型の中に完了「り」を位置付ける。ただし従前のテニヲハ論と同様、「り」だけを抽出するのではなく、上接する動詞の語尾とともに掲出する。この時、助動詞の類も同じ活用型として用言「あり」と一括している点も、留意すべき特徴であろう。

　また完了「り」を伴う形式の意味の面については、この資料の範囲においては、やはり積極的な記述は見られない。

（6）

四、富士谷成章―「り」の析出―

　富士谷成章は、『あゆひ抄』（安永七年）の「有倫」（ありとも）の部で完了「り」を取り上げる。「有倫」はその名称から「あり」と深く関わる部と考えられるため、まず成章の「あり」の位置付けから確認しておきたい。

四―一、「装」における「孔」

　富士谷成章の「装」（よそひ）（用言）の分類において、「あり」は「孔」（ありな）と名付けられる。

　凡装には二むねあり．事とさまと也．こまかにいへは事に二むねあり．事とありなと也．状に四むねあり．しさましきさまありさまかへしさま也．

（『あゆひ抄』「おほむね」下　八丁裏〜）

37

第一部　完了「り」の学説史

「孔」は、動詞（「事」）と形容詞（「状」）の対立においては動詞の側に属し、「装図」においては「状」の隣に配置される。春日（一九六八）はこの位置付けについて以下のように分析する。

「孔」は存在詞を基幹とするラ変のことであるから、ここに始めて存在が動作と異なつた意味および職能を持つてゐることを明らかにしたわけである。然して、「孔」を「状」における「在・芝・舗」の右に、「事」の間に挿んだのは、「事」と「状」との中間的な意味を持たせたものに違ひない。

しかし、成章は「すへて其さまをいひするんかためなる詞なり。」と述べるだけで、直接、存在と動作を意味および職能の点で他の動詞と弁別したとするような記述は見えない。成章が明確に示しているのは、あくまで形態的な観点から活用形式を規定するものであり、「孔」が「状」と隣接するのは「有末有引」という活用形式の共通点による。

「有末有引」とは文字どおり「末」が有り「引」が有る、ということだが、他の連体形語尾「ル」を「靡」とするのに対し、この活用型を「引」とすることについて確認しておく。活用語の断続の対立を考える際、下接語に続く場合（すなわち連体形）に、新たな音節を分出するものとしないものの区別ができる。分出したものを、成章は「靡」とする。一方、分出しない活用形式には音の交替をするものとしないものがある。交替しないものがいわゆる四段活用型にあたり、交替するものがラ行変格活用型や形容詞ク活用型にあたる。

38

第一章　完了「り」考

このような整理によって導き出された分類が「有ㇽ有引」の一群である。表層的な音節「ル」に注目すれば、一見「麿」と「あり」の連体形とは区別がつかないが、形態変化の法則に着目すると、「麿」と「引」は明らかに異なる。一方で、同じ活用型であっても、「在」（形容動詞）は「状」に分類することから意味に対する観察もあったことがうかがわれ、結果的には春日氏が看破した解釈になるのであろうが、右のような形態変化に対する観察が第一にあって「孔」が導き出されたことに注意しておきたい。

成章は、この「孔」に関連する「脚結」の一群があると考えていたようである。

又曰脚の装にかよふこそおほかれ・末麿をたてゝ心うへし。（中略）又めりたりなりかりありけりなとは末也・めるたるなるかるあるかるなとは引なり。是は孔のすちなり。

（『あゆひ抄』「おほむね」下　二一丁表〜）

これは、ラ行変格活用型という形態的特徴において、「あり」と「めり」「たり」など助動詞類とが共通するこ

39

第一部　完了「り」の学説史

とを言及するものであり、同様の視点は、先述した宣長をはじめ、他の国学者にも見られるものである。

四─二、「有倫」における「り」

「あり」は「裝」に分類される一方で、「脚結」（テニヲハ）の中には「有倫」の部があり、そこにも項目が立てられる。

（何あり）凡ありはまたく孔なれは此抄にいるへきにあらねとおほく脚にうちましりてある詞なれは・ひかれていたす・（中略）此倫には「ふせり」又は状をうけたる・さては脚にこもりたるは・まさしく孔とみゆるをもあけていふ・

《『あゆひ抄』巻四「有倫」一六丁表》

「あり」を「またく孔なれは此抄にいるへきにあらねと」と断りつつ「脚結」として掲載するのは、波線部にあるように、他の「脚結」に混在して現れることがあるためであるとする。また、この項には「ぞある」「こそあれ」「もあらず」など、いわゆる補助動詞としての用法を列挙しており、機能語的なはたらきから「脚結」に含めたのだと推察される。

この部に収められる「脚結」は、「「ふせり」又は状をうけたる・さては脚にこもりたる」とあるように、おおまかに三つに分けられている。「ふせり」が完了「り」、「状をうけたる」が形容詞活用語尾に関連する三種、「さては脚にこもりたる」のが、断定の助動詞二種である（表1）。

40

第一章　完了「り」考

表1　「有倫」に所属する「脚結」一覧

項目	現代での位置付け
何あり	補助動詞
何り	完了の助動詞「り」
何くあり・何かり	形容詞の活用語尾
何けれ	形容詞カリ活用の已然形語尾
何けむ	形容詞語尾＋推量「む」
何たり	断定の助動詞「たり」
何にあり・何なり	断定の助動詞「なり」

完了「り」にあたる「伏り」とは、用言のエ段音語尾（伏）に接続する「り」を意味する。

〔何り〕〔何は事の目也〕「ふせり」といふこれなり「てあり」「たり」なとよむに似ていさ〻かかろきことはなれと．　里言にわかつへきにあらねは．「てあり」のことく心得へし．

（『あゆひ抄』巻四「有倫」一七丁裏）

このように「り」だけを切り出して掲出するのは成章が嚆矢であり、従前の「せり」「てり」など動詞の語尾として掲出していた立場とは一線を画すと言って良いだろう。

第一部　完了「り」の学説史

四—三、「引合」の観点

しかしながらこれ以前のテニヲハ論では、語尾とテニヲハとは、分類上、排他的に弁別されない場合も多い。

成章の場合も、項目があることを以て「り」を独立した文法項目と捉えていたと明言することは早計であろう。

特に完了「り」は上接語とは切り離さずに扱われてきた来歴がある。現に『稿本あゆひ抄』においても、「何り」は「エるエりエらエれ」とある。(8)。上接語を「何」で示す書式が成熟していない段階だった・こともあるが、宣長が「せり」「てり」と列挙していたのと同様の視点でエ段音語尾と「り」を取り出していると見ることも出来よう。

こうしたことから、もう一歩踏み込んで考察しておく必要がある。

「有倫」に所属する「脚結」に共通して見られるのが、「引合」という用語による分析である。

〔何くあり〕〔何かり〕〔何は芝の本舗の末なり〕「く」は状の往「か」は「くあ」のひきあひにて二詞全同
これを装の立本ともいふ

《『あゆひ抄』巻四「有倫」一八丁表》

〔何たり〕〔何は名也〕〔とあり〕のひきあへる也．心得てといふてもあると里す 止家 を あはせ見ても知へし
「てあり」を引合たる「たり」は氏身にいたす．

《『あゆひ抄』巻四「有倫」一九丁裏》

〔にあり〕「なり」二詞．ひきあひて只同ことはなり．

《『あゆひ抄』巻四「有倫」一九丁裏～》

「あり」が「脚結」に複合して現れるという先の説にあるとおり、「有倫」の部に所属する「脚結」は、形態的

第一章　完了「り」考

に「あり」との「引合」、いわば複合によって形成されたという背景を認めているということである。引き合う前は「あり」が分析できるが、引き合った後は上接する語と「あり」は不可分な状態になるため、「くあり」「かり」、「にあり」「なり」など両形式を掲出していると考えられよう。「有倫」以外の部に所属する「脚結」にも、同様の解釈がなされるものがある。

又脚をつきて「すあり」は「さり」「てあり」は「たり」「もあれ」は「まれ」なとひきあひたるは 不倫 氏身

毛家 等にいたすへければ、これらの外をこゝにはいふなり
　　　　　　　　　　　　　　　　　　　　　　（『あゆひ抄』巻四「有倫」一七丁表）

これらは、「ず」「て」「も」など、引き合う相手が意味上の主となり、「あり」は従であるとの判断から他に分類されたのだと察せられる。

しかしこうした中にあって、「何り」すなわち完了「り」だけは「あり」の「引合」だとは言及されていない。「てあり」のごとく心得へし」とあるだけで、語形変化（「立居」）の類型が証歌に尽くされるのみである。

さて、この「何り」の末尾に、次のような一文がある。

又 来倫 の「けり」「ける」等も・只此立ゐなれと・こゝには出さす
　　　　　　　　　　　　　　　　　　　　　　（『あゆひ抄』巻四「有倫」一八丁表）

過去「けり」が完了「り」と同じ活用型であることを述べていると解釈できよう。この記述を承けて、「何け

り」（過去「けり」）には次のような記事が見える。

43

第一部　完了「り」の学説史

〔何けり〕〔何上に同じ〕〔けり〕は万葉に来に来とかきたれと．まことは来有の心也・すなはち〔き〕の立らなれと〔き〕とのみよめるにくらふれは例のなりもし添ひて心ゆるへり

『あゆひ抄』巻四「来倫」二三丁裏〜

ここで、成章は「来有の引合」であるとは言わず、「心」と述べる。先に確認したとおり、「あり」の複合であると考えるならば、他の「有倫」の「脚結」と同様に記すと思われる。だが「心」、いわば意味の面では「あり」を背景に認めても、形態の面には言及しないのである。形態上は、「あり」は「引合」なのではなく、「なりもし」（ラ行音）が添加して意味の違いが生じたものと分析するのである。

『稿本あゆひ抄』においても、完了「り」の項目には「引合」なる表現は見られず、「らりるれろ皆有の心」とあり、過去「けり」と同様に「心」において「あり」を認めていることだけが確認できる。

以上まとめると、成章が古典語で「引合」とするのは、以下の例である。

・〔にあり―なり〕（イ段音）

・〔くあり―かり〕「ずあり―ざり」（ウ段音）

・〔てあり―たり〕（エ段音）

・〔とあり―たり〕「もあれ―まれ」（オ段音）

一方、現在一般に四段動詞の連用形（イ段音）に「あり」が複合したものとされる完了「り」や、「きあり―けり」の例は「引合」とはしていない。

・四段活用型動詞連用形（イ段音）＋あり―エり

・〔きあり―けり〕

44

第一章　完了「り」考

このように、意味の上で「あり」との関連を認めることと、形態的に「引合」とするか否かは、厳然と区別し

ていると考えられる。

こうしたことから、「り」は「あり」の「引合」ではなく、すなわち上接語から切り離すことのできる対象な

のであり、「何り」は独立した項目と言ってよいだろう。『稿本あゆひ抄』にあった「エるエりエらレ」などの

「エ」は、刊本に浄書される過程で「装」の領域に収められ、「り」だけが「脚結」として認められたというわけ

である。(11)。

五、鈴木朖 ―語尾との縮合―

五―一、連用形との縮合

鈴木朖は鈴屋の学統に連なりつつも、用言を「作用言」と「形状言」に分け、「あり」を「形状言」に位置付

ける。完了「り」は、さらにその中に配置されている。

用ノ詞。ハタラク詞。活語ナント。古来一ツニ言来レルヲバ。今形状作用ト。分チテ二種ノ詞トセルハ。終

リ二附キテハタラクテニヲハノ。本語ニテキレ居ワリタルモジノ。第二ノ‖ノ韻ナルト。第三ノウノ韻ナル

トノ差別也。第二ノ韻ナルハ。シ‖リノ二ツ也。（中略）リハ有り也。ア‖アリ〳〵。アザヤカ。アラハルアキ

ラカノアニテ。物ニツベク時ハ省カレ消ユル也。居ハ。キアリ也。聞ケリ。見タリハ。聞アリ。見テアリ也。

往ケリ。還レリハ。ユキアリ。カヘリアリ也。カクリ‖モジヲ終リニツクル時ハ。本作用ノ詞ナルモ。皆其

45

第一部　完了「り」の学説史

形状ニナル也・サレバコノ‖リノ二モジニテトマル詞ハ・スヘテ皆物事ノ形状ナリ・（『言語四種論』三丁裏～）

眼の着眼点は句末の音節にあり、イ段音かウ段音かで二大別して、富士谷成章とは全く別の観点から「あり」を取り出すのである。そして完了「り」については、波線部のように動詞の連用形に「あり」が融合したものとするのが確認できる。

五―二、語尾とテニヲハの関係

眼は語の成立について、体言にテニヲハが付いて用言になると考えており、活用語尾もテニヲハ（活用語尾ニツキタルテニヲハ）と捉える。そのため形容詞語尾「し」とラ行変格活用型動詞の語尾「り」もテニヲハとされる。語尾「し」「り」（動詞の場合は「く」「す」「つ」など各行の活用語尾）が付いて「本語」となったものにさらに「詞ノ跡ヲ承テトムルテニヲハ」が付くという次第である。その中に完了「り」も数えられ、「皆アリ也」とされる。「コノ‖リノ二モジニテトマル詞ハ、スヘテ皆物事ノ形状ナリ」という観点は、「あり」を包含しているとを根拠に、助動詞にも及ぶのである。

○詞ノ跡ヲ承テキレモシ・又働キテ下ニツヾキモスル事・活語ノ終リノテニヲハノ如クナルアリ・其スワル韻ノ必第二ト第三トニガキル事・活語ニ同ジク・其コヽロノ形状ト作用トニワカル、事モ・大方ハ同シ・其テニヲハ・ゴトシ・ベシ・マシリ・タリ・ナリ・ケリ・メリ・キ・（中略）リヨリ下ノ六ハ・皆アリ‖也・タリハテアリ・ナリハニアリ・セリハシアリ也・ケリ‖メリハシラレネドモ・働ク格上ニ

第一章　完了「り」考

同ジク・其ウヘ事ノサマヲ定メハカル詞ナレバ・ソノリハ疑ヒモナク有リナリ・キハケリノコヽロニ似テ・下ニツヅク時ハシトナル也.

（『言語四種論』九丁裏〜）

「あり」が融合して「聞けり」などの形式になったと解釈しながら、腹にとって語尾は用言を構成する部品のひとつであるため、完了「り」も同様に切り出して掲出している。しかし、「たり」など他の助動詞と同一視していたのかというと、決してそうではなかったことが次の記述から見て取れる。

此段有ニツヾキテツマルトキ作用ノ詞ハ第四ノ韻ニ転スル格也詞ニヨリテハヲヲヘテタリトナルアリ

（『活語断続譜』
　一六丁表〜）

右の引用にある「此段」とは第四段を指し、いわゆる連用形にあたる。助辞「り」は、第五段（已然形）や第六段（命令形）に付くとはされず、第四段に「あり」が付いて母音縮合し「第四韻」すなわちエ段音になると説明されているのである。

この記述と先述した『言語四種論』の記述とを合わせると、「詞ノ跡ヲ承テトムルテニヲハ」だけが異質な存在となる。この分類に属する他のテニヲハが活用によって形態変化した形式に下接するのに対し、「り」は活用に加えて縮合という二段階の形態変化を経なければならないためである。仮に『活語断続譜』において工段音語尾の活用形に下接するとされるのであれば、『あゆひ抄』と同じ処理になり、齟齬は解消される。

だが用言の語尾を活語を構成するテニヲハとし、活用の語尾ともするように、語の単位認定において二段階の分

第一部　完了「り」の学説史

析を許容する以上、朏にとってこの問題は齟齬とはなりえないのである。

五—三、小括

朏の説は、「形状言」の分類が注目されがちであるが、ラ行変格活用型を一括している点では宣長をそのまま継承している。

本節において注目すべき画期点は、完了「り」を四段動詞の連用形に「あり」が融合したものとして初めて解釈したことである。そして、他のラ行変格活用型の助動詞に対しても「あり」が縮合したものと分析し、結果、従来のラ行変格活用型を一括する立場に根拠を与えたことになる。これは、直接的な関係は措くとして、成章が「引合」としなかった例に対しても「あり」を認め、成章の説を拡張した恰好と言えよう。

六、まとめ

以上、近世前期から、富士谷成章、本居宣長、そして鈴木朏の学説をたどってきた。

完了「り」は、それのみが切り出されることは稀であり、むしろ動詞の語尾の一部として記述されてきたことが確認された。そうした中にあって、富士谷成章の立場は非常に特異なものと言えよう。一方で、「あり」を筆頭にラ行変格活用型の一群が形成されるということが、成章も含めて通底して認識されていたようである。これに語構成上「あり」を分析し、根拠を与えたのが鈴木朏であった。

次章では、本居春庭以降の展開をたどる。

48

第一章　完了「り」考

注

（1）この他に、大平信直『中等教育国文典』、高田宇太郎『中等国文典』、鈴木忠孝『新撰日本文典』、藤井篆『日本文典』、和田万吉『日本文典講義』が「り」を助動詞としない立場をとる。

（2）『古今集助辞分類』の凡例には、「且こヽには助辞のみにあらず。発語の辞及ひ。約言延語の。助辞に疑はしきも略出せり。」とあり、「延語」はテニヲハに準ずる位置付けであったとうかがわれる。

（3）「自他」の系譜については、第三章に譲る。

（4）「第八段」は「せり」で、助動詞ではなくサ行変格活用「す」の未然形に助動詞「り」が接続したものである。四段活用型動詞と区別し、補助動詞としてのはたらきも想定した位置付けと思われる。

（5）竹田（一九九三）は、『活用言の冊子』は主に春庭が編集を行ったものと推論するが、ここでは従来どおり宣長の説として扱う。

（6）宣長『玉あられ』（寛政四年）には「詞に三つのいひざまある事」という節で、「さく」「さける」「さきし」など、はだかの動詞、完了「り」、過去「き」の三形態を比較してその表現の違いを述べている。また、注釈書の中で完了「り」に言及している可能性があり、これらについては、稿を改めて考察したい。

（7）『あゆひ抄』巻四、一六丁裏。

（8）『稿本あゆひ抄』六七丁表、『富士谷成章全集（上）』四二一頁。

（9）『あゆひ抄新注』には、「これを、「きーあり」の熟合と見るとの意」（二九七頁頭注）とするが、『あゆひ抄』本文からはそこまで読み取ることはできない。

（10）同前。

（11）この処理は、『稿本あゆひ抄』の「誂詞」における「えぬき」（動詞の命令形語尾）が、刊本において「脚結」から削除されるのと軌を一にするものと言えよう。これについては、第六章で言及する。

（12）柳園叢書本を用いる。

（13）神宮文庫本では「第四等」。

（14）神宮文庫本では第五段は「第五等」、第六段は「第六等」。

49

第二章　完了「り」考
——本居春庭以降——

一、はじめに

　完了「り」の学説史について、第一章では、近世前期から鈴木朖までを概観した。年代順に追えば鈴木朖と並んで本居春庭があるべきであるが、前章では本居宣長の系譜として先に朖を確認した。本章では同じく宣長の後継者である春庭から出発したいと思う。

　前提となる本居宣長の学説では、ラ行変格活用型の用言や助動詞を一括し、その中に完了「り」を分類するが、『てにをは紐鏡』『詞玉緒』と、『活用言の冊子』との間では、ラ行変格活用型そのものの配置が少々異なる。前者の二著では、ラ行変格活用型の一群は「第七段」〜「第十八段」にあたるが、それらの前後に記されるのは助動詞の類で、動詞は「第廿一段」からとなる。つまり、「あり」も含めてラ行変格活用型は他の動詞からは離れて配置されている。しかし後者では、四段活用型の配列の中で、「第六会」ラ行四段活用型の末尾に記され、あたかも四段活用型の亜種のように位置付けられているのである。

　この相違は、それぞれの枠組みの方針が異なるために生じるのだと考えられる。前者の二著は「はも徒」「ぞ

51

第一部　完了「り」の学説史

のや何「こそ」に対する三転の結び方を示そうとするものであり、「はも徒」の欄がイ段音「り」をとる形式をまとめた結果、ラ行変格活用型は他の動詞類や助動詞類とは異なる位置に収められた。一方、『活用言の冊子』では、承接の形式に焦点があり、同じラ行の中で四種の変化形態を見せること、つまり行内での変化の類型数の点から、ラ行四段活用の亜種として置かれるのである。

本章ではこれを承けた春庭、義門らがどのように完了「り」を位置付けてゆくのか、以下にたどってゆく。

二、本居春庭——所属不定の活用——

本居春庭の学説において、完了「り」は『詞八衢』（文化五年）の本文に次のように現れる。

○四段の活の第四の音けせてへめれよりらり‖るり‖るり‖れと活くありそはさけらんさけりさけ・‖さけれ‖おもへらんおもへり‖おもへる‖おもへれかすめらんかすめりかすめる‖かすめれなどいへるこれなりさてこのさける‖おもへる‖かすめるなどをやがて一ツの詞として 羅 行の四段の活に入ルベきささまなれど受くてにをはいさゝかことにして四段の活の詞ともしがたうくるは四段の活に全くおなじけれどもらりより受くてにをはるれよりしそはさけらんさけらばどはうくれどさけらじさけらましなどはうくまじくさけりしかなどはいふべけれどさけりてさけり・‖さけり‖ぬなどはいふべからざれは也余もこれになそらへてしるべし一段の活中二段の活下二段の活には此活なし

（『詞八衢』上巻 一二丁裏〜）

第二章　完了「り」考

「さける」など完了「り」が動詞に後接した形式を取り上げ、そのまま一語としてラ行四段活用型の動詞とすべきところ、「受るてにをは」すなわち後接するテニヲハが四段活用動詞よりも制限されるため、四段活用型ともしがたい旨を述べている。また、この「り」を伴う形式は一段活用動詞、二段活用動詞には無いことも指摘している。

従前の学説と共通するのは、「り」を切り取らずに語尾の一部として捉える点である。春庭はさらにそこから一歩進めて、上接語が四段活用動詞であると分析し、そのうえで、二次的に活用する「一ツ」としているのである。そして具体的な承接の仕方の違いから、他の動詞と完了「り」を語尾に伴う場合とを弁別しているのである。

しかし宣長などの立場に対して、春庭は完了「り」のう行変格活用型としての側面については触れない。そして、結果的には「四段の活の詞ともしがたし」として所属させないものの、完了「り」の所属先として春庭が仮定するのは「四段の活」である。

『詞八衢』において、変格活用とされるのはカ行変格活用、サ行変格活用、ナ行変格活用の三種のみで、ラ行変格活用は独立した活用型として数えられない。『活用言の冊子』同様、ラ行四段活用型の中に置かれる。[1]

○右に挙たる詞の中に有居の二ッいさゝかことなりすべて四段の活の第三の音く・すつふむるは図にもしるる如く切る〻詞と続く詞とをかねたればあると・とあるともをるとをといふべき格なるに此二ツの詞のみありと＝＝ありともをりとも・をりと＝＝をりともといひ又切る〻詞にもありをりりと・・ありをりりといふ例なり其外めり＝＝らん　べき・らしなどのてにをはをうくるはすべてにこととなることなし

（『詞八衢』下巻　四〇丁表）

53

第一部　完了「り」の学説史

ラ行四段活用動詞の中に「有り」「居り」を一旦含めたうえで、右の注記を記すのである。ここで春庭は、他の四段活用動詞が終止形と連体形が同形であり、終止形接続のテニヲハに接続する際も、「はも徒」の結び、つまり終止する形式と同形をとるのに対して、ラ行変格活用型は「と」「とも」に接続する場合や終止する際にイ段音をとるという違いがあることを指摘する。しかし「めり」「らん」などに続く場合は、四段活用型と違いは無い、と結ぶ。

春庭の活用体系の枠組みは、承接における形態が第一に優先され、「其外めり＝らん＝べき＝らし＝などのてにをはをうくるはすべてにことなることなし」という記述にそれが端的に表れている。春庭の活用表「四種の活の図」もそのような枠組みとなっており、各段は「受るてにをは」との承接関係における形式が示されている。この枠組みに当てはめるだけであれば、ラ行変格活用型は四段活用型と同形となり、区別する必要が無い。この点は他の変格活用型とは異なる（仮に表1にまとめた）。

表1　「受るてにをは」に接続する語形

	ず	て	めり	かな	ば
四段	飽か	飽き	飽く	飽く	飽け
ラ変	あら	あり	ある	ある	あれ
カ変	こ	き	く	くる	くれ
サ変	せ	し	す	する	すれ
ナ変	死な	死に	死ぬ	死ぬる	死ぬれ

※四段活用型と異なる語形をとるものに網掛けをした

第二章　完了「り」考

ラ行変格活用型が問題となるのは、「はも徒」の結びの形式である。先述したように本居宣長『てにをは紐鏡』などはこの点で他の動詞と別に扱ったわけだが、承接関係に主眼を置く春庭においては、この変則は副次的な事柄とされたのだと考えられる。これらの事情が、ラ行変格活用型を殊更「変格」としなかった理由の一つとして考えられよう。

さて、春庭は「有り」「居り」について四段活用型の中で言及するが、ここに完了「り」は含まれない。春庭は「り」を抽出せず、語尾の一部と捉えていることは確認したとおりであるが、結局、本節冒頭に引用した記事のみで、「四段の活の詞ともしがたし」とあるように、春庭の活用体系には収められないのである。

用言の活用体系に入らないのであれば、テニヲハの領域に置かれることも可能性としては想定できよう。しかしながら、春庭の「受るてにをは」は、「図の如く横に通りて少しもたがふことなくいと正しく」[2]とされる。つまり、全ての活用型に接続すると規定されているのである。かたや完了「り」は、「二段の活中二段の活下二段の活には此活なし」とあるように、上接する活用型に偏向がある。そのため、「り」だけを抽出して他の助動詞類のように「受るてにをは」として扱うことができないのである。

以上のように、春庭は宣長を承けて完了「り」を用言の活用語尾として記述するものの、用言の活用体系にも、テニヲハの領域にも収めない。第二部に詳述する命令形もまた、春庭によって用言とテニヲハ双方の領域に跨ることになったが、命令形には「下知」の意味範疇が受け皿になった。しかし、完了「り」にはそのような意味範疇の受け皿も無く、全く所属先を失う恰好になったと言えよう。

55

三、義門――「有」の一群――

　義門は、活用形の各形式に名称を付け、春庭が記さなかった形容詞の活用体系の整理にも着手するなど、春庭が言及せずに余白として残った事項を積極的に増補し、鈴木朖の説も取り入れながら最終的には『和語説略図』（天保四年）で独自性を確立してゆく。その過程においてラ行変格活用型の位置付けには変遷が見られ、完了「り」もその影響下にある。以下に各資料の記述を概観してゆく。

三―一、『詞の道しるべ』

　『詞の道しるべ』(3)（文化七年頃成立）は、義門の初期の著書であり、『詞八衢』に対して注釈し増補する姿勢をとる。そのため、後に見るような「形状」の分類はまだ無く、ラ行変格活用型は「羅行四段の活詞ひとつの変格」と名付けられて『詞八衢』に準じた分類にあるのが確認できる。ただしその内容は、『詞八衢』を無批判に受け入れるものではない。

　次に羅行四段の活詞の一の変格はかの八衢［下巻四十オ］にかづく〈論じてありすべて四段の活は第三の音くくつふむるにて切詞と続くことばとをかねたる定りなるを有居などいふ詞は第二の音り・し・き・り・にてきたりされ　ばこは用言へつづく詞と切詞とをかねてかへりて切詞と続詞とはふたつにわかれたればつねの四段の活とは　おほきに異なりたゞしめり‖らん‖べき‖らしのてにをはすべて切詞より○例なれど今は続詞のかたより受る　事上にあらはせる図の如しすべてうくるてにをはは横にとほして少しもうごくことなくいとたゞしきやうに

第二章　完了「り」考

てすなはち八衢【上巻八オ】にもしかいひてあれどかくまれにはうごく事なきにしもあらず

（『詞の道しるべ』集成　三九三頁）

春庭は、続く形が一致することからラ行変格活用型を四段活用型に含めたが、それに反して、義門は切れる形との相違を重視する。結果、ラ行変格活用型は四段活用型とは「おほきに異なり」と結論付け、「受るてにをはが「横に通りて少しもたがふことなくいと正し」いという春庭の言説に「かくまれにはうごく事なきにしもあらず」と反論している。

また、ここで義門は「いますかり」もラ行変格活用であることを新たに指摘し、さらには形容詞カリ活用型にも言及する。

深し恋しなどの活詞をふか・・り・・　こひ・・しかるとやうにはたらかすはみな・・この活にて（中略）此有居のたくひのはたらき詞はかぎりなくいと多しとこそいひつべけれ

（『詞の道しるべ』集成　三九四頁〜）

これに続いて、動詞に完了「り」が伴う形式を挙げ、「四段の活の其第四音より羅行の四段に活く活詞」と称して次のように述べる。

有居の活とは同じさま也されば古事記をはじめまなもじにてかける古書どもに咲有匂在とやうにもじをばめたりしかれば今も此詞はたゞかみの有のはたらきのつらにいるべく別に図をあらはすは無益のやうにもあ

57

第一部　完了「り」の学説史

れどかく別に図をあらはし、は八衢にいへる如くもとつねの四段の活の第四音よりかく羅行にはたらけるよしを見しらんが為也

（『詞の道しるべ』集成　三九五頁〜）

義門は万葉仮名「有」の表記を根拠にして、「あり」の同類として位置付け、さらには一活用型としての地位を新たに与えるのである。

この段階での義門の説は、ラ行変格活用型の一群を用言の範囲において、再び一活用型として認め、形容詞カリ活用にも言及するなど、『和語説略図』への展開を予感させる内容となっている。しかし、ラ行変格活用型は「形状」ではなく、依然として「羅行四段の活詞」の「ひとつの変格」なのであり、春庭の四段活用の変則という位置付けから脱しきれない面があるのも事実である。

一方で、春庭の説において活用体系の枠組みからこぼれ落ちた完了「り」を、ラ行変格活用型の一活用型として認める点は、宣長や春庭から新たに展開した分析であると言えよう。

三―二、「形状言」におけるラ行変格活用型

前述した『詞の道しるべ』ではラ行変格活用型を四段活用の変格とするが、その後『友鏡』（文政六年）および『和語説略図』（天保四年）などにおいては「有」の項を掲げ、鈴木朖の『言語四種論』を承けて「形状ノコトバ」の分類を設け、ラ行変格活用型の助動詞もすべてここに収めるのが確認できる。

第二章　完了「り」考

図1　『和語説略図』抄出

せ	な	た	け	め
け	せ	て	■ へ	め れ
有	ら	り	る	れ

図1上部の右側「せなたけめ」は、サ変動詞「す」に完了「り」が接続した語尾の一部を略記したものである。『友鏡』

り」「けり」「めり」、同じく左側は四段動詞に完了「り」が接続した語尾の一部を略記したものである。『友鏡』

では『てにをは紐鏡』の形式を踏襲し、各々一段ずつ設けて展開しているが、すでにこの段階から助動詞類は一

括され「全ク同キ転用ナレバナリ」と述べ、四段動詞についても「活サマハ即次上第六段ノ詞トモト同ジ」とし

て一括すべきとする立場を示している。

同じ活用型を一括して「有」とし、他の動詞から隔離して扱う方針は、宣長『てにをは紐鏡』『詞玉緒』と一

致する特徴である。その際、完了「り」だけでなく、上接する動詞の語尾とともに切り出してラ行変格活用型に

属する一活用語とみなし、用言の語尾とする点も、宣長の流れを汲むものである。

これらラ行変格活用型に語構成上「あり」の背景を認めたのは前章に触れた鈴木朖であるが、義門も助動詞類

に対しては同様の立場をとる。図1上部の右側「せなたけめ」について、『活語指南』(天保二五年刊)で、それぞ

れ「しあり―せり」「にあり―なり」「てあり―たり」「とあり―たり」[5]であることを指摘している。さらに、鈴

木朖が「ケリ　メリ　ハシラレ　ネドモ．働ク格上ニ同ジク」と、その由来を留保した助動詞に対しても、次のよう

に分析する。

59

第一部　完了「り」の学説史

詮ハ見え有りノ約リト云ル説．ゲニサ様ナルベシ．

（『活語指南』上巻　三六丁表）

けハ彼ノ為有ヲせり［さりトツ、マルヲ転音シテ］ノ類ノ転用ニテ、カヅラニスベクナリニ来有スヤ也．

［きあハか　レドけト転セル也．］⑥

（『活語指南』上巻　三四丁裏）

図1上部の左側、四段活用動詞に完了「り」が接続する形式に対しても、「あり」を背景に認める言説が確認できる。

至れるハ至り有り也トハ万葉ニ二種有　臥有　立在　念有　堤有　借有トヤウニけれてへめれヨリらりるれトハタラケルニシハ〈有ノ字在ノ字シテ書キ記セルニテ暁ルヘシ

（『活語雑話』初編　一一丁裏〜）

しかし、右の助動詞「めり」「けり」にあったような「約まる」「転音」といった音韻論的な解釈は行わず、あくまで「四段の活語の第四音け‖せて‖へめれよりらりると活きたる語」⑦とするのである。『活語指南』でも、四段活用動詞それぞれの已然形の項で、完了「り」を伴う形式に言及しており、連用形との複合は説かない。つまり、「至れるハ至り有り」という解釈は行っても、「活き」として処理するのである。

『和語説略図』や『活語指南』に見える義門の立場は、ラ行変格活用型の位置付けに関しては、宣長に回帰している。そこに鈴木朖の「形状言」という枠組みを用い、ラ行変格活用型の上位分類を設けたことになる。また、四段活用動助動詞類に関しては、成章や朖の流れを汲み、形態的に「あり」の複合であることを説く。しかし、四段活用動

第二章　完了「り」考

詞と完了「り」の組合わせに関しては、鈴木朖の説ではなく、春庭の立場を保持していると言えよう。

三―三、小括

　義門の説は、春庭『詞八衢』の検討から出発し、当初は完了「り」を四段活用の変格の、さらにその下位項目として記述していた。春庭はテニヲハと用言とを排他的に弁別するため、『詞の道しるべ』でも、ここに助動詞が含まれることとはない。しかし『和語説略図』などの段階においては、宣長の立場に回帰し、助動詞類も含めてラ行変格活用型を一括している。そこに鈴木朖の説を統合するのである。

　鈴木朖は、イ段音で終止する語を『形状言』とし、完了「り」は動詞の連用形に「あり」が複合したものといふ形態的分析を行った。義門はこの「形状言」は用いるが、連用形に「あり」が複合するという説は採らない。

　『万葉集』の表記を根拠に「あり」が背景にあることは言及するが、形態的な分析にまでは踏み込まないのである。そして、春庭が分析したように、エ段音語尾からさらに二次的に活用するものと捉えていることがうかがわれる。『詞の道しるべ』からの一連の説を踏まえると、義門はテニヲハ類（サ変「す」）も補助動詞の用法として含まれているのではないかと考えられるのである。

　春庭、義門の流れにおいて、完了「り」はテニヲハの添加というよりも、用言の領域において活用の現象として記述されている。二次的な語形変化であるがため、春庭においては活用体系に所在が無い状態であったが、義門に至り、その初期には四段活用の一種として、後にはラ行変格活用型の一種として、居場所を得たと言えよう。

　この、完了「り」を用言の活用語尾として扱う立場、特に『詞の道しるべ』における記述は、後に黒川真頼を

61

第一部　完了「り」の学説史

通じて明治期の文典へ継承される。(8)

四、富樫広蔭——「属詞(たかひことば)」の枠組み——

富樫広蔭は、春庭の弟子であり、春庭の学説を最も理解する者として高く評価されていた人物である。その『辞玉襷』(文政二年)では、完了「り」が接続した形式を、「属詞(たかひことば)」という独自の範疇を設けて記述する。その内実について、『詞玉橋』(弘化三年成立)には以下のように解説がある。

属詞四種ノ差別ノ事

属詞(タグヒコトバ)ハ本来(モト)一ツ詞ニハアラデ詞ノ下ニ動辞又他詞(ホカコトバ)ノ加リテ一ツ詞ノ如クナレルヲ云テソノ格様々アレド委クイハバ中々ニ初学ノ惑ベケレバ鈴屋翁ノ紐鏡ニ所標タル令(シス)所(シム)有(アリ)ノ字ヲ加ル活ヲノミ取出テイフナリ夫ヲ区別(ワキ)テイハバ(中略)△変格ノ流ノ音ノ属詞一種是ハ音便ノ詞ノ続詞段ヨリ此活ノ詞ニ続約テよから(弘)(愛其有)(悪有)はるけからめてたからあしから等活ク活ナリりり‖る‖れモ準知ベシ(中略)△同属詞一種是ハ四韻ノ続詞段ニ(サダマリ)(コ、)(ツキタマリ)(再有)テノ辞ノ繋(ツカレ)テ上ナルト同詞ニ続約テあノ所略タルナリ

（『詞玉橋』一之巻　九丁裏〜）

これらを、いわば用言が派生したものと捉え、他の活用とは分けて整理するものである。

「属詞」には、使役「す」「さす」、受身「る」「らる」、そして完了「り」と形容詞カリ活用の三種が所属する。

従来、完了「り」が所属してきたラ行変格活用型の「あり」は、ここで初めて他の変格活用型と並んで「変格

詞〕に記される。また、その他の助動詞類は、「動辞」として、テニヲハに分類し、動詞とテニヲハを弁別した春庭の立場に沿いながら、かねて言及されてきた終止形語尾の変則を動詞の枠組みの中で位置付けた結果である。

他方、完了「り」及び形容詞カリ活用に対して語構成上「あり」の存在を背後に認める点は、鈴木朖の立場に等しい。さらに『詞玉橋』には「続詞段」（連用形）に「あり」が後続したものと記されており、接続対象を連用形とする点でも朖に一致している。

これまで完了「り」を用言の活用語尾として扱ってきた立場は、これが二次的な活用であるとしながらも、だからこそ他の活用型と並列させにくく、その位置付けを定めかねていたのだとも言える。これに対して広蔭の「属詞」は、用言の領域にありながら、いわば用言の派生として、新たに活用語を創出し語尾となる一群である。

この分類によって、従前の課題はいちおう回避されたと言えよう。けれども「属詞」は、結果的にその後の学説にあまり受け入れられたとは言えない。

五、黒沢翁満 ——動詞の再活用——

黒沢翁満は、『言霊のしるべ』上巻（嘉永五年）に活用の種類を九種数える。中でも、「四段の活」「四段再の活」「一段の活」「上二段の活」「下二段の活」の五種が「一切の活詞の大綱」[10]であると述べる。本章で取り上げる完了「り」は、このうちの「四段再の活」に該当する。

63

第一部　完了「り」の学説史

四段再の活と云は。上に出せる四段の活詞どもの有限盡ら行の四段に又再活なり。そは咲らむ咲り咲る咲れ降らむ降り降る降れなど。惣て四段の詞どもは。皆此例にて緯の音よりらりるれと活なり。其本を云ば咲降などの詞等に有と云詞の添て。咲有降有とやうに。ふたゝび活る物なり。

《『言霊のしるべ』大系　二三一頁》

翁満は、春庭や義門が活用の領域に置いた流れを汲み、一活用型の地位に引き上げている。一方で義門の「有」の分類は採らず、「あり」は「四段再の活」に準ずるものとしている。

・・
有居の二言は。四段再の部にはあらざれども。僅に此二言に限たる事にて。余に例なき詞どもなれば。爰にこめて辞の受方を記憶おくべし

《『言霊のしるべ』大系　二三二頁》

これは、義門『詞の道しるべ』の処理に最も近い立場であり、義門の跡を承けたというよりも、義門の中でも初期の学説をもとに自説を展開していると言えよう。

三節で確認したとおり、義門は、助動詞類については語構成上「あり」の複合であることを言及するが、完了「り」については、四段活用動詞の活用の問題としていることがうかがわれた。黒沢翁満もまた、「四段再の活」を設定する一方で、助動詞の「なり」「ざり」「たり」には「あり」が複合したものとする説が見え、この点でも義門の立場に共通している。

義門から翁満への流れを考える際、注意されるのは、ラ行変格活用型の語群において、助動詞類と四段活用動

第二章　完了「り」考

詞に完了「り」が接続した形式との間で、形態変化の仕組みを弁別して分析する点である。この語群を、鈴木朖は「あり」の複合として分析し、語構成の面から根拠付けを加えたが、義門は完了「り」にはその理論を用いなかった。そして、春庭が「一ツの詞」の活用として捉えた立場を継承する恰好で、動詞の活用の一種としての位置付けを行ったのである。翁満の立場は、この延長にあると考えられる。

六、まとめ

本章では、本居宣長の説を前提に置き、春庭から義門や富樫広蔭への展開、そして黒沢翁満への流れを概観してきた。この範囲においても、完了「り」は動詞の語尾の一部とされてきたことが確認された。春庭が動詞の活用体系を整え、それを義門や富樫広蔭が補いながら各々に展開する中で、むしろより強固に活用語尾として定置されていったと言えよう。

特に、春庭から義門への流れは、ひとつの分水嶺となっている。春庭が用言の活用の問題として取り扱うことを起点に、義門以下、それぞれが用言の活用体系の中で完了「り」の配置を模索してゆく。義門は鈴木朖の説を用い、ラ行変格活用型の語群に「あり」を関連付けるが、そこで助動詞類と完了「り」の扱いは弁別されていた。「あり」の縮合とする広蔭においても、また翁満においても、ふたたび他のラ行変格活用型の助動詞類と混じることはなく、用言の領域において完了「り」を扱うのである。

前章と併せて完了「り」の研究史を振り返ると、厳密に完了「り」それのみを切り出して扱ったのは成章だけと言って良いだろう。完了「り」を、動詞と「あり」の縮合とする立場は、それゆえに融合した語から「り」の

第一部　完了「り」の学説史

みを切り出すことができない。鈴木朖は活用語尾とテニヲハの分類を排他的に行わないため、成章に比してその区分は厳密であるとは言い難い面がある。一方で、春庭をはじめ、語構成上「あり」を析出しない立場は、完了「り」の承接に制限があるため、テニヲハに分類しがたかった。また、義門の説を考慮すると、仮に「あり」の複合という考えがあっても、相通、すなわち用言の語尾が母音交替するものは活用現象であるとする向きがあったことが推察される。

完了「り」が独立して立項されにくいのは、以上述べてきたような背景があるためと考えられる。テニヲハの領域には位置付けられなかった一方で、用言の側においても、二次的な活用であることや、「あり」との複合などという分析を行う限り、異質な存在とならざるをえない。この問題に決定的な解決を出せないまま、完了「り」は活用語尾の位置付けを主流として、明治期へ持ち越されるのである。

注

（1）『詞八衢』では語例は全て連体形で掲出され、「あり」「をり」も連体形「ある」「をる」の形式で記載されている（《詞八衢》下巻三六丁裏、三九丁裏）。

（2）『詞八衢』上巻、八丁表。

（3）日本古典籍総合目録データベースの統一書名に従う。『義門資料集成』上巻には、『こと葉の道しるべ』の題で収録される。

（4）『和語説略図』において「形状ノコトバ」には、ラ行変格活用型の他、形容詞、過去の助動詞「き」、打消の助動詞「ず」が含まれる。

（5）『言語四種論』一〇丁表。

66

第二章　完了「り」考

（6）『義門研究資料集成（上）』には「きあハかナレド」と、「ナ」が補われている。

（7）『活語雑話』初編、一二丁裏など。

（8）第三部に詳しく論じた。

（9）この際、ラ変型と他の活用型とは、終止形・連体形が承けるテニヲハにずれが生じてしまうことになるが、終止形接続の助動詞をラ変型の「続言段」（連体形）の欄だけに加筆する工夫をして、表としての整合性を保っている。

（10）『言霊のしるべ』大系、一八頁。

67

―第一部補説―

第三章　「自他」再考

一、はじめに

　第一部第一章において、完了「り」は「自他」の範疇で言及されていることに触れた。それに付随して、本章では近世における「自他」の言説について考察しておきたい。

　近世における日本語の「自他」の説は、著者不明『二歩』が嚆矢とされ、類似の範疇には「裏・表」（富士谷成章）あるいは「こなた・かなた」（本居宣長）などがあり、それらも含めて国語学史では「自他」の問題として論じられる。『二歩』を起点とし、富士谷成章、本居宣長、そして本居春庭『詞通路』へ至る過程は、島田（一九七九）や中村朱美氏の一連の研究によって整理され跡付けられてきた。特に島田氏は多くの資料を取り上げるだけでなく、ひとつひとつの言説を詳細に読解しており、本章もこれに拠るところが大きい。一方でそれらを繋ぎあわせて全体の流れを紡ぐ際には、動詞に重点を置いた進歩史観的な評価となる傾向が見られる。すなわち、国学者による「自他」の論は、厳密な法則性を持たず文脈上の適否を論じるものから、動詞の自他や態の問題へと焦点が絞られ精密化していったという軌跡が示される。その頂点として設定されるのは本居春庭『詞通路』（文政一

第一部　完了「り」の学説史

一年）である。従来の研究ではこの『詞通路』に対して前後の言説を位置付ける傾向があり、次に引用するようなものが一般的である。

　国語学的にみた『一歩』の「自他」とは、国語の文法の「自動詞・他動詞」を意味する現在の「自他」の嚆矢として、まず、文を構成する一つ一つの単語が、言語主体の世界にかかわるものであるかいなかに目を注ぎ、言語主体の告白的世界にある場合は「自」と称し、大きくそれを取り巻く客体の世界全体を「他」と称して、これに続く富士谷成章『かざし抄』『あゆひ抄』、本居春庭『詞通路』などの「裏表」や「自他」の先駆けをなしたもので、しかも、成章や春庭の術語の使い方は、『一歩』の「自他」の同一線上にあり、かつ、内容的にみると『一歩』の「自他」を精密化したものであるところに、『一歩』の「自他」の国語学史的な意義があると思われる。

（島田一九七九　一四頁～）

　『二歩』では、ある場合は、形容詞や名詞を、またある場合は、尊敬語や文までを含めて、その「自他」を問題とするもので、「甚広漠たる曖昧なる」という表現にふさわしいもので、研究の最小単位が定まらないところは、「非科学的の自他」と批判されてもいたしかたのないところである。『振分髪』『かざし抄』『あゆひ抄』『玉あられ』の「自他」も同様のものと考えられるが、『あゆひ抄』の「裏表」では、徐々に動詞の問題として論じられるようになり、『玉あられ』では、完全に動詞のみに焦点が絞られていく。

（島田一九七九　四七七頁）

70

第三章 「自他」再考

ことばの「自他」については、著者不明の『一歩』以降、江戸期の国語学者によって説かれているが、その集大成的存在であるのが『詞通路』（文政二〔一八二九〕年刊）に収められた「詞の自他の事」であることは周知のとおりである。

（中村一九九三a）

このように、従来描かれてきたのは『一歩』に始まり春庭の「自他」論へ収斂してゆく、いわば単一の流れであったと言えよう。本章では、こうした流れがあることを認めたうえで、春庭以前の種々の「自他」論がその流れにのみ集約されるのではなく、別の流れを形成することを述べる。つまり国語学史における「自他」の問題は、単線ではなく、複線で捉えられるのではないか、ということである。以下、近世の「自他」とそれに類する概念範疇を取り上げながら、本居春庭以前に「自他」の問題とされている事柄について再考してみたい。

二、『一歩』における「自他」

『一歩』は著者不明、延宝四年刊の連歌論書である。「上に過去の詞あれは下も過去のてにをはにて留る也現在未来自他疑いつれも同前」（『一歩』九三頁）とあるように、上下の句が「自他」や過現未、疑、治定などの意味範疇で語句が整合することを重視し、その適否を定めている。

まず「自」の例として、『一歩』には以下のようなものが列挙される。

△自の詞

71

第一部　完了「り」の学説史

さひしき　さひしさ　かなしき　かなしさ　くるしき　くるしさ　つらき　つらさ　つらし　ゆかん　かへ
らんいはまし　きかまし

下知の詞

右いづれも句の仕立により他の詞にも成也うちまかせては自の詞也余は是になそらふへし

（『一歩』一一二頁）

右の例は、①「さひしき」「かなしき」など感情形容詞、②助動詞「ん（む）」「まし」、③「下知の詞」の三種
に整理できよう。

歌の詠み手を仮に、いわゆる話し手と置き換えると、右の三種はすべてこの話し手の主観的、心的態度にま
つわる表現であることで共通している。たとえば①は人称制限があり、他者の事態を表現することができない。
そのため「自の詞」なのだと解釈できる。接尾辞「さ」を伴って名詞化した例については、『一歩』本文中では
「あさなゆふなにつめるくるしさ」の用例が引かれ、和歌の例にも、

あさなゆふなにつめるくるしさ

の用例が引かれ、和歌の例にも、

山里は冬ぞさびしさまさりける人目も草もかれぬとおもへば

（『古今和歌集』巻六　三一五）

何時しかと待乳の山の桜花待ちてもよそに聞くがかなしさ

（『後撰和歌集』巻一八　一二五五）

など、「さびしさ」「かなしさ」を感受する詠み手自身の心情を述べる例が大半を占める。

次に②推量の助動詞「ん（む）」だが、この意志用法、推量用法は、それぞれ仁田（一九九一）に分類される発

72

第三章 「自他」再考

話・伝達のモダリティの「意志表出」、「述べ立て」にあたる。③「下知の詞」は、『一歩』では動詞の命令形だけでなく、「ゆくな」「かへるな」「な—そ」などの禁止表現も含み、これもまた発話・伝達のモダリティの「働きかけ」にあたる一群である。このように②・③は「話し手の発話・伝達的態度のあり方」を示す点で、話し手側、「自」の言葉とされているのだと考えられる。

一方、「他」とされるものには、次のような例が挙げられる。

　　一或書に云　我魚をこのめるによつて

へみづからの事をいはんとてかく書し物ありこのめるは他の詞なる故自他の相違也このみしにこのむによつてなと〻書へし他をさしてわがといへは右の詞つ〻きにてよく侍（中略）

　　一或書に云こひしさかきりなければはかなしくおもへり

へ上の詞は自也かなしくおもへりといふは他の詞にて自他の相違也かなしくおもふと書へき所也

（『一歩』八九頁〜）

　　かよへり　かよへる

　　右は　ゑの連声の内けせてへめえれへの八字にりとるとを加へてとめたる也此類多し下知をゑのひゞきにとむるをもつて是等を心得へし下知は自の詞なれ共他に物をいひ付る詞なれはなり右いつれも自の詞にいひては不似合

あはれさいとおしわひしけにかへりさうな此四は他をこなたたより思ふ事をいふ詞也余は是等になそらへて知へし

（『一歩』一一三頁）

73

第一部　完了「り」の学説史

これらの例を整理すると、④完了の助動詞「り」、⑤「あはれさ」「いとおし」、⑥推量の助動詞「さうな」、接

尾辞「げ」などを取り出すことができる。「自」が「みづからの上」「我」を指すものであることから、「他」は、

他者、客体、外的世界などの事物に関わるものだと推察される。

④については、鈴木（二〇〇九）は「メノマエ性」[2]の意味があると述べ、『源氏物語』の移動動詞のタリ・リ形

の終止形に一人称の例が無いことを指摘している。また松本（一九九三）にも、メノマエ性が一人称では現れに

くいことが指摘されており、話し手の目前にある事態を客体として把握し、客観的に述べる表現とされているの

だと考えられる。[3]

⑤・⑥は「他をこなたより思ふ事をいふ詞也」と一括されている。⑤は話し手の主観的感情であるが、対象を

客体化して評価づけるものである点で「他」に位置付けていると解釈される。また⑥は、自身について述懐する

「わひし」に対して、「わひしけ」は他者の様子を忖度する表現であるし、「かへりさうな」も、他者の行動を推

測する表現である。どちらも話し手自身については用いることのできない表現であり、そのため「他」なのだと

考えられる。

従来論じられてきたように、『一歩』における「自他」とは、「みづからの上」、すなわち話し手自身である

「自」と、対象を客体的に捉えた客観的表現の「他」であると言えよう。その枠組みの元で扱われる具体的な事

項は、右に見てきたように多岐にわたる。他の連歌論書には、

一　一句の首尾

　袂そさむきたきゝこるひと

第三章　「自他」再考

是は首尾あはぬ句也袂そ寒きとは我事のやうにて薪こる人

　　とは余所の事也袂や寒きと有て然べし

（『連歌教訓』二七三頁）

のように、「自他」の用語こそ無いが、『一歩』と同様に一句の首尾を問題とする説が見える。「袂ぞさむき」で
は詠み手自身が寒さを感じて述懐する表現となり、「薪こる人」との関係が不明である。しかし「袂や寒き」と
することで、「薪こる人」の寒さを思いやる表現に改まり、首尾が釣り合うというわけである。

連歌論書ではこうした上下の句の釣り合いを「首尾」の問題として注目している。

一九　首尾句ト云ハ上ノ五文字ノ下ニカケアワヌヲ云也

　　春近キ深山下風ノサムキ日ニ

　春近シト云ハ梅桜霞ナニヽテモアレ春ノ体ヲ一呼イタシテコソカケアウヘケレ只春近シトハカリハウツヲ也

秋近シイツレモ心得ヘシ（中略）是ミヲ心得サレハテニハノワルキナリ

（『長短抄』七頁）

「春近し」と詠むなら、「梅桜霞」など春にまつわる物事を詠み込まなければ首尾が合わないという趣旨で、
「自他」や過現未、疑その他の意味範疇に限らず言及される。

このように、歌の中で、語句どうし齟齬が生じないよう注意すべき問題の一つとして「自他」も位置付けられ
ており、『一歩』もまたこうした文脈で「自他」に言及していると考えられる。右に確認してきたとおり「自他」
の問題になりやすい項目や語句の傾向はあるものの、何か他の表現との組み合わせがあってはじめて問題になる

75

第一部　完了「り」の学説史

ことであり、ある語句が単独で問題になることではない。先の引用にも「句の仕立により他の詞にも成也」とあるとおり、ある歌では「自」の言葉であっても、文脈によっては「他」の言葉に対して適合する可能性もあるのである。

「自他」の首尾という場合、おもに詠み手の視点と述語との関係、そして歌内部の他の語句（「薪こる人」など）との整合性から適否をはかるものであると考えられる。『二歩』の「自他」とは、特定の語句や品詞について論じるものではなく、歌の語句を整えるという観点から論じられるのである。

三、富士谷成章の「自他」――「裏・表」――

富士谷成章『あゆひ抄』（安永八年刊）に、「自他」の用語は見えない。代わりに「裏・表」の術語が用いられる。

　一　裏表の詞　裏とはみつからの上なり．表とは人物事のうへなり．但人物事のうへなりともしはらくそれか心になりて言はゝ只裏なり．

（『あゆひ抄』「おほむね」下　一五丁表）

「みつからの上」である「裏」は、『二歩』に見える「自」と一致し、「人物事のうへ」である「表」は、「他」と重ね合わせることができる。島田（一九七九）に「成章や春庭の術語の使い方は、『二歩』の「自他」の同一線上にあ」ると指摘されるとおりである。

『あゆひ抄』に「裏表」の記述があるのは、⑦係助詞「ぞ」、⑧推量の助動詞「む」、そして⑨受身の助動詞

76

「る・らる」、⑩動詞語尾「む」の項である。まず⑦と⑧について確認する。

〔何ぞ何〕

○第二〔あたる中のそ〕といふ・（中略）里裏に【こちは】といふ・表に【何かしらず】といふ・（中略）

さくらちる花のところは春なから雪そふりつゝきえかてにする

こゑをたにきかてわかるゝ玉よりもなきとこにねん君そかなしき

梅花さける春へはくらふ山やみにこゆれと○しるくそ有ける

なかしとも○おもひそはてぬ昔よりあふ人からの秋のよなれは

のこりなくちるそめてたき桜花有て世中はてのうけれは

しくれつゝもみつるよりもことの葉の心の秋にあふそわひしき

わかためにくる秋にしもあらなくにむしのねきけは先そかなしき

しほの山さしいての磯にすむちとり君かみよをは八千世とそ鳴

（『あゆひ抄』巻三「曾家」五丁表～）

〔裏〕の「こちは」（コチヤ）と訳された歌を見ると、「悲し」「わびし」といった感情形容詞や、「思ひぞ果てぬ」など、詠み手の心情に関わる表現が見られる。一方で「表」の「何かしらず」と訳出された歌は情景描写の例であることがわかる。これは『一歩』の①に通じる問題である。

〔何む〕（中略）いまたしかあらぬことをはかりあらましていふ詞也みつからおもひたちてへいまゆかんへい

第一部　完了「り」の学説史

さかへらんなといふは裏なり思ひやりて〔とあらん〕〔か〕らんなといふは表也．みな今より後をはかりこゝ
よりかしこをはかれる心なり．

（『あゆひ抄』巻四「将倫」九丁裏）

⑧推量の助動詞「む」については、意志用法を「裏」、推量の場合を「表」として、その相違を説いている。
『一歩』にも推量「む」に対する言及があり②、具体的な「自他」の区分は異なるものの、「こゝよりかしこ
をはかれる心」は『一歩』の「他をこなたより思ふ」と一致する観点である。ここから遡って、『一歩』に「自」
とある「ん（む）」の例は意志用法のみを指すと解釈することも可能かもしれない。

以上確認した⑦係助詞「ぞ」と⑧助動詞「む」の例は、人称によって「裏（自）」と「表（他）」に使い分けら
れるものであり、『一歩』に見たように、話し手と述語の関係性から「自他」を問題にするものであると言える。
『あゆひ抄』には、この他に二例、⑨受身の助動詞「る・らる」、⑩動詞語尾「む」の項で、「裏・表」につい
て言及がある。

〔何る〕〔何らる〕（中略）
○第一わさと思ひかまへてなすにはあらす．　表により又心により．　おのつからなりゆくをいふ詞也〔つねの
たゝる〕といふ

月よにはこぬ人またるかきくもり雨もふらなむわひつゝもねむ
いとはるゝ我身は春のこまなれやのかひかてらにはなちすてたる
おほ空はこひしき人のかた見かは物おもふことになかめらるらむ

冬はしもにそせめらる、。

『あゆひ抄』巻五「被身」一七丁表〜

〔何む〕やかてむするの装となれは・何は装の本也・

〔ます〕といふ詞のつゝまりたるにて〜とよます〜とよむなとかよへり・里同・不及引歌

たのもしけに人にいひちきるを〜たのむ〔有靡〕とよみ・人のちきりをたのみおもふをもて〜たのむ〔無靡〕といふにつきて・装のことわりしらぬ人まとふ事あり・人のたのむるは靡ありて〜たのめてとかよ

ひ・人をたのむは靡なくして〜たのみてとかよふ〜やむと〜やむる〜いたむと〜いたむるとあるかこと

し・みな裏と表とのたかひにて〜たのむる〜やむる〜いたむるは〜たのます〜やます〜いたますのこゝ

ろなり

『あゆひ抄』巻五「令身」一八丁裏〜

これらの例は、先に見た⑦・⑧とは異なり、あくまで動作主と動詞の項の問題に移っている。この二例は、従来島田氏や中村氏が論じてきたように、本居宣長や本居春庭に見える動詞の「自他」論への端緒として位置付けられよう。

四、本居宣長の「自他」と「こなた・かなた」

『あゆひ抄』には、『一歩』を継承する「自他」と、動詞の項に焦点を置いたその後の「自他」とが共存している。その後「自他」論は動詞に焦点化してゆくが、この分岐点は、本居宣長にあると考えられる。

第一部　完了「り」の学説史

宣長における「自他」は、当初『詞玉緒』（天明五年）「自他のけぢめ」「みづから」「物を…」「他を…」といっ
た表現で記述されるが、『玉あられ』（寛政四年）においては、「みづから」ではなく「おのづから」となり、他方、
「こなた・かなた（あなた）」という範疇が登場するようになる。

　解は。〈みづから〉ととくるをいふ時は。「とく＝共「とくる共いひて。此十四段の格なるを。他をとくをいふ時は。
ただ「とくとのみいひて。「とくるとはいはず。

（『詞玉緒』全集　二三七頁）

　たとへば「とく紐といへば、紐を人のとくこと「とくる紐といへば、紐のおのづからとくる事也、

（『玉あられ』全集　四七五頁）

たのめ　たのむるとは、人の我を頼ましむるをいひて、頼み　頼むといふとは、こなたかなたのかはりあ
り、たとへば人の今夜参らんといひおきて来ぬを、「たのめてこぬと、いふにて心得べし、頼ませておきて
来ぬ也、又人だのめといふも、人を頼ませておきて、さもあらぬこと也、〔此人「は、あなたよりいふ人「にて、
こなたのことなり〕「逢坂は人だのめなる名にこそ有けれといふは、逢といふ名なれば、定めて逢べきぞと、
頼みにさせて、さて逢事はなきをいへり、これらにてもさとるべし、然るを今の人、こなたより頼むことを、
たのめて　たのむるなどよむはたがへり、

（『玉あられ』全集　四八七頁）

「おのづから」は宣長における「自」の範疇に属するものだが、これまで話し手や動作主を指していた「自

80

第三章 「自他」再考

に、「自然に」という意味合いが加わったこととなる。一方、「こなた・かなた（あなた）」の範疇は、一見「自他」に該当するように見えるが、宣長の「自他」が動詞の項構造の問題を扱う際に限って用いられるのに対し、話し手と対象との問題を指すと解釈でき、厳密に使い分けていることがうかがえる。「こなた・かなた（あなた）」の範疇は、その後『後撰集詞のつかね緒』（享和二年）に用いられるのが確認できる。

　かなたとし、女の歌の詞書には、その女を主（コナタ）とし、男を客（カナタ）として書くをいふ。

《『後撰集詞のつかね緒』全集　三八三頁》

　主客（コナタ・カナタ）とは、たとへば男と女のあひだの事をかくに、男の歌の詞書には、その男の方を主とし、女のかたを

　○春花見に出たりけるを見つけて、ある男の文おこせたりけるを、かへりこともせざりければ、あくる朝、昨日のかへり事と、こひにおこせたりければ、いひ遣したりける、

　　　　　　よみ人しらす

　春霞立なから見し花ゆゑにふみとめてける跡のくやしさ

　此詞書、主客の詞たがひていとまぎらはしければ、右のごとくあらたむべし、

《『後撰集詞のつかね緒』全集　三八五頁》

　これは、原歌の詞書「はる花見にいてたりけるに、ふみをつかはしたりける、その返事もなかりければ、あくるあしたきのふの返事とこひにまうてきたりければ、いひつかはしたりける」（『後撰和歌集』巻三、九九）に対し、

「主客の詞たがひて」という理由から波線の部分を改変した例である。詞書内の動作を詠み手との関係から整理し、動作主が明確になるよう適切な表現に改めるのである。ここに見えるのは、『一歩』や『あゆひ抄』の「自他」に通じる、話し手（詠み手）と述語との関係に焦点を置いた問題意識である。動詞の「自他」論は、「自他」の術語とともに春庭に継承されてゆくが、話し手を中心にして述語や他の語句との整合性をはかるような、『あゆひ抄』までに見えた観点は、「主客」の術語で継承されたのだと考えられる。

五、まとめ──渡辺実の「わがこと・ひとごと」──

『一歩』『あゆひ抄』において言及される「自他」は、議論の対象となる具体的な事項に幅があり、その後宣長や春庭によって焦点化される動詞の「自他」論とは、一線を画すものと考えられる。宣長以降の動詞の「自他」論においては、動詞が「他」に対して作用するか否かを問題とし、動詞の性質を規定することが焦点となっている。しかし宣長以前の「自他」の「自」とは話し手、つまり歌の詠み手の立場であり、その立場において述語や他の語句の表現の適否を問題にするため、結果、述語に関わる文法事項や感情形容詞が取り上げられ、モダリティの範疇にも重なる部分が多い。

宣長・春庭を経て動詞以外の事項が「自他」の議論から除外されたと同時に、それ以前の観点は失われたようにも見える。しかしながら、明治期にもこうした言及が無いわけではなく、たとえば物集高見『文章誤謬論』（明治二〇年）「自他のあやまり」に、以下のようにある。

82

第三章 「自他」再考

自他とは、自らする事と、他のする事とにて、[文法書に云ふ自他とは、其の意ばへすこし異なり。]自らするにいふには、自らする、語を用ひ。他のするにいふには、他の（中略）語を用ふるを、自他の調へといふ。

（『物集高見全集』第三巻 七頁）

また三矢重松『高等日本文法』（明治四一年）にも、[自己の上を説話すると他人の上を説話すると、其の語気固より異なり。此の両種を今自記記他と命名す。或は自称の文他称の文とも謂ふべし。]（五五二頁）など、同様の説が見える。

これがふたたび浮上するのが、渡辺実の提言した「わがこと・ひとごと」の範疇であるように思われる。

○この本は　　ずいぶん　ぶ厚いね
＊私は　ずいぶん　嬉しいよ（中略）
○私は　嬉しい（悲しい／楽しい）
＊彼は　嬉しい（悲しい／楽しい）（中略）

このような、話手「私」のことを述べることは出来ても、他人「彼」のことを述べることの出来ない語の存在は、周知のことであろうが、それを本稿では「わがこと」性の語と呼ぼうとするのである。「わがこと」の対立概念は「ひとごと」であって、つまるところ、「嬉しい／悲しい…」などは「わがこと」性を意義素性として有し、「ぶ厚い／大人しい……」などは「ひとごと」性を意義素性として有する、という言い方をしようということになる。

（渡辺一九九二）

83

第一部　完了「り」の学説史

感情形容詞にまつわる人称の制限は、『一歩』の①に該当する。また②は、話し手の意志や希望を述べるもの
であり、渡辺が助動詞「たい」を「わがこと」性の語とするのに合致する。⑤についても、「他をこなたより思
ふ」、つまり外的な事物の様子を思いやることであり、「推定や推測」という判断態度それ自体は主体的であっても、
やはりこれらは判断にかかわる助動詞であって、判断内容という対象的素材を必要とし、上接する表現を「ひと
ごと」化するのであろう」（渡辺一九九一）と述べられるとおり、「ひとごと」性の語と考えられるだろう。

渡辺実氏が「わがこと・ひとごと」と称して論じた現象は、話し手の立場を「わがこと」として中心に置き、
述語やその他の語句の適否を論じている。これは、動詞の下位分類に特化するより前、「一歩」や『あゆひ抄』
に見える「自他」論を継承するものとして、これを位置付けることが出来るのではないだろうか。

以上述べてきたように、取り上げられる文法事項の観点から言えば、たしかに、近世の「自他」論は形容詞や
助動詞、接尾辞、係助詞など幅広く、そこから動詞一点に転換したことに注目すれば、春庭の動詞の「自他」論
に集約する単線の流れが描かれよう。しかしながら宣長以前と以降では、同じく「自他」であっても、その問題
とする内容はまったく異なることが確認された。国語学史における「自他」は、従来論じられてきたような単一
の流れではなく、宣長において分岐し、渡辺氏へ継承される、複線の流れとして描くことができるだろう。

注

（１）　佐田（二〇〇四）では、「かなたこなたの論も中世にはじまる」として、『聞書全書』から「賤などのさびしき
といふ事、但之はこなたからおもひやりいは読むべし、その身になりては読むべからず」の例を引く。また佐藤
（一九七二）には、中世の連歌論書『連歌諸体秘伝抄』の「自の覧他の覧」の記述が挙げられている。

第三章　「自他」再考

（2）　松本（一九九六）に「ココに、イマ、アクチュアルにあらわれているデキゴトと、それをハナシテが目撃していることを、ある文法的なかたちに表現してつたえているとき、そこにいいあらわされている意味的な内容をメノマエ性といっておく。メノマエ性は、モーダルにはレアルな現実にかかわり、テンス＝アスペクト的には現在の状態にかかわってあらわれるなど、いくつかの文法的なカテゴリーの複合としてなりたっている。」と定義される。

（3）　島田（一九七九）には「漢文訓読体とか、和漢混淆文に多用される」と指摘があり、『梅沢本新撰朗詠集』の用例三九例すべてが「老将霜を踏むて戍楼に立てり」のように「言語主体以外の客体の表現」となっていると述べる。

（4）　『かざし抄』には、「よも・よに・よにも」の項に「自他」の語が見える。

85

第二部　命令形の学説史

第四章　「命令形」考

一、はじめに

　明治前期の日本語の文法研究において、命令形を活用表に立てる立場は実は少数であった。術語が何であれ、過半数の文典で命令形が立てられ一活用形としての記述が定着したと言えるようになるのは明治三〇年代頃からと見られ、六活用形の中で最も遅い。明治期の日本語の文典は国学の伝統と洋学の影響との中で成立したものだが、中でも国学的な「体・用・辞」の語分類を受け継ぐ伝統文典に命令形を活用表に立てない立場が顕著に見られる。

　こうした状況の生じた理由を考えるためには、明治期の伝統文典だけでなく、洋文典の枠組みに依った洋式文典における活用論の問題を踏まえ、かつ両者がどのように折衷されたのかを跡付ける必要があろう。しかし西洋的な活用の記述が期待される洋式文典においても国学の伝統的な活用表が援用されていることから、伝統的活用論は明治期の文典に共通する背景として看過できない存在であると言える。つまり明治期の命令形定着の問題を考える前提として、それまで国学者たちによって命令形がどのように扱われ、なぜ活用形として認められなかっ

第二部　命令形の学説史

たのかを考えなければならないのである。とりもなおさずそれは伝統的な活用観の一端を考察することであり、

日本語の活用とは何かという問題に敷衍しうる点でも意義のあることである。

既に服部（一九九八）が言及するように、明治期に命令形立項が遅れるのは、命令形を活用表に立てない本居

春庭の『詞八衢』を継ぐ八衢学派が幕末の国語研究の主流であったことが一因として考えられるが、従来の研究

では近世期の活用研究に関する資料を取り上げ命令形の有無を確認するにとどまり、活用形に数えられない背景

や、命令形に関する言説を詳しく考察したものは管見の限り無い。

しかしながら、春庭のような立場であっても何らかの形で命令形に対応する語形には言及しており、決して重

視されてこなかったわけではない。そのため活用表の埒外に置かれた命令形が語分類の体系でいかなる位置付け

を与えられ、その後の八衢学派がこれをいかに明治期へ継承したのか、詳しく辿る必要がある。

本章では、活用語（主に、動詞と命令形に固有の語形を持つ完了の助動詞「ぬ」）の命令形の取り扱いに焦点を置き、

一八世紀から一九世紀初頭の命令形に関する記述を経年的に考察してゆく。

二、秘伝書から宣長・成章へ

二―一、秘伝書から近世へ

命令形への言及は、五十音図に基づく説[5]がある一方で、連歌論書などの伝統的テニヲハ論に遡ることができ、

助詞「な」「よ」など広く命令表現に関する語とともに「下知」という名の範疇に含まれていたことが確認でき

る。近世後期はそうしたテニヲハ論を受け継ぎながら、扱う語数を増やし、新たな知見でテニヲハを記述するも

90

第四章　「命令形」考

のが現れる。とはいえこの時期の「下知」は概ね伝統的テニヲハ論をそのまま受け継いでいると言え、佐田（二〇〇四）は以下のように指摘する。

下知の語は「なむ」「よ」動詞命令形語尾などを含む。『一歩』以外の例を見ると、禁止の「なーそ」「ね」が加わる。

（佐田二〇〇四　二四八頁）

下知は命令法とかいう活用形に即応する概念ではなくて、主体の、所謂陳述をあらわす語群にかかわる概念であったと思われる。そうあればこそ誂、願、禁（いさめ）とかかわり、誂などと同一のレベルで、入り交じって用いられるのである。

（佐田二〇〇四　二五三頁）

一例として雀部信頼『氏邇乎波義慣鈔』（宝暦一〇年序）の「け」「せ」「なむ」の箇所を以下に示す。

計　下につくときは下知するてにをは也。　古曾の所にも出す。

夏　よみ人しらす
　いまさらにやまへかへるなほとゝきす聲のかきりは我やとにになけ（中略）

世　下につくときは下知なり。　都て五韻第四の音は下知と聞ゆることはおほし。

武　ちりぬとも香をたにのこせ　文　ひさかたのつきふきかへせ

（『氏邇乎波義慣鈔』大系　二八三頁）

91

第二部　命令形の学説史

奈牟は下知するやうの詞あり。又おさへてはぬるあり。下知するは願ふ意と聞ゆ。

（『氏邇乎波義慣鈔』大系　二六七頁）

「計」「世」とは歌の句末の「け」「せ」を取り出して項目に立てたものであり、命令形の活用語尾を指している。つまり助詞「なむ」も活用語尾もテニヲハとされ、「下知」という概念範疇がそれらをまとめているのである。これは品詞分類や活用体系の記述が確立していない結果ではあるが、一方で「よ」や「なむ」と同じく意味上「下知」の表現を担うという観点から句末のエ段音を積極的に取り上げたのだと評価することが出来る。

二―二、本居宣長

本居宣長『詞玉緒』（天明五年）では、前述した伝統的な「下知」の概念を、名称こそ「仰する辞」と言い換えているが、内容については素直に継承している。

凡てこその結びとなる辭は。上にこそなくて。切るゝときは。おほくは仰する辭【いはゆる下知の詞なり。】なるを。こそとかゝれば。仰する辭にならず。【へ思へゆけなどといふたぐひ。上にこそなきときは仰する辭なるを。こそといへば仰することばにならず】。

（『詞玉緒』「こそ」全集　一七七頁）

○仰するよ

古　四　萩の露玉にぬかんととればけぬよし見ん人は枝ながらみ[よ]

第四章　「命令形」考

同　七　わがよははひ君が八千代にとりそへてとゞめおきてば思ひ出にせ|よ|

（『詞玉緒』「よ」全集　二〇九頁）

此|ね|はいはゆる畢|ぬ|の活用けるにて。　仰する辭也。

（『詞玉緒』「ね」全集　二一一頁）

此|ぬ|はいはゆる畢|ぬ|也。【|ぬる　ぬれも同じ。|】萬葉に去字を書て。なに|ぬ|ねとはたらく辭なり。

（『詞玉緒』「ぬ　ぬる　ぬれ」全集　二二四頁）

右のように、用言の命令形を「仰する辭」とし、完了の助動詞「ぬ」の命令形「ね」についても、「ぬ」の活用したものと認めながら「仰する辭」と説く。宣長の品詞観はおおよそ「体・用・辭」の三分類とされ、活用語尾を「辭」とする例もある。[6]「いはゆる下知の詞」とは言いつつも、「用」における命令形の位置付けを明記せず右のように「辭」と称する以上は、やはり前代と同様に命令形はテニヲハの範疇で考えられていたことをうかがわせるのである。

二─三、富士谷成章

他方、同時期に世に出た富士谷成章『あゆひ抄』（安永七年）は、「名」「装」「挿頭」「脚結」という体系的な語分類を構想しており、「脚結」をさらに細かく下位分類して語義・用法を詳述している。その第一部門である「属」には、おもに終助詞と終止用法を持つ係助詞が分類されている。「属」の下位分類は「咏」（詠嘆）、「疑」（疑問）、「願」（願望）、「誂」（命令）、「禁」（禁止）のような意味分類に基づいており、表現者の心情や叙述態度を

93

第二部　命令形の学説史

表わす「脚結」が集められていると解釈することができる。(8)また「立居」（この場合、活用）する助動詞の類は「倫」や「身」に所属し、結果的に「属」に活用語は含まれないことになる。

この原則に反して、命令表現を集めた「誂属」には、完了の助動詞「ぬ」の命令形「ね」が立項される。

里【てしまへ】又【やうになれ】といふ．いねといふ詞をつゝめたるあゆひ也．くはしき心は　去倫　にいふ

「願のね」は承さまもこと也．まかはすへからす」

（『あゆひ抄』巻一「誂属」二七丁裏～）

○又「ね」とふせるも．この立居なれと　誂属　にいたすゆゑに．こゝにいたす

（『あゆひ抄』巻四「去倫」二三丁表）

「ね」は「去倫」の「ぬ」が「立居」したもの、つまり完了の助動詞「ぬ」が活用したものと述べているのであり、宣長と同様の認識であることがわかる。それにもかかわらず「去倫」の巻に一括して説かず、別のカテゴリーである「属」に置き、まるで別の語のように扱うのである。

成章は活用表「装図」で命令形を独立させず、ナ行変格活用にも言及しない。(9)その一方で、『稿本あゆひ抄』の段階では、「誂属」に該当する部立の第一に「えぬき」という項があった。「えぬき」とは活用語がエ段音の語尾をとる語形を指しており、四段・ラ変・ナ変活用型の命令形にあたる。しかし刊本ではこれが削除され、かわりに「よ」の語釈の中で次のように命令形について述べる。

94

第四章 「命令形」考

すへてあつらへいふに事には靡なき詞をは目にふせてよむは常也. 是はあゆひにあらねと. あつらへ詞のも
と也 〳よきてふけ 〳みかさと申せ 〳けふりたにたて 〳かをたに匂へ 〳散かひくもれ なと引哥に
およはす.

（『あゆひ抄』巻二「誂属」二七丁表）

「目にふせ」るとはエ段音に語形変化することで、ここでは命令形に活用することを意味しており、『稿本あゆ
ひ抄』で「えぬき」と称されたものである。「あつらへ詞のもと也」とあるように「誂」を表現する最も基本的
な形式ではあるが、「えぬき」は「脚結」ではないという判断が下され、刊本では削除されたわけである。[10]
前述のように「装図」に命令形が特別設けられていない以上、成章の命令形の位置付けは明確とは言えない。
だが『あゆひ抄』の編纂過程において、命令形は「脚結」の領域から排除されたことが確認できる。その結果、
命令形であり「脚結」でもある「ね」は「誂属」を受け皿とし、終助詞に類するものとして扱われたと解釈でき
よう。

このように、成章の場合命令形の活用語尾は「脚結」から除外された。この点が命令形をテニヲハとして説い
ていた前代までのテニヲハ論や宣長との相違点である。しかし成章が「属」のような意味の枠組みに基づいて
「誂」を取り出したことは、背景にある体系こそ違うものの、前代の「下知」の在り方を受け継いでいると言え
よう。

以上の例から、この時期命令形は助詞などとともにテニヲハの領域で捉えられる場合があったことを改めて確
認することができる。そしてそれは、「下知」「仰せ」「誂」などの範疇によって、積極的に取り出された結果で

第二部　命令形の学説史

あることが示唆されるのである。

三、活用研究の展開

三―一、本居春庭の活用研究

本居春庭が『詞八衢』（文化五年）に示した活用表「四種の活の図」に命令形は無く[11]、本文で次のように触れている。

○世にいはゆる下知の詞は四段の活にては第四の音けせてへめれそのまゝにてさけわたせおもへなどいひて即下知の詞となるを一段の活にては第二の音いきにひみゐによもじをそへて（中略）下二段の活は第四の音えけせてねへめえれるによもじをそへて（中略）中二段の活も第二の音きりひみゐりゐによもじをそへて（中略）此三種の活にはかくよもじをそへざれば下知の詞とはならざるなり

《『詞八衢』上巻　九丁裏〜》

この、活用表に立てずに別記する扱い方は、一見したところ宣長の「仰する辞」と似ている。だが春庭の「下知の詞」は全く異なる手続きで規定されたと考えられる。

○さてかく受るてにをはを図などにも出してわづらはしきまでいへるを無益のことゝ思ふ人もあるべけれどすべて受るてにをはは図の如く横に通りて少しもたがふことなくいと正しく又四種の活詞をわかちしらんに

96

第四章　「命令形」考

この受るてにをはをもてさだむるが肝要なればよく弁へしめんかためなりそはず『で』『じ』『ぬ』『まし』のてにを
はを第一の音かさたはまらりうくるは四段の活詞としるべく第三の音い・き・ち・にひみりゐより受くるは一段の
活詞中二段の活詞としるべく第四の音え・け・せ・てねへめゑれるより受くるは下二段の活詞としるべきなり此外も
すべて右の如く受るてにをはのことをいへる所々又図をよく見てしるべし

（『詞八衢』上巻　八丁表〜）

引用の波線部のように、春庭の活用表は「すべて受るてにをははは図の如く横に通りて少しもたがふことなくい
と正し」いことで構築されている。つまり活用形と接続するテニヲハとは一貫していることを原則とし、テニヲ
ハに接続した際の語形の違いがそのまま活詞の種類の違いとなる。こうして作りあげられた「四種の活の図」に、
命令形も語尾の「よ」も入り込む余地は無い。なぜなら命令形は「少しもたがふことなく」というわけにはいか
ないためである。

ここで、前代では問題とならなかったことが初めて顕在化する。春庭も言及しているように、命令形の語尾に
は、「よ」を伴う場合と、そうでない場合との二種類があるという形態的な事情である。母音交替によるエ段音
語尾は、「活詞」の「活」として認められる。これに対し「よ」は秘伝書の時代から、連体形・已然形語尾「る」
「れ」（いわゆる「靡」）とは異なり、助詞・語尾に関わらず「やすめのよ」「よびだしのよ」などと用言から切り離
して扱われることが多い。春庭も、「よもじをそへて」という言説から、「よ」を「活」とは区別し付属的なもの
としていることがわかる。

「下知」「仰せ」などの範疇から助詞や活用語尾を一括りにしていた前代では、こうした命令形の特徴は問題と
はならなかった。だが春庭は「活詞」の種類を区別する基準として「受るてにをは」を用いるため、両者は排他

第二部　命令形の学説史

的に対立せざるをえない。「よ」を「活詞」の語形変化に含めない以上は、「よ」を「受るてにをは」とみなすところだが、前述したように「よ」の加除は活用の種類によって異なる。そのため命令形は「よ」に接続する活用形、とも、（ェ段音語尾で）切れる活用形、とも規定でき、図表の横列の統一が図れなくなってしまう。春庭の活用表は形態に特化して構成されているがために、命令形は別記せざるを得なかったのである。

このように、春庭の活用研究は活用体系を解明する一方で、品詞としての用言の輪郭を描き出したともいえる。しかしその結果、活用語の命令形は用言の領域にもテニヲハの領域にも跨ってしまうことになった。ここへちょうど良くあてがわれるのが、またも「下知」なのである。春庭にはテニヲハ類を詳述する著書が無いため、他の「なむ」や「なーそ」などの命令表現に関わる詳細な見解を知ることはできない。だが、「下知の詞」という名称は「下知」の一部に命令形を位置付けることを示しており、品詞を跨いだ概念である前代の「下知」を踏襲しているると考えられる。前述のような特徴を持つ命令形にとって、この点で「下知」は都合の良い受け皿となるのである。

一方、「下知の詞、」という名を採用し、「詞」の一用法としての側面を確定させたことは注目に値する。前代では、命令形は「体」「用」に対する「辞」、あるいは「脚結」など、用言ではなくテニヲハとされる場合があった。だが、ここで初めて明確に命令形はテニヲハではなく「詞」、つまり用言の問題として記述されるのである。

以上のように、春庭は命令形を活用表に立ててないが、それは宣長などとは全く異なる根拠を持つ。「活詞」の体系に収容しきれない命令形の語形を自覚した上で、品詞を跨いだ概念である「下知」を踏襲し、「詞」として命令形を記述するところに、前代との相違を見出だすことができるのである。

98

第四章　「命令形」考

三―二、鈴木朖・義門

宣長の学統に属しながら、命令形を活用表に入れる立場を取るのが鈴木朖と義門である。

まず、宣長の『活用言の冊子』を受け継いだ鈴木朖の『活語断続譜』（享和三年頃成立）であるが、この図では学校文法で言うところの終止形と、「べし」などに接続する場合とを「第一段」と「第三段」とに区別する。つまり、全く同じ語形であっても機能が異なれば別の「活用」（ハタラキ）として弁別するのである。この点が本居春庭の活用表の原理とは決定的に異なる。そして命令形に該当する「第六段」が立てられ、この欄には「▲オホスルコトバ」▲命スルコ、ロノ＝ニツベク」と記載される。

もう一人、義門は当初『友鏡』（文政六年）において、五つの活用形（将然言・連用言・截断言・連体言・已然言）を「五転」として掲げる。そして、その図の傍らに「使令」の欄を添えて命令形を記している。名称からもわかるとおり、「使令」はあくまで「六転」の「使令言」ではなく、他の活用形とは異なるレベルで扱われている。ところがその十年後に刊行された『和語説略図』（天保四年）では、幅こそ狭いが「希求言」の名で独立した欄を設けている。『活語指南』（天保一五年）の解説や『活語雑話』（天保九～一三年）「活用五転のすべての論」には、「希求言」の用語については言及されるものの、五転から六転へ変更した経緯は明白でない。

活用表に命令形を入れる両者のような立場は、この時期には少数派である。彼らは春庭のように「受るてにをは」との相互関係というよりも、例えば朖であれば「切れ」るか「続」くかといった用言の機能に重点を置き、同じ語形であっても弁別する立場をも取る。そのため、活用表には用言の用法を網羅して命令形の項が立てられる。朖の活用表の場合、すべての動詞が「ヨニツベク」必要は無く、この「ヨ」は助詞「よ」でもある可能性がある。また、義門の表は、命令形を他の活用形と同等に扱い、春庭・朖が切り取った「よ」を語尾として活用体

99

第二部　命令形の学説史

系に含め活用語尾として扱う点で注目に値する。

以上のような活用研究の展開により、命令形に関しては語尾「よ」をどこに所属させるかという問題が顕在化した。それに対して三者三様の立場が示されたと言えよう。だがいずれにせよ、春庭・腹・義門に共通するのは命令形を用言の問題として記述する点であり、そしてこれが句末を取り上げてテニヲハの範疇で扱っていた前代から大きく変化した点である。

本居春庭は命令形から語尾「よ」を切り離し、そのために命令形そのものを表外に別記するという処置を取った。腹・義門は活用表に命令形を立てるが、両者においても、この「よ」をどのように扱うかで立場が分かれる。

この問題は、彼らの次の世代に引き継がれることとなる。

四、幕末の研究
——テニヲハの整理——

幕末期に命令形を立てるものは、管見の限り越智通貫（生年不詳〜明治一三年没）『活語口伝書』（刊年不明）があるが、やはり少数と言わざるをえない。春庭、腹、義門らの活用研究のうち、結果的に最も広く次代に継承されたのは、本居春庭の「四種の活の図」であった。以後これを活用表のスタンダードとして保持しながら、テニヲハの整理が行われることになる。つまり命令形は活用表には立てられないまま用言の一用法として別記され続け、テニヲハから分離した語尾「よ」をいかに処理するかが問題となる。

100

第四章 「命令形」考

四―一、富樫広蔭

富樫広蔭は春庭の門人としてその影響を色濃く受けており、『四種の活の図』にテニヲハと変格活用を増補した『辞玉襷』（文政二年）にも、やはり命令形の欄は無い。ただしナ行変格活用に関しては、「変格詞」欄に命令形「ね」を併記して示している。また、弘化三年に改稿を終えたとされる『詞玉橋』では『辞玉襷』でナ行変格活用の「ね」を活用表に入れてあるため、同様の活用型である完了の助動詞「ぬ」の命令形「ね」は「ぬ」の活用体系に含まれている。この「ね」の所属に関して春庭などは明確に示さなかったが、ここでは宣長や成章のように別扱いを受けることはない。しかし一方で、ナ行変格活用型以外の、用言一般の命令形については、『詞八衢』と同様に特別項目を立てて説く。

　　　下知となる詞　辞　事

仰とは自に欲ふ意を他へ云負するを云是は四韻変格ノ奴ノ音［祢ノ方］同流ノ音にては　已然段を云居る一韻　伊紆韻　衣紆韻　変格ノ須ノ音にては　未然段によノ辞を繋け同久ノ音にては　未然段をいひ居る格なり音雑には仰となる段なければ変格ノ流ノ音に転用て其所ノ已然段を用る格なり

（『詞玉橋』二巻　一丁表）

　内容は概ね春庭と同様である。だが、春庭が「下知の詞」としたのに対して広蔭は「下知となる詞辞」と称する。広蔭は『詞玉橋』で「詞」「辞」の三品詞を掲げており、「辞」はさらに「動辞」（助動詞）と「静辞」（助詞）の二種類に分類される。広蔭の用語から、命令形は「詞」と「辞」が共存する語形であると認められてい

101

第二部　命令形の学説史

ることがうかがえるのである。

　広蔭は、春庭が触れなかった助詞や助動詞の領域にも言及し、形態的な観点からより厳密にテニヲハと用言の線引き、あるいはテニヲハ内部の分類を進める。だからこそ命令形に対し分析的な「下知となる詞辞」と名付けるのである。だがやはり、ナ変活用型はともかく、「よ」を語尾と分解して「辞」とする以上は語尾「よ」を伴う活用型は「詞」の活用体系に入れることができない。畢竟『詞八衢』と同様の事情から、富樫広蔭もまた命令形を別枠に置かなければならなかったのだと解釈できる。

　ただ、右の引用では語尾「よ」を「よノ辞」と記している。語尾「よ」は広蔭の語分類に照らせば「静辞」であると考えられるが、次に引用する「静辞」の下位分類の中に語尾「よ」は見当たらないのである。

　静辞は言詞幷動辞に繋静り静辞に合せ等して上の意を下なる言詞へ云係て下の結に拘ると拘らぬと二種と願歎禁となり上の意を問掛等して断て止る一列と併て三種の差別あり

（『詞玉橋』一巻　一四丁裏〜）

　右のうち、「歎」となる「静辞」に「よ」が分類されているが、それは「断止段に繋る」とあって「下知の詞辞」に関わる「よノ辞」とは異なる。つまり語尾「よ」は「辞」とは言われつつも「静辞」には含まれず「動辞」「静辞」の分類体系から漏れているのであり、この点は課題として残されたと言えよう。しかしここで、「歎」の「よ」（助詞）と「下知」の「よ」（活用語尾）とが、意味と接続を基準として区別されていることが確認できるのである。

102

第四章　「命令形」考

四―二、鈴木重胤

広蔭において、助詞「よ」とは区別されながらも不明瞭なままであった「よノ辞」の位置付けだが、八衢学派の流れを汲む鈴木重胤『詞捷径』（弘化四年）ではやや踏み込んだ分類を行っている。

図―

```
『詞捷径』のテニヲハの分類

（自他活言）…使役・受身の助動詞
         「す」「さす」「る」「らる」

・運用活字
         （運用活字）…助動詞

         無活用辞…助詞

・禁止辞…「な―そ」など

・助辞　…接尾辞、接頭辞など

（係辞）…「は」「も」「徒」「ぞ」「や」「疑」「こそ」

（結辞）…係助詞の結び
```

重胤のテニヲハの分類は、図―に示すように「運用活字」（助動詞）と「無活用辞」（助詞）、「禁止辞」、「助辞」、そして「係辞」の項目を置く。この分類は排他的なものではなく、「助辞」や「係辞」には「運用活字」と重複するものもある。

第二部　命令史の学説史

運用活字

諸の用言より受る辞を。運用活字と号けたり。然るは上なる用言のまゝにては言さしになりて。未語を成さゞるもあるを。こゝに挙たる辞どもに移しわくれば。悉く其用をとゝのふるものなればなり。

（『詞捷径』上巻　二九丁表）

「運用活字」とは、広義には、いわゆる文の成分の形に用言を整えるはたらきを持つ語群を指していると考えられる。春庭の「受るてにをは」と同様、「横に通りて。少しも違ふことなく」、「五転の位を定むる目標」となるものとして用言の各活用形と活用の種類を分かつ基準でもある。当然、春庭と同様の事情から重胤も活用形は「五転」を置き、命令形は「指揮辞」[17]と称されて別格に扱われる。

このような分類体系において、完了の助動詞「ぬ」は「運用活字」に専属するが、「ね」と活用語尾「よ」は「運用活字」だけではなく「助辞」に分類される。

助辞

すべての詞の最初。また中間。また最後に添はりて助辞といふものあり。其用は何の為なるにかと考ふるに。その語意をたすけ。その旨趣を強くきこえしむべきれうになんありける。（中略）

「ありね」「をりね」などいふねなり。さて此ねは去の義にて変格活奈行の属にて指揮の辞となれるなり。

ね

尚続用言又指揮辞の運用活字の下にいへり。（中略）

「ますげよ」「われ世の中に住みわびぬとよ」などの類ひのよなり。さて此よは令する言なること已に

よ

104

第四章　「命令形」考

指揮辞運用活字の下にいへり。

　　　　　　　　　　　　　　　　　（『詞捷径』上巻　四一丁表〜）

広蔭においては、語尾「よ」の位置付けは不明瞭であった。しかし重胤は右のように「指揮辞」をつくるという機能から接尾辞などと同類に扱うことを明示する。語尾「よ」は「語意をたすけ」「趣を強くきこえしむべきれう」など、「詞」に対して付属的な位置付けにあると解釈でき、用言に付いて「用をとゝのふる」助詞・助動詞とはこの点で差別化される。

「助辞」に立項される「よ」には助詞「よ」と語尾「よ」が混在し、「無活用辞」にも「歎息の辞」として助詞「よ」が分類されるなど、厳密とは言い難い点もある。だが広蔭が語尾「よ」を「辞」としながら「静辞」に入れなかったのに比べ、明確な立場であることは評価できよう。さらに、「指揮」と「歎息」という意味の違いを基準に「よ」を弁別している点も両者の共通点である。

四―三、黒沢翁満・物集高世など

広蔭・重胤において、テニヲハ類の整理が進み、活用の有無、接続、意味など様々な基準で下位分類が成される中、活用語尾「よ」は「下知」「指揮」など意味の点からまとめられ、詠嘆の助詞「よ」と弁別されることを確認した。これは、幕末期の黒沢翁満『言霊のしるべ』（嘉永五年〜安政三年）や物集高世『辞格考抄本』（安政五年）においても同様で、命令形を活用表に設けずに別記し、語尾「よ」を用言から切り離してテニヲハの範疇に位置付ける点は共通している。完了の助動詞「ぬ」の命令形も、語尾「よ」「ぬ」の活用と認める記述はあっても、それぞれ「ぬ」とは異なる区分である「願ふ心の辞」（『言霊のしるべ』）、「希求辞」（『辞格考抄本』）に収められている。

105

第二部　命令形の学説史

このように、広蔭以降、幕末期においても命令形は活用表に立てられることなく、用言の一用法として表外に記され続ける。そして春庭が活用表の原理を一貫させるため「よもじ」として用言から切り離した語尾「よ」をそれぞれテニヲハとして処理したわけである。ただし、活用語尾「よ」は記述の精密化が進んだことにより、助詞「よ」とは異質の要素として扱われ、改めて語尾「よ」の位置付けが問題として浮上してきたと言えよう。

五、まとめ

これまで確認したことから、次のような流れが概観できよう。命令形は、他の活用形とは異なる形態上の問題を抱える。大別すれば、四段活用ではエ段音語尾、それ以外の活用では「よ」を伴う形式を持つということである。そして、この問題は春庭の活用研究において表面化する。当初命令形はテニヲハ論において、広く助詞も活用語尾も包括する「下知」という範疇の中で言及されていた。ここでは、エ段音語尾も語尾「よ」も助詞「よ」も、「下知」のテニヲハとして扱うことができ、その名残は本居宣長や富士谷成章の言説の中にも散見される。

しかし本居春庭によって、エ段音活用語尾は用言の一部と認められ、語尾「よ」だけが切り離されてテニヲハの領域に収められる。語尾「よ」は伝統的に「よ文字」の一用法として単独で扱われてきた歴史を持つためである。

以降、命令形は用言の一用法とされながらも、テニヲハの「よ」を必要とするために活用表には組み込まれず別記されることとなる。そして活用研究とテニヲハ研究がそれぞれの領域で整理される中で、分離された語尾「よ」は、改めて「下知」のテニヲハとして分類されるのである。

こうした語尾「よ」の所属をめぐっては、おおよそ以下の三点が指摘できよう。

106

第四章　「命令形」考

　第一に、形態的にどこまでを活用語形と捉えて活用表を構想するのかという問題である。少なくとも近世期の国学者たちの主流では母音の交替及び「靡」の「る」の付加が活用の語形変化の原則であって、命令形の語尾「よ」は用言の活用語尾とは見なされていなかった。それはテニヲハと各活用語尾との承接を基準の一つとして活用体系を構想したためであり、さらにその遠因には、用言の活用論に先行してテニヲハ論の蓄積があったことが影響していると推測される。

　第二に、伝統的「下知」という概念の存在が、命令形を別個に扱う根拠として強く機能していた点である。これは語分類や活用表とはそもそも別個の概念であったために、活用表からこぼれた命令形の受け皿となることができた。その反面、この受け皿があったために命令形の位置付けは活用表外に固定されてしまったわけである。この「下知」は、時代が下り、活用記述やテニヲハの分類が進むにつれ、独立した項目としてはもはや記述されず、例えばテニヲハの一用法に対する名称としてなど、各々の必要に応じて各分野で適宜利用されてゆくようになる。

　なお第二と関連して第三に、命令形の語尾「よ」がテニヲハとして扱われ続けた背景として、テニヲハは心情の表現を担うものだとする感覚が根強かった点も指摘できる。宣長以前の歌論において、「下知」の名のもとに命令形と関連する助詞類とが説かれていたように、たとえば広蔭の『詞玉橋』においても「辞以て物事に就て思ふ意象を顕す者にしあれば」（巻一、二丁裏〜）というような言説が見られる。広蔭は「顧」、「歎」、「禁」などと意味分類するが、この分類はこうした見地に裏付けられている。分類上の扱い方は人によって異なるが、意味を基準として「よ」を「歎」と「下知」、「歎息」と「指揮」などと弁別するのは、こうしたテニヲハ観を多少なりとも継承しているであろう。そして語尾「よ」はこの点でもテニヲハたりえたのである。また語尾「よ」だ

107

第二部　命令形の学説史

けでなく、命令形という表現そのものも伝統的にはテニヲハとして扱いえたために、他の活用形とは並置されにくかったのではないか。

いずれにせよ、春庭の継承者が五活用形を採り続けたのは、師の学説を守ろうという意志のためだけでなく、命令形が用言にもテニヲハにも分属する異質なものという違和感を拭いきれなかったためであると考えられる。

命令形の語尾「よ」の品詞論上の位置付けが、テニヲハの分類の中で必ずしも明確でなかったのはそのためであり、伝統的テニヲハ観を継承した彼らが導き出せる限界であったとも言えよう。

このように、秘伝書の刊行から幕末に及ぶ近世後期の国語研究の中で命令形の位置付けは少しずつ推移し、用言とテニヲハの境界上を漂うこととなる。そしてこれが、命令形定着が明治三〇年代にまで遅れる要因の一つであると考えられる。

近世期国学にも確かに鈴木朖や義門など六活用形を立てる立場はある。だが明治三〇年代以降に六活用形が定着してゆくのは、それがそのまま採用された結果だとは言えない。本章冒頭に述べたように、幕末から明治初期にかけては洋文典の枠組みに従った文法研究があり、そこでは例えば英文典における「命令法（Imperative mood）」をいかに日本語に適用するかが問題となる。そしてその記述方法は、明治前期においては文典ごとに様々である。

一方で国学系の研究においても、幕末・明治初期には、音義説の隆盛や洋学をも視野に入れた研究の出現など、様々な研究の動きが見られる。さらに山東（二〇〇二）で論じられるように、明治五年の学制頒布に伴って、教育のための文典編纂という目的が加わり、また文部省に出仕する国学者も現れるため、明治期のそれを単純に近世の延長線上にあるものと捉えて論じることはできなくなる。　本章ではその前提となる近世期の伝統的国語研究の立場を確認した。　洋文典の影響を受ける明治期

八衢学派が主流とはいえ、

108

第四章　「命令形」考

以降の命令形の変遷については、次章に譲る。

注

（1）「活用形の一つ。命令の意を表わして終止する（『日本文法大辞典』一九七一）。富士谷成章「目」、「えぬき」、義門「使令」、「希求言」、田中義廉「命令法」（『小学日本文典』明治七年）など呼称は種々あり、「命令形」初出は岡倉由三郎『日本文典大綱』（明治三〇年刊）と見られる（服部一九九八の表による）。ここではその呼称や扱いに関わらず、便宜的に「命令形」の語を用いる。

（2）服部（一九九八）付録「明治時代の国文典が立てる活用形」の表による。

（3）服部（一九八六・一九九八）による名称。山東（二〇〇二）では「伝統文典」を「国学風文典」、「洋式文典」を「洋式日本文典」と称する。いずれも、品詞分類の数から両系統に分類する。

（4）同右。

（5）谷川士清『倭語通音』（『日本書紀通証』宝暦一二年）や賀茂真淵「五十聯音」（『語意考』明和六年自序）において工段をそれぞれ「告人」「令（おふすることば）」とする。このような記述は、命令形の把握の一端であると認めることができよう。

（6）湯浅（一九七九）。またここでは、引用箇所が句末の結びを問題にした文脈であることも「辞」という表現に関係すると思われる。

（7）『活用言の冊子』では、命令形に固有の語形を持つナ行変格活用型動詞は「第十八会」に置く。それは上二段活用型を列挙する並びであり、命令形の語形は配慮されていない。

（8）第六章に論じた。

（9）「装図」にナ行変格活用動詞の語例は無いが、竹岡（一九七一）では「稿本・刊本ともに、ナ変動詞とカ行下一段動詞とが落ちている。前者は「有末有靡」、後者は「無末有靡」に所属する。（二八七頁）」としている。ナ変動詞は上二段・下二段活用型動詞と同じ範疇に分類されているという解釈である。

（10）とはいえ、「命令形」が「属」に含まれたという事実は、「属」がいわゆる助詞を集めた部門というよりも、意味や表現類型から発想された部門であったことの証左でもある。

（11）ナ行変格活用「往ぬ」「死ぬ」の「命令形」は「奈行之図」の節にのみ「変格の格」として設けられており、已然形に該当する欄に併記されている。

（12）第三稿本（文化元年頃成立）とされる岡田本・神宮文庫本では「第六等」、第四稿本（文政七年頃成立）とされる柳園叢書本では「第六段」。ここでは最終稿である柳園叢書本を底本として引用する。

（13）『活語雑話』には、『詞八衢』だけでなく本居宣長『漢字三音考』（天明五年）を参考にした旨が記されており、「第四音は然せよと令するに用ふ。」とあって、係助詞「こそ」の結びになることは割書されるにとどまる。こうした記述『漢字三音考』では谷川士清や賀茂真淵のように（注5参照）、五十音図に従って活用を説いており、「第四音を加味して命令形を他の活用形と同格に扱うことにしたと推察することもできる。

（14）「音雑」とは形容詞を指す。

（15）鈴木重胤『詞捷径』は、富樫広蔭の研究の剽窃だとする言説があるが、両者の間には異同も存在する。これについては別稿にて検証を行いたい。

（16）「自侘活言」は鈴木重胤にとっては用言の一部であるが、現代の学校文法で助動詞・助詞とされるものと比較しやすいようにこの図に含めた。「一段活中二段活下二段活また変格活加行佐行の将然言より。よまたねと受けて指揮となる辞」（『詞捷径』上巻、三八丁裏）とあるように、活用語尾「よ」、完了の助動詞「ぬ」の命令形「ね」も含める。

（17）各活用型の命令形を指す。

110

第五章　続「命令形」考

――明治前期における――

一、はじめに

　現在、学校文法において定着している六活用形であるが、命令形が多くの文典で活用表に記述されるようになるのは明治期後半である。これについて前章では、なぜ命令形は活用表に立項されなかったのか、という観点から近世期の活用研究を考察し、以下のように結論付けた。すなわち命令形は四段活用ではエ段音語尾、それ以外の活用では語尾「よ」を伴うという形態的特徴を持つ。活用研究の草創期である近世期において本居春庭が示した活用表は、そうした「よ」を表中に記述する仕組みを持たず、命令形そのものを別に取り扱わざるをえなかった。一方で、語尾「よ」及び命令形は伝統的にテニヲハに類するものとされてきた背景を持つため、命令形は用言とテニヲハの両領域に分属され、活用表に立てられずに用言の一用法として別記されることとなった。

　こうした経緯を前提として、次に考えなければならないのは、どのような経緯で命令形は活用表に立項されるようになったのか、という問題である。六活用形の枠組みと術語の定着に関しては、大槻文彦「語法指南」（明治二三年）が歴史的転換点となっていることが従来指摘されてきた。けれども六活用形を採用した点に関して、

111

第二部　命令形の学説史

活用表に焦点をあて、それまでの文典とどのような点が一致し、またどのような点で異なり、転換点となり得たのか考察する余地があると思われる。

本章ではまず、序章でも触れた近世後期の活用表の特徴を確認したうえで、そのポイントに従って明治初年から「語法指南」発表の明治二三年までにおける活用研究及び活用表の動向を跡付け、大槻が転換点となり得た、その背景を考察する。

科書として推薦されるといった社会的な背景だけではなく、大槻の活用表それ自体の整合性や合理性といった説得力があったためではないかと想定される。

なおかつ教科書として広く用いられた文典がある。同時期には大槻の他にも田中義廉の文典のような、命令形を活用表に含み、それにもかかわらず大槻の文典の形式が採択されていったのは、教

二、近世後期の活用表の特徴

近世後期の活用研究は、後続の語との承接関係に重点が置かれており、術語や活用形の種類に小さな違いはあれ、その枠組みは大差無いと思われる。表1に、刊本に見られる活用形の記述を示した。なお表1では明治期の文典がどのような資料から術語を継承しているか確認するため、後世への影響力の差は措き、バリエーションを示すことを最優先させた。そのため刊本であっても、春庭の図をそのまま引用するようなものや、典拠元の記載が無くとも内容が全く既存の図と重複する場合は、表1に反映していない。なお、越智通貫『活語口伝書』は刊年未詳だが、巻末の近刻書目から明治五年以前に刊行されたと推定されるため、仮にこの表に収めた。ちなみに、物集高世の「仮体」は動詞が派生語や複合語の語構成要素になる際の形式を活用表に組み入れたもので、『詞八

112

第五章　続「命令形」考

表1　近世後期の活用形の記述

未詳	1858	1858	1856	1845	1839	1833	1830	1829	1823	1808	1803	1803	1778	年
越智通貫	物集高世	轟好道	大国隆正	鈴木重胤	伊庭秀賢	義門	静教	富樫広蔭	義門	本居春庭	鈴木朖	鈴木朖	富士谷成章	著者
活語口傳書	辞格考抄本	てにをは活辞一覧	活語活法活用理抄	詞捷径	霊語指掌図	和語説略図	詞のしをり	辞玉襷	友鏡	詞八衢	活語断続譜（柳園叢書本）	活語断続譜（神宮文庫本）	あゆひ抄	書名
未来	将然	将至及言 / 已然虚言	用前	将然言	第一階立	将然言	第一属	未然段	第一転　将然言	（無名）	第七段	七等／八等	来	未然
体言	連用 / 仮体	未然疑言 / 已然定言	用用	続用言	第二階行	連用言	第二属	続詞段	第二転　連用言	（無名）	第四段	四等	往	連用
切言	截断	目前切言 / 目前察言	用断	絶定言	第三階止	截断言	第三属	断止段	第三転　截断言	（無名）	第一段 / 第三段	一等 / 三等	末	終止
続言	連体	目前切言 / 目前感言	用体	続体言	第四階居	連体言	第四属	続言段	第四転　連体言	（無名）	第二段	二等	引・靡	連体
已然	已然	已然在言	用後	既然言	第五階伏	已然言	第五属	已然段	第五転　已然言	（無名）	第五段	五等	目・靡伏	已然
命言	截断	未然令言				希求言			使令		第六段	六等		命令
		※注8	下知		指揮辞		令	下知		下知の詞				備考

113

第二部　命令形の学説史

衢』や、義門『山口栞』や富樫広蔭『詞玉橋』の体言の項にも言及がある。越智通貫の「体言」も同じ趣旨と考えられる（※轟好道『てにをは活辞一覧』については注（4）参照）。

この中でも「四種の活の図」は明治期にも広く普及し、多くの伝統文典に踏襲されている。その特徴を三点挙げる。

（一）a、四種の活用型と、活用型ごとに各行の動詞の用例が示されていること（横軸）

b、「受るてにをは」が各活用形の欄に記されていること（縦軸）

c、各活用型の語形変化が展開されていること（横軸と縦軸との相関）

後続の活用表には、部分的にせよ全面的にせよ、右の三点が踏襲されるのが見て取れる。

一方、各活用形の呼称については、仮に以下の三系統にまとめることができよう。

（二）a、序数詞（一等、第一転、など）

b、固有名（将然、未然など）

c、過現未（目、往など）

しかしながら時代が下り、伝統文典にせよ洋式文典にせよ、動詞の各形式（どこまでを語尾として一単位とするかは問題であるが）の機能が多面的に整理されれば、様々なパラダイムが構想されてよいわけで、実際、伝統的ないわゆる活用表や、『てにをは紐鏡』のような係り結びの一覧表、五十音図との関連付け、法と時制の組合わせなど、ひとつの文典の中に数種の表が併せて掲載される場合も散見される。そうした中で、術語や活用形の数を確認するだけでなく、各々の図表の特徴を捉え、命令形がどこに位置付けられるのか注視する必要がある。

また、そもそも「活用」という用語の内容が等価であるかどうか、慎重にならなければならない。近世後期に

114

第五章　続「命令形」考

は原則、母音交替と「靡」の「る」の付加という形態変化が「活用」と捉えられていることが確認できる。一般的にも日本語の伝統的な「活用」は、承接する語に応じて語形が変化する現象を指すと言われており[5]、各活用形は承接の類型と形態変化の類型の最小公倍数を求めたものと言えよう。

しかし明治期の洋式文典では、洋文典の conjugation、すなわち「法」や「時制」などの文法カテゴリーによる語形変化の現象を指す概念が念頭に置かれて動詞の記述がなされ、特に「法」の概念と伝統的な「活用」の概念とがしばしば併存するのが見て取れる。伝統的「活用」が動詞、助動詞、それぞれの形態変化を指すのに対して、日本語に「法」をあてはめた場合、動詞に限らず助詞・助動詞・助動詞などを伴って実現し、動詞の形態変化に留まらない。そのため、助詞・助動詞が接続したものも含めた動詞の具体的用法を「法」という形で記述する立場や、「法」を動詞の問題として捉えずに助詞・助動詞の意味の問題として記述する立場もある[6]。こうした事情を踏まえると、「活用」の術語を用いる場合にはその内容を、また「活用」の術語を用いずとも何かしら語形の類型が示される場合には、伝統的「活用」の概念との相違を考証する必要があろう。

以上を踏まえ、以下、大槻文彦「語法指南」までの日本語文典を、伝統文典と洋式文典とに大別し、活用に関する記述と活用表における術語や枠組みの実態を描出する。原則、本書で「活用表」として取り上げるのは縦横に展開する表形式の一覧表だが、簡条書きのような形式で本文の記述とは別に記載されたものも、適宜取り上げる。なお本書で扱う資料群については、服部（一九九八）、山東（二〇〇三）、浅川（二〇一三）の先行研究があるが、明治初年から大槻までの活用研究の実態調査にはデータ上補足する余地がある。そのため、山東（二〇〇三）の目録を踏まえつつ調査を行う。

115

三、明治前期　伝統文典

この期の活用形の内容と名称は、表2にまとめたとおりである。近世期と同様、テニヲハとの承接によって活用形を立てる態度に大きな変化は無く、活用表についても春庭の「四種の活の図」を大きく逸脱するものは少ない。六活用形を立てるものも少なく、経年的に変化する様子も特に見られない。また、前節で確認した（二）の呼称はこの期にも引き続き用いられているが、中でも義門の「将然・連用・截断・連体・已然」の術語を用いる文典が多いのが確認できる。ただし、この三系統の名称を複数組み合わせて併記するのは近世期にはあまり見られなかったもので、明治期の特徴であると言える。

次に、前節で確認した「四種の活の図」の三点の形式が明治期どの程度踏襲されているのかを確認した。そのうち（一b）「受るてにをは」の記述において、前代との相違が最も顕著に見られた。それをまとめたものが表3である。

「四種の活の図」では、以下のテニヲハが各活用形に提示されていた。

未然形「ず、で、じ、ぬ、ん、まし」

連用形「て、つつ、けり、き、けむ、なば、つる、ぬる、し、しか」

終止形「めり、らむ、べき、らし、と、とも」

連体形「かな、まで、に、を、より」

已然形「ば、ど、ども」

この各テニヲハを文典の活用表で確認し、表にある場合は「○」〈ん〉に対して「む」など、異形態が記されている

第五章　続「命令形」考

場合は当該資料の形式を記した）、表に無いがその文典には見られるテニヲハを「増補」の欄にまとめて掲げた。表2と表3の文典数が異なるのは、活用形の種類に言及があってても、活用表（もしくはそれに準ずる形式の箇条書きなど）が見られない文典があったためである。活用表がある文典は表2のうち二四点。そのうち里見義『雅俗活用便覧』には二種類の活用表があったので、分けて換算した。そのため表3には合計二五点の活用表が反映されている。

これらを整理すると次の三種に分けることができる。

（三）　a、「四種の活の図」をそのまま踏襲する文典…四点

　　　b、「四種の活の図」を踏襲しつつ、改変・増補する文典…八点

　　　c、テニヲハの記述を省略し、動詞の語尾変化のみ記す文典…一三点

以下に、それぞれの特徴を述べる。

三―一、「四種の活の図」を踏襲する文典

この種の文典は四点だけ認められるが、このうち高田・西野『皇国文法階梯』（明治六年）は図表に「詞八衢四種活用略図」と題しており、里見義『雅俗活用便覧』（明治一〇年）も「第一図」に「此は詞の八衢（書の名）に出たる図なり凡吾邦言語の体裁を論ずる者此図に因らざる事なければ第一に掲げたり以後製作する図も皆是れを基本とすればなり」（一丁裏）と注記し、典拠を明らかにしている。里見の「第二図」〜「第五図」は四段活用など活用型ごとの図で、そこでは同氏による『雅俗文典前編』（明治一〇年）や『日本文典』（明治一九年）のように語尾変化のみを記しており、春庭の図と自身の図とを区別して掲載したことがうかがわれる。

117

表2　伝統文典　活用形まとめ

西暦	明治	著者	書名	未然	連用	終止	連体	已然	命令	備考
1871	4	文部省編輯寮	語彙活語指掌	将然言／一階	連用言／二階	終止言／三階	連体言／四階	已然言／五階	—	使令言／希求使令言
1871	4	文部省編輯寮	語彙別記	将然言	連用言	終止言	連体言	已然言	—	使令言／希求言／希求使令言
1873	6	島次三郎	小学入門詞のはたらき	未然詞	連用詞	截断詞	接続詞	已然詞	—	令言
1873	6	西野古海　高田義甫	皇国文法階梯	将然言	統言	切止言	統言	已然言	—	※詞の真澄鏡を反映
1874	7	権田直助	詞の経緯図	第一段／未来格／	第二段／過去格／	第三段／現在格／	連体言／現在格／	第五段／未過去格／	第六段／未来／格／請／截断	※詞の経緯図を反映
1874	7	権田直助	緯図解経典入門	第二段／未来格／	第二段／過去格／	第三段／現在格／	連体言／現在格／	第五段／未過去格／	第六段／未来／格／請／截断	※詞の経緯図を反映
1874	7	権田直助	詞の真澄鏡詞の経	第二段／未来格／	第二段／過去格／	第三段／現在格／	連体言／現在格／	第五段／未過去格／	第六段／未来／格／請／截断	※詞の経緯図を反映
1874	7	関治彦	大日本詞梯	一位	二位	三位	四位	五位	—	令言
1875	8	片岡正占	日本文典暗誦動詞	一級（用前）	二級（用）	三級（用断）	四級（用体）	五級（用後）	—	令
1875	8	渡部栄八	詞のたつき	未然詞	連用詞	截断詞	接続詞	已然詞	—	令言 ※五十音図を並記し、「未来／過去／現在／下知／俗語」と注記する
1876	9	吉川栄平	国語教授式	（はやなむの辞をかくれは願ともなる）未然段	（云うれば言と云もなる）統詞段	（もにをはを之結ともなる）断止段	（そや何かが結と云もなる）統言段	（こその結ともなる）已然段	—	
1876	9	竹内泰信	訓蒙語尾変化	依辞為願意未然段	言居者為体言統働詞段	語断止段	語続体言段	こそ之為結語已然段	—	
1877	10	野瀬鹿正	大日本活語用法	用前	用	用	用体	用後	下知	仰
1877	10	富永楯津	活語の近道	将然言	連用言	截断言	連体言	已然言	—	
1877	10	天野春翁	言葉のふみわけ	将然言	連用言	截断言	連体言	已然言	—	
1877	10	里見義	雅俗活用便覧	将然言（未来）	連用言（仮体）	截断言（現在）	連体言（現在）	既然言（過去）	—	使令／希求

1886	1885	1884	1884	1883	1881	1881	1879	1879	1879	1878	1878	1878	1877	1877	1877
19	18	17	17	16	14	14	12	12	12	11	11	11	10	10	10
里見義	重久安部男	弘鴻	谷千生	芳賀真咲	林甕臣	大槻修二	拝郷蓮茵	拝郷蓮茵	佐藤誠実	物集高見	阿保友一郎	物集高見	堀秀成	堀秀成	里見義
日本文典	語学捷径	詞の橋立	言語構造式	語学初歩	小学日本文典入門	小学日本文典	ちまたの石ぶみ	ちまたの石ぶみ	語学指南	日本文法問答	文典初歩	初学日本文典	日本語学階梯	日本語格全図	雅俗文法前編
将然言／未来	将然言	将然言	続用活第二活	未来	第一階／将然言／未来	将然詞	第一転	第一等	将然	将然格	第一転／未来	将然	未然段	未然段	将然言（未来）
連用言	連用言／過去又在	続用言	続用活〔用体言〕	過去又現在	第二階／連用言／過去又現在	続用既然詞	第二転／第三転	第二等	既然（用語につ〈こと葉〉）	連用格／仮体格	第二転／過去／連	連用	統詞段	続詞段	連用言（仮体）
截断言	終止言／現在	絶止言	切断活〔続用活第三活〕	現在	第三階／終止言／現在	断止方然詞	第四転／第五転	第三等	現在（きる、言葉）	截断格	第三転／現在／截	截断	断止段	断止段	截断言（現在）
連体言	連体言／現在	続体言	続体活	現在	第四階／連体言／現在	続体方然詞	第六転	第四等	そのや何の結（体こその結〔一四段の活〕言につ、〈こと葉〉にては令命とも成な り）	連体格	第四転／現在／連	連体	統言段	続言段	連体言（現在）
既然言	已然言／過去	已然言	続体活第二活	去	第五階／已然言／過去	已然詞	第七転	第五等		已然格	第五転／半過去	已然	已然段	已然段	既然言（過去）
—	—	—	希求活	—	—	命令詞	第八転	—	—	—	命令言	—	仰	仰	—
使令／希求	—	希求言・使令言	※格、時、として説く	※形容詞に関わる術語は除く	—	—	—	—	命令言	命令言	—	命令法	仰	※格、時、受くる辞、を別に構える	使令／希求

表3　「は」をめぐる「辞」の記述

西暦	明治	著者	書名	分類	語例	未然									連用							
						は	て	ず	ぬ	つ	り	け	き	な	こ	る	ける	なり	けり	つ	しか	し
1886	19	里見義	日本文典	c	—	○	—	—	—	—	—	—	—	—	—	—	—	—	—	—	—	—
1885	18	重野安繹	語学捷径	c	—	○	—	—	○	—	—	—	○	—	—	—	—	—	—	—	—	—
1884	17	弘道館	詞の橋立	c	—	○	—	—	—	—	—	—	—	—	—	—	—	—	—	—	—	—
1884	17	谷千生	言葉の錦綾式	c	—	○	—	—	—	—	—	—	—	—	—	—	—	—	—	—	—	—
1883	16	芳賀真咲	語学初歩	c	—	○	—	—	—	—	—	—	—	—	—	—	—	—	—	—	—	—
1879	12	拝郷蓮實	ちくさのいろは	b	は・は	○	○	○	○	○	○	けめ	はしめ・はたり	ねける	こころ・こく	けるむ・れね	○	○	○	○	○	○
1879	12	佐藤誠実	語学指南	b	は	○	—	○	○	○	○	は・な	ね	こ	め	○	—	○	—	○	—	—
1878	11	物集高見	初学日本文典	b	は・ね	○	○	○	○	○	○	は	ね	—	—	○	○	○	○	○	○	○
1878	11	阿保友一郎	文典初歩	c	—	○	—	—	—	—	—	は	—	—	—	—	—	—	—	—	—	—
1877	10	堀秀成	日本語学階梯	c	—	○	—	—	—	—	—	—	—	—	—	—	—	—	—	—	—	—
1877	10	野瀬瓏正	大日本語用法	b	は・は　す・ね　む・ね	○	○	○	○	○	○	はしめ	ねける	こころ・れね	けるむ・れね	○	○	○	○	○	○	○
1877	10	高橋春津	活語の近道	a	—	○	○	○	○	○	○	○	○	○	○	○	○	○	○	○	○	○
1877	10	里見義	雅俗活用図　第一図使便覧	a	—	○	○	○	○	○	○	○	○	○	○	○	○	○	—	○	○	○
1877	10	里見義	雅俗活用図　第五図使便覧	a	—	—	—	—	—	—	—	—	—	—	—	—	—	—	—	—	—	—
1877	10	天野春翁	言葉のあふけ式	b	あつく・かへ・ほし	○	○	○	○	○	○	はな・むな	め・ぬむ・やしむ	こころ・れね	めくむ・れね	○	○	○	○	○	○	○
1876	9	吉川竹二郎	国語教授式	b	ほ・へ	○	○	○	○	○	○	は・なへ	べ	—	—	○	○	—	○	—	○	○
1876	8	竹内	訓蒙語彙尾箋変化	c	—	○	—	—	—	—	—	—	—	—	—	—	—	—	—	—	—	—
1875	8	関治彦	日本文典補闕動動	c	—	○	—	—	—	—	—	—	—	—	—	—	—	—	—	—	—	—
1874	7	權田直助	大日本詞格	a	—	○	○	○	○	○	○	○	○	○	○	○	○	○	—	○	○	○
1874	7	鳥居次郎助	語の綾錦図	c	—	○	—	—	—	—	—	—	—	—	—	—	—	—	—	—	—	—
1873	6	小学入門	小学入門単語図のは	b	な	○	○	○	○	○	○	な	—	—	—	○	○	○	—	○	○	○
1873	6	西高野田錦甫	皇国文語記	a	—	○	○	○	○	○	○	○	○	○	○	○	○	○	—	○	○	○
1871	4	文部省編輯寮	語彙別記	b	は・な	○	—	—	—	—	—	な	—	—	—	○	—	○	—	○	—	—
1871	4	文部省編輯寮	詞玉活語指掌	c	—	○	—	—	—	—	—	—	—	—	—	—	—	—	—	—	—	—
		木村春陵	詞玉緒	は	増補	○	○	○	○	○	○	○	は	—	—	○	○	—	○	—	○	○	しか

	語幹	未然					連用					終止	連体	已然	命令	

※この表は本文中に掲げた動詞活用に関する対照表であり、縦書きの原文を正確に読み取ることが困難なため、本文該当箇所を参照されたい。

第二部　命令形の学説史

三―二、「四種の活の図」を増補する文典

（三b）「増補する文典」は八点あるが、この中には二つの立場があることに注意したい。一つは「四種の活の図」をまるまる踏襲した上、さらに他のテニヲハを表に加えて記すものである。たとえば畠次三郎『小学入門詞のはたらき』（明治六年）は「なむ」を増補するだけだが、天野春翁『言葉のふみわけ』（明治一〇年）、野瀬胤正『大日本活語用法』（明治一〇年）や拝郷蓮茵『ちまたの石ぶみ』（明治一二年）などは、かなり多くの増補を行っている。特に野瀬、拝郷の活用表は、助動詞の活用も細かく列挙しているのが特徴的である。天野『言葉のふみわけ』や拝郷『ちまたの石ぶみ』は、文典本文中にテニヲハの語義・用法を逐一詳説していることから、本文の内容と対応させたものと考えられる。[7]　また、野瀬『大日本活語用法』は資料の形式が一枚刷りで、図表の解説書にあたる記述が無いため、すべての情報を一覧するものとして「活用表」を用いている。

このようにテニヲハを増補することは、「ことごとくはいださずその大低をあげたるなり」《詞八衢》上巻、五丁裏）とした春庭の意向には逆行するといえよう。春庭は、動詞の活用形を導くために最低限の「受るてにをは」を掲げたわけだが、これらの活用表は動詞とテニヲハの承接一覧表、あるいはテニヲハの語形一覧表としての機能すら結果的に担っている。

いま一つの立場は、文部省編輯寮『語彙別記』[8]（明治四年）、吉川楽平『国語教授式』（明治九年）、佐藤誠実『語学指南』（明治一二年）である。これらの文典には、富樫広蔭が行ったように、「四種の活の図」にあったテニヲハを整理し取捨選択した跡が見える。たとえば未然形では「ぬ」を削除して「ば」を補い、連用形では「なば」「しか」を削除し、「たり」を補う。これは決して闇雲に行われるものではない。『語彙別記』には各活用形に接続するテニヲハの語形変化表が掲載され、『語学指南』にも「活用助詞図」[9]と称される助動詞の活用表があり、

122

第五章　続「命令形」考

その活用表を反映させて、掲載するテニヲハの語形にも注意を払っているのがうかがえるのである。これらは、先に確認した富樫広蔭と同様の方向性をもって「四種の活の図」を改変しているといえよう。[10]

三―三、テニヲハの記述を省略する文典

残りの半数は（三ｃ）、承接するテニヲハを殆ど記さず、語尾変化の類型のみ列挙するものである。この期には、文部省編輯寮『語彙活語指掌』（明治四年）をはしりとして、明治一六年頃から顕著に見られる。近世期では、『活語断続譜』や『和語説略図』なども必ず図表のどこかに各活用形に接続するテニヲハを記しており、このような形式はあまり見られなかった。

語形変化の基準とすべき後続の語を記す文典もわずかに見えるが、『語彙活語指掌』や里見義『雅俗文典(前編)』（明治一〇年）などのように決まって未然形に推量の助動詞「ん（む）」を添え書きするのが特徴で、それに加えて『語彙活語指掌』や弘鴻『詞の橋立』のように、連用形に「にほふ」「馴す」などの用言、連体形に「花」「衣」などの体言を記す場合もある。

活用表の縦軸を担う要素は、もともとは（一ｂ）「受るてにをは」であったが、これらの文典でそれに代わって縦軸として機能するのは「将然言」など各活用形に個別に付けられた術語である。具体的なテニヲハの記述が、抽象的な各活用形の術語で代用されるほどに活用形の類型が定着し、テニヲハの記述を省略することが容易になったのだと考えられる。これらの表では、表中にテニヲハの情報が殆ど無いため、動詞の活用型と語形変化の記述が前面に押し出されているのが特徴である。

123

第二部　命令形の学説史

三―四、伝統文典　まとめ

明治期の伝統文典は春庭の影響を強く受けているものの、全体的に、春庭が構想した活用表の原理が厳密に継承されたとは言い難く、その内実では様々な変化が生じていることが確認できた。

今回調査した範囲では、義門の術語を用いるものが多いが、多くの文典が五活用形の立場を取り、直接義門を継承するものは見当たらない。（三a）はもとより、（三b）においても基本的に（一）の形式が保たれていることから、義門や富樫広蔭らも抑えて、春庭の影響力が強く働いていることをうかがい知ることができる。ただし、忠実に春庭を継承するものはわずかで、（三b）の一部の文典でテニヲハの記述がふくらみ、動詞の語形変化表だけでなくテニヲハ一覧表としての比重が大きくなっている例も見られた。

またその一方で、（三c）の形式が半数の文典で用いられていることも看過できない事実である。この活用表は、テニヲハの記述が省略され、動詞の語形変化表としての側面が強調される。

さて、この（三c）の表は、表面上、単なる語形変化表であり、命令形を立ててもテニヲハであるか問う必要が無く、動詞の一形態として命令形を加えても活用表は破綻しないためである。けれども、義門が未然形に「将然言」と名付ける際、「未然言トモ将然言トモ云一隅ヲ挙テ三隅ヲ示ス」[11]と述べたように、活用形は承接する対象によって複数の機能を備えうるのであり、たとえ固有の名前があってもそれは代表でしかない。そうであるなら、未然形や已然形の一用法に「仰せ」「希求」を位置付けることも可能で、命令形を独立して表示する必要もまた、無いのである。（三c）の文典で特に六活用形の立場が増えないのは、こうした理由が考えられる。

総じて、伝統文典の活用表には命令形を立てる積極的な必要性は見当たらない。ただしその反面、活用表にお

124

いて春庭が構想した当初の厳密さが薄れていることは否めず、（三c）のような動詞の語形変化表として特化した形式の図表が増える中で、あえて命令形を除外しておく積極的な理由もまた、薄れたと言えよう。

四、明治前期　洋式文典

明治前期の洋式文典における「活用」もまた、あくまでも動詞そのものの形態的な変化を指しており、伝統的な「活用」の概念の域を出ない。各文典に記述された活用形は表4にまとめたとおりである。活用形に対する呼称には（三a）序数詞を用い、（三b）義門の術語を用いるものは少ないのが特徴である。命令形を立てる立場が特別多いわけではなく、伝統文典同様、経年的な変化も特別無い。だが、洋式文典では、命令形を立てずとも「法」の領域で必ず「命令法」に触れており、命令形もそこに含まれているのが確認できた。本来、洋文典のconjugationとは、「法」や「時制」のカテゴリーに従って生じる語形変化であるはずだが、この時期の洋式文典では、国学に由来する伝統的な「活用」と、それに準じた活用表とを掲げた上で、別途「法」について説く。両者は特に関連付けられることなく、別物としてひとつの文典に併存するのである。

伝統文典では（一a）・（一c）の形式は前代の形式とあまり変化が無いが、テニヲハの記載がいくつか傾向が見られるため（二b）に焦点を当てた。一方、洋式文典では、全体的な特徴には相違があり、その中でも、田中義廉と中根淑の形式は同時期に援用する文典があり、ともによく学校教育の現場で用いられ影響力があったこと、そしてそれぞれに伝統的な形式とは異なる特徴を持つことから、仮に次のように分類し、以下に詳しく見

125

表4　洋式文典　活用形まとめ

西暦	1879	1878	1878	1877	1877	1877	1877	1877	1876	1876	1876	1874	1874	1874	1872	1872
明治	12	11	11	10	10	10	10	10	9	9	9	7	7	7	5	5
著者	加部巌夫	平野甚三	旗野十一郎	安田敬斎	藤田維正・高橋富兄	藤井惟勉	春山弟彦	田中義廉	中根淑	中根淑	小笠原長道	渡辺約郎	南部義籌	田中義廉	黒川真頼	黒川真頼
書名	語学訓蒙	小学日本文典問答	日本詞学入門	日本小学文典	日本文法問答	日本文法書	小学科用日本文典	新訂日本小文典	日本文典	日本小文典	小文典	皇国小文典	横文字綴日本文典初学（A Nippon Bunten Uhi Manabi）	小学日本文典	日本文典大意	日本小文典
未然	用前	（名称無し）	第一転　将然言	第一転	第一階	第一転	第二転	ア緯	（名称無し）	（名称無し）	（名称無し）	未来動詞		第一転	第一階	第一階
連用	用用	（名称無し）	第二転　連用言	第二転	第二階	第二転	第五転	イ緯	（名称無し）	（名称無し）	（名称無し）	実名詞		第二転	第二階	第二階
終止	用断	（名称無し）	第三転　截断言	第三転第一行	第三階	第三転第一行	第一転	ウ緯	（名称無し）	（名称無し）	（名称無し）	他動詞	終止言	第三転第一行	第三階	第三階
連体	用体	（名称無し）	第四転　統体言	第三転第二行	第四階	第三転第二行	第四転	（分詞）	（名称無し）	（名称無し）	（名称無し）		連体言	第三転第二行	第四階	第四階
已然	用後	（名称無し）	第五転　既然言	第四転第二行	第五階	第四転第二行	第三転	エ緯	（名称無し）	（名称無し）	（名称無し）		已然言	第四転第二行	第五階	第五階
命令	—	（名称無し）	希求言	第四転第一行		第四転第一行		エ緯	（名称無し）	（名称無し）	命言	命令動詞		第四転第一行	第六階	—
表外	希望詞	命令法	命令法	命令法	命令法	命令法	命令法	命令法	命令法					命令法		命令法
法		有	有	有	有	有	有	有	有	無	有	有		有		有
備考	※助動詞を分類した「詞」で解説した		※「動詞表」として藤井などと類似の名称も	※「ぬれ」「ね」を併記				※「来」にはオ緯も	※「阿横行〜衣横行」	※「阿横行」などすら			※五十音の活用とし、音図に従っている			

1885	1885	1883	1882	1880	1879
18	18	16	15	13	12
藤田維正 高橋富兄	近藤真琴	物集高見	阿保友一郎	大矢透	中島操
日本文法問答後録	ことばのその	日本小文典	日本文法	語格指南	小学文法書
第一階 将然言	いひはじめ	将然	第一転	第一転 将然言	第一音
第二階 続用言	いひかけ	連用 仮体	第二転	第二転 既然言 連用言 体言	第二音
第三階 絶定言	いひきり	終止	第三転	第三転 方然言 截断言	第三音第一行 第三音第二行
第四階 続体言	いひつゞけ	連体	第四転	第四転 連体言 分詞	第四音第一行
第五階 既然言	いひめぐらし	已然	第五転	第五転 已然言	第四音第二行
—	—	—	—	第六転 希求言	—
	おほせ	命令法	命令	命令	命令法
		有	有	有	有
	※「法」でなく「いひかた」の術語で説く	※「連用」「命令」を「法」の術語で説く		※「法」でなく「連用」「命令」とする	

第五章　続「命令形」考

たい。

（四）　a、　田中義廉の活用表

　　　　b、　中根淑の活用表

　　　　c、　その他

なお（四c）その他には、旗野十一郎『日本詞学入門』（明治二一年）のように「八衢五種活用図」と称して春庭の図を用いるものや、加部厳夫『語学訓蒙』（明治一二年）のような大国隆正の流れを汲むものなど国学者の活用表を踏襲する文典もあれば、渡辺約郎『皇国小文典』（明治七年）のように独特の構想を著すものもある。多様な形式が散見されるが、やはり多くは（一）に示したように横軸に活用型ごとに配列された動詞の用例、縦軸に活用形、または「受るてにをは」の類があり、伝統的な活用表の形式に則っている。

第二部　命令形の学説史

四―一、田中義廉の活用表

田中義廉はこの時期、『小学日本文典』（明治七年）と『新訂日本小文典』（明治一〇年）との二つの文典を著しているが、安田敬斎や藤井惟勉など他の著者に用いられるのは『小学日本文典』の活用表である。この活用表は、縦軸に「第一転」から「第四転」までしか無く、「第三転」と「第四転」が「第一行」と「第二行」に下位分類され、結果的に六活用形を備える。つまり、四段活用動詞の母音交替による形態変化を数えてそれを基本の活用とし、中二段活用（上二段活用）、下二段活用など、終止形と連体形、已然形と命令形の形態が異なる活用型では適宜「第一行」と「第二行」を設けるという処置を取るのである。そのため、厳密に言えば四段活用の図では命令形は已然形と区別されず（同様に、終止形と連体形も分けない）、六活用形ではなく四活用形しか無い。なお、三年後に刊行した『新訂日本小文典』（明治一〇年）では、「第一転」以下の名称は「ア緯」「イ緯」「ウ緯」「エ緯」に変更され、次節に述べる中根淑と同様の、動詞の母音交替が強調された図になっている。

田中の「活用」の概念は、以下の記述などを読むと、近世期のそれと同じようにテニヲハとの承接関係による語形変化を前提とし、そこに「法」や「時制」のカテゴリーを関連付けたものと解釈できる。

　我国の動詞は、作動の次第、法、及び時限に従て、或は分詞となり、或は助動詞と結合し、或は独立して、名詞となる等に於て悉く其形を変画す、これを動詞の活用といふなり。

　次に示すように、活用表に記された各活用形の説明には、助動詞が接続して「法」や「時制」を表すと説明されている。

（『小学日本文典』巻三　六丁裏）

128

第五章　続「命令形」考

第一転…バに結合して接続法をなす、○ムンと結合して未来を示す、○ズ ヌ ジに結合して否不を示す、

第二転…名詞となるもの、○テに結合して接続を示す、○ヌ タ タリ シ ケリに結合して過去を示す、○他の詞と連合して集合名詞の体をなすもの

第三転…現在の不定法にして、動詞の本体なり、○名詞となるもの、○ベキ ベク ナリ ニ コト ト等に結合するもの、

第四転…命令法なり、○バ ド ド モに結合して接続法を示す、

（『小学日本文典』巻三　七丁表）

しかし、助動詞の項には次のような記述が見え、活用とは動詞の語形変化だけでなく、助動詞の助けを借りること、つまり、助動詞と結合し文の成分として具体的な機能を備えることも、活用の概念に含まれることが示唆される。近世期のそれよりも、範囲が広いわけである。

既に記示せる如く、動詞の形を変画するを、動詞の活用といふ。而して此活用は、作動の次第、法及び時限等を定むる為に、大有用のものにして、又其活用をなすには、全く動詞の形を変ずるものあり、〔只三段活用の動詞なり、〕唯詞尾を変ずるものあり。然れども多くは此活用を示すに、他の動詞の助けを俟つ、此動詞を助動詞と名づく。

（『小学日本文典』巻三　一二丁裏〜）

田中の活用表それ自体は、結果的に近世期のそれに準ずる形式となっている。しかしその背景には、テニヲハも包括した広義の活用体系とも言うべき「法」や「時制」の体系がある。その文脈において、「命令法」を体現

129

第二部　命令形の学説史

する形式として命令形に該当する「第四転」が記述されるのである。

四―二、中根淑の活用表

中根淑の活用表「動詞活用之図」の縦軸にあるのは「阿」「伊」「宇」「衣」であり、母音交替の現象を基準に置いて図表を展開している。田中の場合は、四段活用動詞の形態変化に揃えて他の活用型の活用形も記述していたが、中根の場合は、一段活用であればイ段だけ、下二段活用であればウ段とエ段だけしか表示しない。近世期以来、活用現象に含まれていたいわゆる「靡」の「る」「れ」が助動詞として分類されている点も、特筆すべき点である。

規則動詞ハ動詞ノ語尾ヲ変ジテ、種々ノ意味ヲ形スニ、自其ノ規則アル者ヲ云フ、（『日本文典』下巻　三丁裏）

中根の「活用」は、「靡」を含まない点で近世のそれよりも狭く、なおかつ、その活用表は厳密に動詞の形態変化の類型を示すに過ぎない。後続の語に応じて異なる機能を持つことは全く反映されず、伝統的な「活用」の類型を示す図ではないのである。

四―三、「法」の記述とその範囲

田中と中根の文典に関して活用表の観点から詳しく見たが、改めて「法」の観点から明治前期の洋式文典を概観し、「命令法」に対してどのような範囲を設定しているのか確認する。それをまとめたものが表5である。典

第五章　続「命令形」考

表5　法の種類と「命令法」の範囲

西暦	明治	著者	書名	法の種類	命令法に含まれるもの
1872	5	黒川真頼	日本小文典	直説法、命令法、可成法、附説法、疑問法、禁制法、連続法、量限法、標準法、含蓄法	エ段音語尾、よ、ね、べし、かし、や、な、
1874	7	田中義廉	小学日本文典	直説法、命令法、疑問法、接続法	エ段音語尾、よ、給へ、なーそ、なかれ（など）
1876	9	中根淑	日本文典	直説法、命令法、疑問法、不成法	エ段音語尾、よ、かし
1876	9	中根淑	日本小文典	直説法、命令法、疑問法、不成法	エ段音語尾、よ、べし
1876	9	小笠原長道	日本小文典	直説法、命令法、疑問法、接続法	エ段音語尾、よ、べし、なかれ（など）
1877	10	田中義廉	新訂日本小文典	直説法、命令法、疑問法、接続法、不定法	エ段音語尾、よ、（手紙の「御依頼申上候也」）など
1877	10	春山弟彦	小学科用日本文典	顕示法、命令法、疑示法	エ段音語尾、よ
1877	10	藤井惟勉	日本文法書	直説法、命令法、疑問法、接続法、不定法	エ段音語尾、たまへ、べし（など）
1877	10	藤田維正・高橋富兄	日本文法問答	直説法、命令法、疑問法、接続法、不定法	エ段音語尾、よ、たまへ、なーそ、なかれ、や（など）
1877	10	安田敬斎	日本小学文典	直説法、命令法、疑問法、接続法、不定法	エ段音語尾、なかれ（など）

拠とする文典が蘭文典か英文典かの違いや、どの程度援用するかによって、「法」の種類は相違するようだが、「直説法」「命令法」「疑問法」の三種類は概ねどの文典でも採用されていることが確認できる。「直説法」や「疑問法」に該当するものが無い場合でも、「命令法」だけは必ずある。

1883	1882	1879	1878	1878
16	15	12	11	11
物集高見	阿保友一郎	中島操	平野甚三	旗野十一郎
日本小文典	日本文法	小学文法書	小学日本文典問答	日本詞学入門
命令法、希求法、疑問法、崇敬法	連用、截断、連体、命令	命令法、疑問法、接続法、不定法、指示法	直説法、命令法、疑問法、不成法	命令法、接続法、不定法
命令法：エ段音語尾、よ、ね、なむ（希求法：ばや、にしがな、てしがな）	エ段音語尾、よ	命令法、エ段音語尾、よ、なかれ（など）	エ段音語尾、よ、べし（など）	エ段音語尾、よ

また、品詞分類の観点からその範囲を確認すると、阿保友一郎『日本文典』（明治一五年）を除き、すべての文典で、テニヲハなどを結合させた文節単位の具体的な用法を「法」として説いている。(13)「命令法」も、大半の文典で「べし」や「給へ」「なかれ」など、助詞、助動詞や補助動詞までも含むことがわかる。伝統的な活用表の命令形と全く一致する範囲で「命令法」を記述するのは、春山弟彦『小学科用日本文典』（明治一〇年）、旗野十一郎『日本詞学入門』（明治二一年）、阿保友一郎『日本文典』（明治一五年）の三点だけであった。つまりこの時期多くの文典において、「法」の表現は特定の品詞が担うものではなく、複数の品詞が任意に組み合わさり実現するものとして記述されるのである。そのように「法」を記述する一方で、活用表には、あくまで動詞の範囲に限られた伝統的な「活用」の現象が展開され、関連付けが不徹底のまま両者は共存することとなる。

四―四、洋式文典　まとめ

洋式文典を概観すると、田中義廉のような広い範囲を示唆する文典もあるとはいえ、「活用」とは第一に、テ

第五章　続「命令形」考

ニヲハが承接することによって導かれる、動詞それ自体の形態的な語尾変化を指すことが確認できた。中根のように「靡」の「る」「れ」を含まない立場もあるが、原則、母音交替に依拠しており、この点で洋式文典における「活用」は近世期のそれと一致し、結果的に従来と同様の活用表が掲載される。ただし洋式文典の活用表は、承接の関係よりも、動詞の語形変化そのものを記述することを第一義としているように見受けられる。田中義廉のように、最も多様な変化をする四段活用の「ア」「イ」「ウ」「エ」に合わせて第一から第四までしか序数を振らない立場に、そうした側面が特に強く表れている。

このような中にあって命令形は「命令法」と関連付けられて記述されている。だが、それはあくまでも活用の中に位置付けられるのではなく、「法」の体系においてである。前述したように、「法」は品詞分類の垣根を超えたカテゴリーとして記述されるため、近世期に命令形が活用表から排除されるきっかけとなっていた語尾

「よ」も、ここでは障害にならない。

しかしながらこの位置付けは、国学者たちが語分類や活用表とは別の概念カテゴリーであった「下知」に命令形を納めたのと、全く相似の関係にある。洋式文典においては、伝統文典ほど「四種の活の図」の影響が認められない。それにも関わらず五活用形の立場を取る活用表が相当数あるのは、「法」の体系に「命令法」があることによって、わざわざ活用表に組み込む必要が生じないためである。つまり、ある品詞に限定して関連付けることをせずに、活用表とは別個に「法」を記述し続ける限り、「命令法」は活用表の埒外に置かれ続けるのである。

「命令法」を記載した田中義廉の活用表は、「法」と「活用」とを関連付けた実現例の一つと見ることができよう。「作動の次第、法及び時限等を定むる」ものとして、「活用」の範囲を動詞単体だけでなく助動詞が下接した形式にまで広げて「法」と「活用」の範囲を合わせた。けれども、その活用表は依然として「動詞の変化図」で

133

第二部　命令形の学説史

あり、動詞の語形変化に限られたものであった。そのため、「第一転」から「第四転」の変化に対して統一的に「法」を反映させることができなかった。この点において田中の活用表は不徹底であり、課題を残したと言わざるを得ない。

五、大槻文彦「語法指南」の活用表

伝統文典、洋式文典、双方の明治初期の活用体系の記述について上述してきたが、これらと大槻文彦の記述との相違点について検討する。

大槻文彦が「語法指南」（明治二年）において表した活用表「動詞の語尾変化…法」の欄外には、従来の活用表とは、術語、「受るてにをは」の記載に関して相違がある旨を断る。

○此表ハ、従来用言活用図トテアルモノト八、名称次第甚ダ異ナル所アリ。又、旧図ニハ、各変化ニ連続スベキ助動詞、天爾遠波ヲ、一々各欄内ニ分載セルヲ、此図ニハ除ケリ。

（「語法指南」一六頁　挿入図）

活用形の名称が「第一変化」など序数詞を用いるのは決して新しい試みではないが、従来伝統文典でも洋式文典でも共通して用いられていた「四段活用」「下二段活用」など活用型の名称も序数詞を用いて「第一類」「第二類」に変えたのは、大槻の独創と認めて良いだろう。

活用表には伝統文典に確認したような「受るてにをは」が殆ど無く、唯一、接続助詞「ば」が「第三変化（已

134

第五章　続「命令形」考

然形」と「第四変化（未然形）」に表示される。四や表3で確認したように、明治前期においてテニヲハの記述が省略される場合、最後に残るのは推量の助動詞「む（ん）」であった。接続助詞「ば」だけを残すものは洋式文典においても無く、これも大槻にのみ見られる特徴である。ただし、田中義廉が未然形に対し「バに結合して接続法をなす」、已然形に対して「バ|ド|ドモに結合して接続法を示す」と言及しており、接続助詞「ば」を媒介に両活用形を接続法と関連付ける試みは既にある。

大槻は自身の術語として「活用」を用いず、「変化」と称する。しかしその内実は、従来のそれと変わらない。あくまで動詞そのものの語形変化を指し、「靡」の「る」も含む。

○語根、語尾、変化　動詞ハ、其動作ノ意ヲ、数様ニ現ハサムトシ、又ハ、他ノ語ニ連続セムトスルガ為ニ、其語ノ末ヲ変フ。例ヘバ、

ゆ—く　ゆ—け　ゆ—か　ゆ—き

まか—す　まか—する　まか—すれ　まか—せ

此ノゆ、又ハ、まか、ノ如ク、変ハラザル部ヲ、**語根**（Root）トイヒ、く、|け、|か、|き、又ハ、す、|す|る、|すれ、|せ、ノ如ク、変ハル部ヲ、**語尾**トイヒ、而シテ、其変ハルコトヲ、**変化**トイフ。又、一音ノ動詞ハ、其全体ヲ変フ。

（『語法指南』一八頁～）

その一方で大槻もまた、多くの洋式文典と同様に「法」を記述する。だが従来のそれと異なるのは、ラテン語の文法において助動詞などを加えずに動詞だけで「法」を表すことに倣い、「法」を動詞の働きとして捉え、助

135

第二部　命令形の学説史

動詞が下接するものを排除する点である。

Mood.トイフ語ヲ、辞書ニ拠リテ其意義ヲ求ムルニ、「動詞ノ変化ニ因リテ生ズル語気ノ態度ナリ、」ト、アリテ、一動詞ノ其語体ヲ変ジテ成ルモノナリ。

羅甸ノ動詞ニハ、直説法、可成法、(Potential)接続法、命令法、不定法、名詞法、分詞法、等アリテ、其法ハ、スベテ、一動詞ノ語体ノ具備スルモノニテ、其語体ヲ変ジナドシテ、能ク衆法ヲ現ハシ、他ノ助動詞ナド添ヘテ成ルニアラズ。

（『語法指南』三一頁）

従来、品詞分類の境界を超える範疇として記述されていた「法」が、このように厳密に動詞の範囲に限られたことによって、初めて「法」と伝統的な活用の概念とが重ね合わされる。大槻の活用表が「動詞の語尾変化…法」と題されることは、象徴的であると言えよう。これは語形変化表であると同時に、「法」の展開図なのである。

ただし『日本文典稿本』の段階では、活用表の欄は六つ用意されていても、「命令法」という文字だけは朱で加筆されたものであり、後に補足されたことがうかがえる。また、『語法指南』や『広日本文典』では、伝統的な形式に背いて最上段「第一変化」は終止形であったが、後に大槻文彦は『日本文法教科書』（明治三四年）の編纂にあたり、表の活用形の並び順を伝統的な順序に変更することを求められた。⑯それほどまで、近世期に形成された活用表の形式は深く浸透しており、強い影響力を持っていたのである。

136

六、まとめ

明治前期において、伝統文典、洋式文典、どちらにおいても命令形を積極的に活用表に加える必然性は見当たらない。こうした中にあって大槻文彦「語法指南」の活用表が従前の枠組みと決定的に異なるのは、「法」を動詞のはたらきと定め、伝統的「活用」と折衷させたことである。結果、活用表は「法」のパラダイムとなり、各種の「法」と各活用形とが対応し、「命令法」と命令形もぴたりと一致した。田中義廉の活用表にも「接続法」や「命令法」が記述されるが、品詞分類と「法」の範疇との対応を考える際、その不徹底さは否めない。それが大槻の活用表では解消されたわけである。

他方、洋式文典においても、また大槻の「語法指南」においても、国学に由来する伝統的な「活用」の概念と活用表の形式が根強く継承されていることが浮き彫りとなった。ただしこの形式も、当初の厳密さが薄れ、動詞の語形変化表として命令形を受け入れられるだけの状態にあったと言えよう。

大槻文彦の活用表は近世の伝統的形式を下敷きとして、伝統文典の側の水面下における変容と、洋式文典の「法」の記述の試みと実践に支えられている。その上で大槻は、活用表を「法」の表として折衷させ、春庭以来除外されることの多かった命令形を組み入れ、六活用形の体裁を整えたのである。

本論では、大槻の前提にある近世期および明治初期の活用研究を確認することで、伝統的な活用表の枠組みが根強く継承されていたことが改めて明らかになった。それに対して大槻や洋学者らがそれぞれどのように「法」を受容したのか、その諸相については、別稿にて論じたい。

注

（1）命令の意を表し、文を終止する活用形。歴史的に「仰」「使令」「命令法」などと称されてきたが、ここではその呼称や扱いに関わらず便宜的に「命令形」の語を用いる。体言と用言から除外された、いわゆる助詞、助動詞などの機能語に類する語群に対する語分類上の呼称としてテニヲハを用いる。

（2）山東（二〇〇二）、浅川（二〇一三）など。

（3）山東（二〇〇二）における明治前期の定義は「学制頒布期から学校令公布までのおおよそ明治五年から明治十九年頃（一〇六頁）」だが、本論ではそれよりもやや広い範囲を設定し、たとえば明治五年以前に刊行された文部省編輯寮『語彙別記』（明治四年刊）も対象に含めて考察を行った。しかし「明治前期の終わりについては後期へ受け継がれていくものとして、明確な切断を行うべき性質のものではないと思われる。（同上）」ともあり、本論で設定した範囲との相違は大きな問題とならないと考える。

（4）轟好道『てにをは辞言一覧』は、動詞の具体的用法全体を「こしかた（過去）」「いま（現在）」「ゆくすゑ（未来）」に分ける。「已然虚言」は否定の助動詞、「将至及言」は推量の助動詞などに接続するもの、「已然定言」はいわゆる連用形で、「未然疑言」は「てむ」「なむ」に接続する場合、「目前切言」は終止形と連体形にあたり、「目前感言」はそのうち「かな」に接続するもの、「目前察言」は「べし」などに接続するものを指す。

（5）『日本語学研究事典』など。

（6）服部（一九九八）。

（7）テニヲハが詳説されても、動詞の活用表においてはテニヲハの記述を省く文典もあり、両者が必ずしも対応するとは限らない。

（8）『語彙別記』には二種類の活用表が掲載され、一方は「四種の活の図」に酷似し、活用型によっては同形態の活用形を統一しているが、もう一方は全ての活用型について欄を五段つくる。前者は動詞の活用を示すことを目的にしており、後者はテニヲハの用い方を示すことを目的とするため、このような違いが現れている。

（9）佐藤誠実『語学指南』巻四 三十二丁裏〜。

（10）吉川楽平は富樫広蔭の門下生であった。

第五章　続「命令形」考

（11）『和語説略図聞書』其一（『義門研究資料集成』中、二〇五四頁）。

（12）「規則動詞」から除外される「不規則動詞」は、カ行変格活用、ク活用、シク活用である。だが、形容詞のカリ活用はカ行の規則動詞としている。

（13）服部（一九九八）では、落合直文のような「法や時制は動詞の問題としては捉らえておらず、その一部は、助詞・助動詞の意味の問題として記述」する立場を指摘するが、この期にはそうした文典はまだ見えない。

（14）『広日本文典』（明治三〇年）では、「四段活用」「上二段活用」「下二段活用」「上一段活用」に改称している。

（15）『広日本文典』では「活用」。

（16）『日本文法教科書』（明治三四年）下巻「おくがき」二頁。

──第二部補説──

第六章 「属」考──意味分類の試み──
<small>たぐひ</small>

一、はじめに

伝統的に「テニヲハ」或いは「テニハ」と称された語群は、いわゆる助詞、助動詞や、代名詞、副詞の類が広く含まれた。富士谷成章はそれらを取捨、整理して二つに分けた。和歌を人の身になぞらえ、代名詞や副詞を「挿頭」、助詞、助動詞などを「脚結」と新たに名付けた。『あゆひ抄』（安永七年刊）は、この「脚結」について詳述した書物である。
<small>かざし</small>
<small>あゆひ</small>

成章は、「脚結」に五種の下位分類「属」「家」「倫」「身」「隊」をおく。分類の基準は『あゆひ抄』巻頭「おほむね」に次のように述べられる。
<small>たぐひ</small> <small>いへ</small> <small>とも</small> <small>み</small> <small>つら</small>

今あゆひの心をとかむとするにまついつゝのまきをわかちしるべし・たくひにすふへきいつゝ・家にあつむへき十あまりこゝのつ・身にたとふへき十あまり二・つらにつらぬへきやつなり・たくひはその心をとりてすへたり・家はそのたくひをえらひてあつめたり・此二まきのあゆひはたゝちに名を

第二部　命令形の学説史

もうくへきかきり也・ともは其ことわりをもてよせたり・身は其立ゐすへきをたとへたり・つらは此ふたつに似て立ゐさるをつらねたり・この三まきは名をうくへからぬかきりなり・

（『あゆひ抄』「おほむね」上　二丁裏〜）

五つの巻は、「名」（体言）に接続しうるか否か、「立居」（この場合、活用）をするか否か、そして「心」「理」といった意味的規定の三点によって相互に定められる。具体的な「脚結」は、この下位項目として体系的に列挙されるわけである。しかし、「属」に限っては以下の断り書きが添えられる。

五属はもとより心えむたよりにかりにたてたり・かならすしもことあゆひにかはれるゆゑあるにあらす・さるゆゑに・やかなのたくひ疑詠願にわかちていたせれとも・もとよりおなし詞なれは・哥によりてはこなたかなたに心かよひてみゆるもあり・是あゆひのことわり也・うたかふへからす・

（『あゆひ抄』「おほむね」上　三丁裏）

「属」の下位分類である「咏」「疑」「願」「誂」「禁」五種の分類は、便宜上、仮に立てたものであると成章は述べる。たとえば「や」という「脚結」は「咏」にも「疑」にも掲出されているが、別個の「脚結」ではなく同一の「脚結」であって、歌の文脈によっては「咏」にも「疑」にも解釈できる場合がある、というわけである。だが「家」や「倫」など他の巻では、一つの「脚結」が複数のグループに跨って属することはない。また、この五種の命名法も他とは異なる。他の巻の下位組織は「曾家」「可倫」「氏身」「美隊」といったように、具体的な

第六章 「属」考

「脚結」そのものを名に冠する。しかし「属」だけは、「や属」「か属」などとは言わない。他の巻の形式に従う

なら、例えば「や属」のもとに「詠のや」「疑のや」などと用法が並ぶだろう。だがこの巻に限っては意味分類

的な下位組織をおき、「心えむたよりはかりにかりにたてたり」と、あえて暫定的な分類をするのである。こう

した特徴は「属」内部の分類の枠組みが他の巻と決定的に異なることを示唆しており、『あゆひ抄』全体の分類

原理を解釈する上で看過できない問題である。

『あゆひ抄』の分類原理について論じたものは川端（一九八九）があり、『あゆひ抄』全体の体系に対してゆき

とどいた考察が行われている。「属」についても情意性を持つ文構成に関わる「脚結」であることが指摘されて

おり、筆者の立場もこれに準ずるが、いくつかの点について考察の余地があると思われる。

第一に、川端氏は前述した「属」の特徴については詳述せず、他の四巻とは質的に異なるものとして「属」

を扱わない点である。川端（一九八九）でも右に述べたような分類項目の名称に着目する箇所があるが、焦点は

「倫」と「身」の関係であるため、「倫」が「可倫」など正訓字で命名され、「身」が「氏身」のように音仮名の

名を持つことに触れるにとどまる。また、五巻の相関関係に論点を置き、如何にして「属」が「家」と連続して

ゆくか、あるいは「倫」と相対するかといった観点で「属」の内容を考察するため、命名法や下位分類の方法の

観点から特別「属」について述べることはない。

第二に、川端（一九八九）は「あゆひ抄に脚結としてあげる具体の語に故意にかかわらず、大旨の表現それ自

体に即し、その論理構造を分析」することを大前提とする点である。これによって抽象的な次元での理論的枠組

みは示されたが、氏が触れなかった具体の語に迫り、分類体系を検証する必要がある。

そして第三に、同時期のテニヲハ書と比較するなど、学史的な背景から『あゆひ抄』の分類体系を再評価し位

143

第二部　命令形の学説史

置付けることである。同時期のテニヲハ書が語形からテニヲハを配列・分類するのに対して、『あゆひ抄』の体裁は特異である。また、「脚結」の分類体系は『あゆひ抄』内部で完結してはいるが、一方で、活用語の命令形の扱いや、過去の助動詞「き」を「来倫」と「之身」に分属することなど、当時のテニヲハ論の流れと全く無関係ではない部分も見られる。

本章のねらいは、主に右の第一・二の点を踏まえて、そもそも「属」とはどのような分類原理によって構成されているのかを問い直すことである。その上で、『あゆひ抄』とその背景にある近世後期のテニヲハ論を考察する足がかりとしたい。

二、「属(たぐひ)」の枠組み

富士谷成章は、独特の術語を用いる。語分類が人の身なりの比喩であったように、「家」「身」なども同種の連想によるものと想像される。「属」もまた、成章なりの必然性があって選ばれた名称と考えられるが、成章自身による解説が無いため、その意図を知ることはできない。「属」の下位分類である「咏」「疑」「願」「誂」「禁」も、やはり成章が推敲を重ねて定めた名目である。『稿本あゆひ抄』(以下『稿本』)と比較すると、「願」はもともと「欲」、「禁」は「諌」など、異なる名が用いられていることから、それがうかがえる。また「咏」や「誂」は成章以前のテニヲハ書で殆ど使われたことのない語であることからも、成章が術語の選択に意識的であったことを知ることができる。これらについては、息子御杖による『起情指揮』に類似の項目と語釈が見える。

144

第六章 「属」考

感 物事のふかく心にしみて他事も思はれす涙もおほえす出るはかりなるを云

禁 さやうにはすなさはおもふなななととむかふの物の事にも心にもあたりていましむる也

誂 かやうにせよかくおもへなとゝむかふの物の心にも事にもあたりてあつらふるを云

願 いかにもして我心におもふまゝにせむとねかひおもふ心也

疑 無下にしらぬ物をいかならんとうたかふもあり又はとふ心にもなる也とふ心もとしらぬ事をもとひ心に不落着なるを
落着しかねたるをうたかふもあり又むかふの物により半は我心にかうならんとおもへと
もとへは初の二ツの心をふくむとしるへし

（『富士谷成章全集』上 一一四三頁）

こうした御杖の説や「たくひはその心をとりてすへたり」という記述から、この「属」の分類は「心」[3]の在り方に着目
したものと考えられる。すなわち「五属」の類別は、便宜的なものとは言いつつも、富士谷成章の定めた詠歌に
おける心的態度の表現類型であると言えよう。[4]

「疑」のように成章以前のテニヲハ書に用例が見える語も、この「属」の下位項目として位置付けられること
によってそれまでとは異なる概念で用いられる。例えば他のテニヲハ書では「屋字有十品。一也屋、二疑心」
（『手爾葉大概抄』）のように「や」「か」の語義を称する場合や、「はねてにをは」即ち「む」「らむ」「けむ」の一[5]
例、それと共起する「や」「か」「何」「いつ」などを総称する場合など、幅広い。特に、個別の語義だけでなく
呼応現象に重点が置かれることは成章以前のテニヲハ書の特徴と言える。

てにをは秘伝等における疑の範疇は「らむ」と呼応する語群を取り出す形で始まり、疑問語（疑問代名詞・副

第二部　命令形の学説史

詞の類及びヤ・カ）がまず示され、これと呼応することで疑問表現が成立すると考えられた。（中略）疑は疑問
語と呼応している事が要件になっていたと考えられる。

（佐田二〇〇四　二〇〇頁〜）

これに対して、「属」では意味としての「疑」に主眼がある。「疑属」冒頭には、個別の「脚結」の解説に移る
前に「疑」について総説と言うべき一節がある。

凡疑のあゆひさま〴〵につきてよめと。そのもとはた〻「や」「か」のふたつなり「や」「か」ふたつなから
里言に【か】とあてたるによりてまとふ人おほし・（中略）すへて里言に【か】といふに【おもふか】とふ
か】のふたつあり【おもふか】は「か」にあたり【とふか】は「や」にあたれり・たとへは人の子を・をの
こか女こかといふは【おもふか】なり・又人に子はあるかなきかといふは【とふか】なり・とかくおもはれ
てさためかねたるをおもふといふ・むけにしらぬことをはとふといふ

（『あゆひ抄』巻二「疑属」一〇丁裏〜）

このように「疑」の中核を担う「脚結」を「や」「か」であるとし、両者の語義上の違いから説いてゆく。「疑
属」は心的態度としての「疑」であるため、「疑咏願にわかちていたせれとも・もとよりおなし詞なれは・哥に
よりてはこなたかなたに心かよひてみゆるもあり」(6)、「凡咏と疑はひとつなる事おほし」(7)、のように五種の「属」
は相互に連絡を持つこととなる。呼応現象が要件のひとつであった成章以前の「疑」では、あり得ないことであ
る。

とはいえ、先述したように語義としての「疑」が指摘されなかったわけではない。ただ大きく異なるのは、各

146

第六章　「属」考

語の語義・用法の記述の中で「疑」の心が指摘されても、表現上「や」「疑」と「か」のそれを関連付けて、両者を比較することはなかったという点である。『あゆひ抄』では次のような弁別がされる。

「か」はまさしくとふ詞によめるも「や」のことくひろく心みうたかふ詞にあらず．事のうたかひなき中に疑のましれるをよむ也．おほくは我かたにことわりをもちてとひ詰つめたる心なり．

（『あゆひ抄』巻一「疑属」一二丁表）

表現類型である「咏」「疑」「願」「誂」「禁」を枠組みとして個別の「脚結」を列挙するのは、意味分類の方法である。書物の体裁上、例えば「や」などの場合、成章以前の説き方では「咏」も「疑」も一つの項にまとめて列挙することができたが、『あゆひ抄』では「咏」「疑」それぞれ複数の項に「や」を立てなければならない。「おほむね」に「仮りに立てたり」と断りが添えられたのはこのためである。だがそのかわりに、それまで「疑」など一言で括られていただけの語義に、踏み込んだ解説を施すことが可能となった。

以上のように、「属」は表現者の心的態度を担う「脚結」からなり、その本領は、「脚結」の表現機能を重視して「脚結」を分類する点にある。

三、文法的な特徴

「属」は表現機能の記述に重点を置いた枠組みを持つことを前節に述べた。だが一方で、文法的な機能に着目

147

第二部　命令形の学説史

して「属」を点検すると、必ず文末に位置することができ、終助詞的に機能する「脚結」が集められていることがわかる。川端（一九八九）でも「必ず文末を構成」すると指摘し、さらに山田文法を踏まえて次のように整理する。

〈願（ねがひ）〉〈誂（あつらへ）〉〈禁（いさめ）〉に所属するものはA・希望喚体を構成する終助詞であり、〈疑（うたがひ）〉は、C・述体構成において疑問の文意味を形成する係助詞と終止用法とが尽して考えられている。

そして〈咏（ながめ）〉と呼ばれるものは先ず、B・感動喚体を構成する係助詞である。[8]

（川端一九八九）

いわゆる係助詞である「や」「か」、及び「ぞ」「こそ」も成章以前のテニヲハ書において等しく文末との呼応が指摘されていたが、『あゆひ抄』では前者は「属」、後者は「家」に分属される。その基準は心的態度の有無と解釈することが可能であるが、加えて文法機能的な面から、「属」には終助詞及び文末用法を持つ係助詞が収められたと言うこともできよう。一方で、「文中の用法だけをもつものを消極的に一括したのが〈家〉」（川端一九八九）というわけである。

例えば「疑属」「か」は、次のように文末用法と文中用法がきちんと区別された上で記述されていることが確認できる。

〔何か〕（中略）

秋の野の草のたもとか花すゝきほにいでゝまねく袖とみゆらん

第六章　「属」考

わかうへに露そおくなるあまの河とわたるふねのかいのしづくか。

（『あゆひ抄』巻一「疑属」一一丁裏）

〔何か何〕（中略）

まといひし秋もなかはになりぬるをたのめか置きし露はいかにそ
タカト思フ

いつのまにもみちしぬらん山さくらきのふか花のちるを惜しみし
タカト思フ

（『あゆひ抄』巻一「疑属」一二丁裏）

この両用法の掲載順序について、以下の二点を指摘することができよう。第一に、『あゆひ抄』における各〔脚結〕の用法の配列は、全編一貫して単純・基本的なものから複雑・周辺的な用法へ、という流れを持つことが指摘されているが(10)、ここにもその原則が適用されているという点である。〔脚結〕の基本的機能は、人の足元を飾るように語の下についてその表現を助けるところにあり、「か」について言えば、「何か」のような文末用法が「か」の中で最も〔脚結〕として簡潔かつ基本的な用法となる。一方「何か何」のような文中用法は、〔脚結〕の後に語を継いで初めて〔脚結〕の働きが成就する、文末用法よりも一段複雑な語法ということになる。

また、「属」の基本的機能は述部との呼応関係を要件とせず、心的表現態度に求められることを前節にも述べたが、改めて文末との呼応機能が二次的なものとして扱われることが確認できる。これが第二である。そのため、文中用法の「か」は「家」などに分属されることなく、文末用法の終助詞的な「か」と同じ「疑属」の中で言及されることになる。

「何か」から「何か何」というように、文末用法、文中用法の順で「か」の記述が行われるのはこうした理由からで、この点は「や」についても全く同様であり、「属」に所属する〔脚結〕は、文末に位置し終助詞的に働

第二部　命令形の学説史

く機能を必ず持つものとして集められていることが改めて確認できる。

四、表現機能の所在をめぐって

前節では、「属」は表現機能の観点によってのみ集められ分類されているわけではなく、文法的な機能にも基準があることを確認した。では、表現機能上「属」の性質を持ち、終助詞的に機能する「脚結」は、もれなく「属」に所属しているのだろうか。

『稿本』の段階では、「誂属」にあたる「欲詞」に「えぬき」という項が見える。これは用言の命令形に該当する。伝統的に用言の命令形語尾もテニヲハの範疇で取り上げられて、「下知」として処理されてきた。そうした背景を踏まえれば、「えぬき」を「脚結」とするのも成立しうる立場である。しかし最終的に成章は「えぬき」を「脚結」ではないと断じて削除した。刊本には、「よ」の語釈中にその言説が残る。

　すべてあつらへいふに事には麤なき詞をは目にふせてよむは常也．是はあゆひにあらねと．あつらへ詞のもと也

　　へよきてふけ　　へみかさと申せ　　へけふりたにたて　　へかをたに匂へ　　へ散かひくもれ　なと引哥におよはす．

（『あゆひ抄』巻一「誂属」二七丁表）

成章にとって、「えぬき」とは表現機能上は「属」であっても、用言から切り離すことのできない一語形であり、対して「脚結」とは、必要に応じて体言や用言に付けたり外したりして言表行為を補助する単位であったこ

150

第六章　「属」考

とも示唆している。また翻せば、「属」において表現機能による分類基準は非常に強く働いていたということでもある。

　先述したように成章は術語の使用に対して意識的であるため、「属」の五種類「咏」「疑」「願」「誂」「禁」が、ある「脚結」の一用法に名づけられたり語釈に使われたりする場合、「属」と何らかの類似性があると見なすことができる。以下に、「属」には含まれないがそのような表現が見え、かつ終助詞的に働く「脚結」について、検証する。

四―一、「ぞ」（「ぞ」家）

係助詞「ぞ」もまた文末用法を持つが、

　凡「そ」はそれ「こそ」はこれそれをつゝめたるあゆひなり．是をもとゝして見るに，みな事物を一すちにさしさためていふ詞也．
（『あゆひ抄』巻二「曾家」三丁表）

と説かれ、「心」の類型には含まれない。だが文末用法「何ぞ」には「詰むるぞ」「疑ふぞ」二つの用法があるとされ、特に後者は「疑」を名に冠し、『稿本』においては「属」に含まれたことが確認できる（表一）。

○第二「うたかふそ」といふ（中略）
こけむさはひろひもかへむさゝれ石のかすをみなとるよはひいくよぞ。

151

第二部　命令形の学説史

千とせふる松の下葉のいろつくはたかしからみにかけてかへすぞ〴〵

（『あゆひ抄』巻二「曾家」四丁表〜）

「疑ふぞ」の用法に特徴的なのは、必ず疑いの「挿頭」を承ける点である。すなわち証歌にあるとおり、「誰」「何」「いづこ」などの疑問語、不定語を必ず受けて用いられるということである。三節に述べたように、『あゆひ抄』は配列上、基本的用法を第一に置く。「疑挿頭」に承接する用法は、「ぞ」の中で限定的なものであり、「第二」とされるのはそのためでもある。また指し定めるという「ぞ」の働きにおいて、「疑」は疑いの「挿頭」があって初めて生じる。つまり「疑」の要素は疑いの「挿頭」にあり、「ぞ」そのものが担うのではない。そうした位置付けの結果、「ぞ家」にまとめられ、「属」からは外されたのであろうと考えられる。

表1 「疑属」「疑詞」対照表

疑属（刊本）	疑詞（『稿本』）
何か	何か
	ながめのか
	何かとすれば
何がに	何がに
何か何	何か何ん
	何か何し
	疑挿頭か何
	疑挿頭か何ん
何かは	何かは
何かは何	何は何かは
	疑挿頭かは何
	疑挿頭かは何ん
何かも	何かも
	ながめのかも
何かも何	中のかも
	もかも何
	疑挿頭かも何
	疑挿頭しかも何
何かや	疑挿頭とかや
何や	うたがひのや
何や何	何や疑挿頭
伏や	何や名
	何や何
	何や何ん
	何や何まし
何やは	何やは
何やは何	何やは名に
何やぞ	**疑挿頭ぞ**
	疑挿頭ぞや
	疑挿頭ぞも
	疑挿頭ぞは
	何らんやぞ

四—二、「かし」（「かし隊」）

「かし」の語義解釈には総論として「ことわりにまかせたる事をいひて．人に思はせたる詞也」⑿とある。その

152

第六章　「属」考

第一例「見るかし」[13]に限って、「あつらふる心のうちに、ことわりをもて人をうこかすこゝろ也」[14]と、「誂」の心が認められている。

○第一「見るかし」（中略）

とめこかし梅さかりなるわかやとをうときも人はをりにこそよれ（キタガヨイハサテ）

いきてよもあすまて人はつらからし此ゆふこれをとはゝとへかし（ブタガヨイハサテ）

『あゆひ抄』巻五「介隊」二五丁表〜

○第二（中略）「末かし」といふ・（中略）

たもとよりはなれて玉をつゝまめやこれなむそれとうつせみんかし（ユ・ハサテ）

たつねぬはおもひしみわの山そかしわすれねもとのつらき面かけ（ギヤハサテ）

『あゆひ抄』巻五「介隊」二五丁裏〜

両者の証歌にある里言を比較すると、「さて」と言って相手に判断を委ねる態度は共通するが、前者の「〜ガヨイ（〜するのが良い）」という表現に、婉曲な「誂」を表していると見られる。

第一例は、用言の命令形、あるいは「誂属」の「脚結」に承接するとされる。一方、第二例「末かし」は、用言の終止形や「脚結」に承接するという違いがある。命令形や「誂属」に承接する場合にだけ、「あつらふる心」があるとされるのだ。先述したように、用言の命令形は「あつらへ詞のもと也」とされ、表現機能上は「誂属」である。つまり、「見るかし」の「あつらふる心」を積極的に担っているのは前要素の「誂属」や用言の命令形であって、「かし」それだけでは「誂」とはなりえない。このような判断から、「かし」は「属」から除外される

第二部　命令形の学説史

のである。

　以上の例は、限定的な用法において「属」の性質を持つ。しかしその性質は「疑挿頭」や「誂属」など他の要素によるところが大きく、それ無しには「属」たり得ない。前節までに述べた条件に加え、他の要素に頼らず心的態度を表現する機能を担うことが、「属」の条件であると考えられる。

五、おわりに

　「属」は、「おほむね」には「その心をとりてすへたり」とされた。その一言に尽くされた「属」の原理とは、意味分類の方法で心的態度の表現類型を枠組みに据えて「脚結」を分類することである。一方で、文法的機能面でも厳格な基準があり、文末に位置して終助詞的に機能し、単独でも表現者の心的態度を表すことができることが「属」の条件であることが確認できた。

　「属」内部の構成は『あゆひ抄』においても異質であった。つまり、他の巻には「属」とは異なった原理による内部分類の枠組みが用意されているということを示唆している。以下、「家」「倫」「身」「隊」各巻の論考は、今後の課題としたい。

154

注

（1）例えば、雀部信頼『氏邇乎波義慣鈔』（宝暦十年序）はテニヲハの末音節、村上織部『古今集和歌助辞分類』『てには網引綱』（明和七年）（明和六年）は頭音節を基準に、五十音図に従ってテニヲハを配列する。また栂井道敏『てには網引綱』のもとに「て」のもとに「にて」「とて」「して」「を」「物を」「てを」「にを」「しを」「を」を立項するなど、いずれも「属」に見られるような意味による上位分類を行わない。

（2）「誂属」に属する「や」の中には間投助詞も見られるが、間投助詞は用例によって終助詞と判別することが難しいものもあるため、本論では終助詞と併せて扱うこととする。また、「誂属」には完了の助動詞「ぬ」の命令形「ね」が立項されるが、これについては第四章で論じた。

（3）川端（一九八九）では「心」を、「倫」を規定する「理」と対置する。即ち、心的態度を「心」、事象に対する理性的な認識態度を「理」と解釈する。

（4）「属」に示された類型は富士谷成章独自のモデルではあるが、例えば渡辺（一九七四）に示される陳述の類型に対応する。疑問文は「疑」、感動文は「詠」、命令文は「願」「誂」「禁」に対応すると考えられる。なお平叙文に対応する「属」が無いのは、「属」が歌の表現形式を前提としているためである。

（5）「上にうたかひのかなを、きてはぬるは　やか　かは　かも　なに　なそ　なと　いく　いつち　いつ　かに　いかて　いかなる　たれ　いつれ　いふ　うたかひのかなを、きてはぬる也。」（『春樹顕秘増抄』）

（6）『あゆひ抄』「おほむね」上、三丁裏。

（7）『あゆひ抄』巻一、二丁表。

（8）川端氏は、上代語における係用法を認め、これらを係助詞であるとする。

（9）注2参照。

（10）竹岡（一九七一）など。

（11）本章で問題とすることを、川端（一九八九）では特別言及しない。川端氏は「成章の処理には逆いつつ」と述べながら、「近江の海沖つ白波立ちしのびて君が言待つ吾序」（万葉二四四〇）などを例に引いて、「ぞ」の文末用法を「感動喚体」とし「ことがらを決定的に対象化する」意味において「すべての〈属〉の論理的基礎」であり、「属」に所属すべき「脚結」であるとする。けれども結果的に、「ぞ」は〈詠〉をはじめとする〈属〉の

第二部　命令形の学説史

諸意味に対して、現象としての情意性は明らかに稀薄」であり、対して述体を構成する係用法において正当に「家」に所属することから「属」ではなく「家」にとどめられるのだと解釈する。つまり、川端氏は「属」の資格を有しながら「家」に所属するものとして「ぞ」を位置付けるのである。このような解釈においては「疑ふぞ」が「属」に含まれた事実は当然であり問題とはならないであろう。

〔12〕『あゆひ抄』巻五「介隊」、二五丁表。

〔13〕用言の命令形を、『あゆひ抄』では「目（めのまへ）」とも称することから、命令形に接続する用法をこのように名付けたと推察される。

〔14〕『あゆひ抄』巻五「介隊」、二五丁裏。

156

第三部　八衢の系譜

第七章　黒川真頼の活用研究と草稿「語学雑図」

一、はじめに

　黒川真頼（文政一二年～明治三九年）は黒川春村門下の国学者である。文部省編輯寮『語彙』の編纂に携わり、大槻文彦とも関わりがあるなど、国語学史上、看過することのできない人物である。本章では、未発表資料である黒川真頼の草稿「語学雑図」（東京大学国語研究室所蔵）を紹介し、その学史的価値について論じる。

　これまで、黒川真頼の日本語研究については、大槻文彦以前に国学と洋学の折衷を試みた一例であることを指摘する近藤（一九九四）や、品詞論と術語の観点から取り上げた浜口（二〇一三）などの研究がある。真頼に限らず、文法研究における折衷の問題を考える際には、洋学からの影響を取り上げる一方で、国学の枠組みが果たした役割についてもひとしく考える必要がある。

　特に真頼の場合は、洋式文典がある一方で、国学風の著作がある。これらは、それぞれ有機的に彼の学問を構成するものであり、緊密に関係しあう可能性がある。他の文典を扱うように、表層的な特徴から形式的に洋式文典と伝統文典に系統立てて分類すると、真頼の学問を引き裂き、一面的な評価に終始しかねない。その前にまず、

伝統的国学の立場を視野に入れた文法学説の全容を明らかにする必要があるのである。

また従来、真頼の文法研究が等閑視されてきたのは、真頼の学説の独自性はともかくとして、その存在が研究史に大きな変更を与えず、現代の文法論にも影響を及ぼさないと判断されてきたためでもあると察する。しかしながら、たとえ現代へ直接に繋がるものではなくとも、その時代において影響を及ぼしうる位置を占めていたのならば、その実態を確認し、当時果たした役割を明らかにするべきであろう。黒川真頼はまさしくそのような存在である。

黒川真頼の文法研究に関する事績は、刊本については各地の図書館に複数確認でき、未刊本についても概ね『黒川真頼全集』で内容を参照することができる。だが、その原本や草稿の多くは現在所在を確認することができない[1]。このような事情から、本章で紹介する「語学雑図」は残存する数少ない黒川真頼の草稿として価値のある資料と言えよう。

本章では内容を中心に紹介し、変更箇所などを手がかりに、草稿の成立時期を推定して真頼の活用研究の中に位置付ける。考察に関わるもの以外の書誌情報は、附録「黒川文庫 小型本 調査報告」を参照されたい。

以上の手続きを経たうえで、『語彙別記』『語彙活語指掌』などとの関連から、国語学史上の黒川真頼の評価について再検討する。

二、黒川真頼の国語研究の活動

草稿の成立時期を推定する準備として、黒川真頼の事績を整理しておく。これは、真頼がどのような時期にど

第七章　黒川真頼の活用研究と草稿「語学雑図」

のような活動をしていたか傾向を把握するための補助線とするべく行ったものである。真頼の略歴と語学に関す
る活動を整理し、全集や刊本で確認できる資料を勘案すると、仮に、次の三期に分けることができる（表1）。そ
してこの三期とは別に、全ての時期に関わる活用表『詞の栞』の関連資料をまとめた。

■第一期‥明治六年頃まで（文法学説の原型が成立）

　『日本文典大意』（明治五年成）、『日本小文典』（明治五年成）、

　『日本文典初歩』（明治六年成）、『日本文章法初歩』（明治六年成）、『皇国文典初学』（明治六年刊）

■第二期‥明治一六年頃まで（停滞期）

　『もこそ問答』（明治一三年成）、『玉の緒変格弁』（明治一六年刊）

■第三期‥明治一七年以降（『詞の栞』講義開始時期、完成期）

■活用表『詞の栞』関連資料

　草稿『詞の栞』、原刻『詞の栞』、再刻『詞の栞』の三種（成立年不明）、およびその解説書である『詞乃栞打
聴』（明治二三年刊）

　第一期は、大学に出仕し、語彙局勤務を命ぜられるなど、公的な立場で語学研究にあたっていた時期である。
この期に成立した資料のうち、最も充実した内容を擁するのは『日本小文典』である。これらの特徴は、九ま
たは十の品詞を備え、活用形や助詞・助動詞を伴った形式に各種の法をあてはめて説くなど、洋文典の枠組みに

161

第三部　八衢の系譜

表1　黒川真頼略年譜

元号	年	年齢	できごと		関係するできごと
文政	12	1	11月12日出生		
天保	12	13	黒川春村に入門		
慶応	2	38	12月　黒川春村逝去、黒川家を継ぐ	【第一期】	
明治	3	42	7月　語箋編集を命ぜられる		
	4	43	7月　語彙局勤務を命ぜられる		
			9月　『語彙別記』『語彙活語指掌』刊行		
	5	44	3月　『日本文典大意』成立		
			10月　『日本小文典』成立		
	6	45	5月　『日本文典初歩』『日本文章法初歩』成立		中根淑『日本文典』刊行
			『皇国文典初学』刊行		
	7	46	6月　木村正辞と分担して国史案編纂開始(9年成)		
	8	47	6月　佐藤誠実『語学指南』の序文を執筆		
	9				文法会発足
	10	49	9月　『工芸志料』七巻編纂(12月成)	【第二期】	
	11	50	文法会参加(計8回)		
	12	51	文法会参加(計8回)※注1		佐藤誠実『語学指南』刊行
	13	52	7月　『もこそ問答』成立		
			13〜5年頃、博物館に関する業務に携わる		
	15				大槻文彦『日本文典』成立
	16	55	12月　『玉の緒変格弁』刊行		
	17	56	3月　詞の栞講義開始		
	19	58	3月　詞の栞講義終了		
			講義終了後もたびたび文法の講筵を開く※注2		
			(大槻文彦、関根正直ら列席)		
	22			【第三期】	大槻文彦「語法指南(日本文典摘録)」
	23	62	8月　『詞乃栞打聴』刊行		
	30				大槻文彦『広日本文典』刊行
	39	78	8月29日逝去		

※注1　小岩（2005）
※注2　覚（1928）

第七章　黒川真頼の活用研究と草稿「語学雑図」

則っている点である。

第二期とした明治七〜一六年は、職務上、語学の仕事を離れ、歴史書の編纂や、博物館業務に従事した時期である。そのかたわら、明治一一年から二年間に亘り、大槻文彦の文法会に参加する。また明治一六年には『玉の緒変格弁』がまとめられるなど、細々とした活動の痕跡が認められる。第二期に成立した著作は、第一期のような文典としての体系立った体裁を備えておらず、『詞玉緒』や『詞八衢』の記述を引きながら、種々の助辞について伝統的な国学の枠組みに則って解説するものである。

明治一七年以降も、相変わらず公的な職務自体は語学研究と直接関係しない。だが、明治一七年三月に『詞の栞』の講義を始めたことをもって、以降を第三期と定めた。後に『詞乃栞打聴』としてまとめられる講義であり、真頼が学問の集大成を行った時期であると考えるためである。この講義には、大槻文彦、関根正直ら、後に日本語学や国語教育に関して多大な影響力を持つ人々も出席していた。

こうした動向がある一方、活用表『詞の栞』は、どの時期にも伏流のように常に存在し続ける存在である。そのため、他の資料とは区別して扱う。

『詞の栞』は一枚刷りの畳物で、原刻版と再刻版の二種類がある。これらに加えて、東京大学国語研究室には草稿があり、計三種類の資料から変遷過程を辿ることができる。国学風の活用表だが、第一期に成立した『日本文典大意』『日本小文典』にも、これらとほとんど同一の図表が見える。『詞の栞』と第一期成立資料との相違点は、術語や、各活用形に対して割り振られた「直説法」などの法の記述で、基本的な枠組みは一致している。

このことから、『詞の栞』の原型は第一期のかなり早い時期に出来上がっており、ほとんど形を変えることなく、常に真頼の学説の基底にあったと考えられる。

163

第三部　八衢の系譜

三、資料の概要

本章で紹介する資料「語学雑図」とは、『黒川文庫目録』所載の「語学雑図」を指す。黒川文庫のうち「語学」[辞書]部門に分類されていた資料は、一誠堂書店を経て、現在東京大学国語研究室に収められている。そのうち小型本の中にある次の四点の資料が、この「語学雑図」に該当する。[6]次の書名は、原則『東京大学文学部国語研究室所蔵古写本・古刊本目録』に拠る。もと「語学雑図」として一括して管理されていたものが、移管の過程で小分けにされたものと察する。

(A)［俗解雑図］[7]（写本　六通）

①用言の活用表、②助動詞・形容詞語尾の俗語訳メモ、③「行く」を例に、テニヲハ類の接続を展開させた図、④「来」「為」「就」などの音義的な俗語訳、⑤完了「ぬ」の俗語訳などのメモ、⑥打消「ず」の俗語訳などのメモ

(B)『詞のやちまたのしをり』（写本　四通）【図版1～4】

①～④、四点全て用言の活用表。[8]

①には「金子真頼」、②には「黒河真頼」の署名がある。[9]

(C)『新撰てにをはのやちまた』（写本　七通）【図版5】

テニヲハ類を承接する活用形によって「第一階」から「第五階」に分類した上で、各助動詞の活用を示したもの。原則、終止形・連体形・已然形の三段で構成されている。これは『てにをは紐鏡』のような係結びの

164

第七章　黒川真頼の活用研究と草稿「語学雑図」

三転に準拠するものと思われる。形容詞カリ活用の図と、「第一階」から「第五階」全てのテニヲハ類を統合した一覧図もある。

（D）『辞の栞』（写本　八通）【図版6】

（C）と同じくテニヲハ類の活用表。こちらは原則五活用形。「ずの属」「むの属」などの上位分類と「ず」「じ」「ざらむ」「ざらまし」、「む」「まし」などの下位分類が備えられ、（C）が整理されたものであることがわかる。

これらは活用表『詞の栞』との関連を強く示唆しており、中でも用言の活用表である（A）①や（B）四点は、活用表『詞の栞』との連続性が認められる。先述したように、『詞の栞』には草稿、原刻、再刻の三種ある。

これら三種の変更点が（B）に関与しないことから、（B）の成立は『詞の栞』の前か後と考えられる。さらに、再刻『詞の栞』が第三期にも用いられてゆくことから、（B）の成立は草稿『詞の栞』の成立より早く、（B）に改訂を加えたのが『詞の栞』であると推定される。

また、用言の活用研究と連動してテニヲハ類の研究が相当の厚みをもって行われていたことも確認できる。

（D）『辞の栞』は刊行こそされなかったが、題名、体裁ともに『詞の栞』の対として構想されていたことは想像に難くない。（C）（D）はテニヲハの図表であるが、用言の活用体系に準じて表が展開しており、それに対して用言の活用表には常に後接するテニヲハが書き込まれ、テニヲハを分析した結果が反映されている。両者は相互に依拠しあう関係にあり、用言の活用研究とテニヲハの研究とは、ほぼ同時期に並行して編成され、改変を重ねられたのだと推察できる。

165

第三部　八衢の系譜

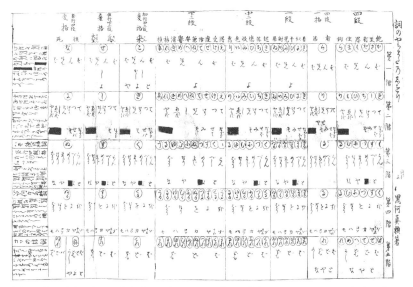

図版1　詞のやちまたのしをり①　4通のうち、最初に成立したと思われる図。左下に「金子真頼編輯」（注8参照）とある。ラ行変格活用の欄はまだ無い。

図版2　詞のやちまたのしをり②　4通のうち、2番目に成立したと思われる図。右下に「黒河真頼著」とある。第二・三階の欄に、テニヲハを墨で消して整理した痕が見える。

166

第七章　黒川真頼の活用研究と草稿「語学雑図」

図版3　詞のやちまたのしをり③　4通のうち、3番目に成立したと思われる図。②にはあった小紙片の切り貼りが無く、墨による訂正のみにとどまる。

図版4　詞のやちまたのしをり④　この図のみ形容詞の記述があり、紙質が他の3通と異なる。小紙片による訂正箇所が多数ある。

167

第三部　八衢の系譜

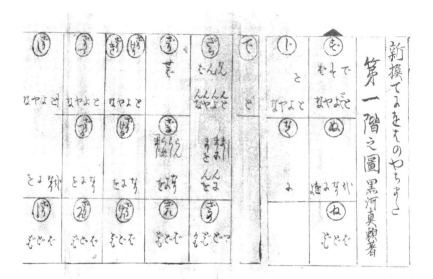

図版5　新撰てにをはのやちまた　「第一階之図」冒頭部分。ここでの「第一階」とは、第一階（未然形）に接続するテニヲハを指す。

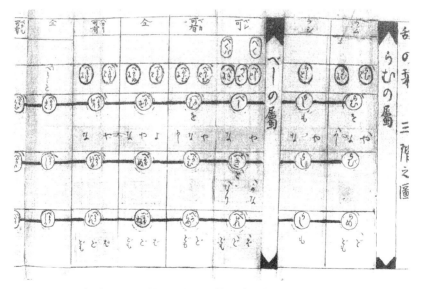

図版6　辞の栞　「三階之図」冒頭部分。第三階（終止形）に接続するテニヲハの活用表。

第七章　黒川真頼の活用研究と草稿「語学雑図」

四、資料の成立時期

草稿「語学雑図」とその他の資料を比較し、特に大きな変更箇所と思われるのは、①終止形を表す術語、②表中のラ行変格活用の配置、以上の二点である。これらに注目し、成立時期の推定を試みた。

なお、『語彙別記』『語彙活語指掌』（明治四年）には、「階」「終止言」「良行四段一格」など、多くの共通点が見受けられる。真頼がこの編集者の一人であったことを考慮し、仮に真頼の著作に準ずるものとして、考察に含めた。

四―一、変更点①――「断止言」から「終止言」へ――

（B）①の図は、「金子真頼」の署名から慶応二年以前のものだと推定されるが、終止形にあたる活用形を「断止言」と称している。一方、明治二四年の『詞之栞打聴』では「終止言」とある。活用表『詞の栞』も、草稿と原刻は「断止言」だが再刻は「終止言」となっており、ある時点で改変されたことがわかる。

刊行物における「終止言」の初出は、管見の限り文部省編輯寮『語彙別記』『語彙活語指掌』（明治四年刊）である。ここに編者の一人として真頼が関与していたことを考慮すると、この時期すでに真頼もこの術語を共有していたと考えられる。のみならず、『詞乃栞打聴』の記述からは、積極的にこの名号を採用したこともうかがわれる。

次に終止言は、いひはてゝ止む詞なり、先達は截断言といへり、是は若狭の義門が名付けしなり、然れども、これは強ひて截るに非ずして、自然にきるゝ意なり、充当ならず、其のゆゑは天地の間のもの皆始〳終ありあり、これは強ひて截るに非ずして、自然にきるゝ意なり、

第三部　八衢の系譜

たとへば繰溜たる糸を巻かむに、まき終へて止むが如し、故に今終止と改めたり、
（『詞乃栞打聴』五丁表〜）

これらのことから、「終止言」への改変は遅くとも明治四年頃までと考えられ、すなわち「断止言」が見える
原刻『詞の栞』成立の上限は明治四年まで遡ることができよう。[13]

四―二、変更点②――ラ行変格活用の配置――

『日本小文典』（明治五年序）や『詞之栞打聴』（明治二四年刊）は、ラ行変格活用型動詞をナ行変格活用と形容詞
の間に配置する。一方、（B）②〜④は、ラ行変格活用を四段活用と上一段活用の間に配置する【図版2】。明
治五年の時点で決定した配置をその後変えなかったとするならば、（B）は明治五年以前に成立したと考えられ
る。さらに、『語彙別記』『語彙活語指掌』もまた「良行四段一格」の名称で、ラ行変格活用をナ行変格活用の後
に配置していることを考え合わせると、改変時期の上限は明治四年となる。

このラ行変格活用の配置は、次のような意図で行われた。

又良行四段一格といふ活用あり、［詞の八衢、ら行四段の條に云く、右に挙たる詞の中に、有居の二つい
さゝか異なり云々、又義門法師も和語説略図に、有の一格をおきたり、］此の一軒は作用言なれど、用ゐや
うに因りては形状言となるなり、故に此の良行四段一格の一軒は、作用言と形状言との間に置きたり
（『詞乃栞打聴』三丁表〜）

170

第七章　黒川真頼の活用研究と草稿「語学雑図」

ここでの「用ゐやう」が、具体的に何を指すのか明らかではないが、図表上、ラ行変格活用と形容詞ク活用の間に形容詞カリ活用の欄を置くことから、形容詞カリ活用を形成するなどの形態的な点に着目していることがうかがえる。また義門『和語説略図』ではラ行変格活用を「形状ノコトバ」とするが、それについても言及があることから、意味のうえでも形容詞に類する性質を持つことは心得ていたと考えられる。こうした判断が、第二期に覆るとは考えがたい。

以上を勘案し、活用表の変遷をまとめたものが章末の表2である。

五、改変の意義

「終止言」への改変は、活用形の用法と名号との齟齬を押さえる意図が読み取れる。真頼は当初、富樫広蔭に由来する「断止言」を用いており、『詞乃栞打聴』では義門の「截断言」を引き合いに出している。少なくともそれらの中に真頼の是とする表現は無く、そのため「終止」という語を創成した。そもそも、『詞の栞』の源流である本居春庭『詞八衢』では、活用形に名称を付けない。これに初めて名を付けたのは、義門である。

兎角名目ニシテ言ズクナニセネハ弁ヘ難キ故将然言ト名目ニ付タノテサテコレカラ末ノコトヲ云ノチヤニヨテ未然言トモ将然言トモ云一隅ヲ挙テ三隅ヲ示ス

（『和語説略図聞書』集成　二〇五四頁）

171

第三部　八衢の系譜

是ハ本居玉緒ニキル、言く、ト申メアル、ソレヲ将然連用トオノく、二字ノ名ナルニ字数ヲ合セテ一箇ノ
名目ニシタイト存ス　是又切レルト云字数多アル中敬所松本両家ヘ相談ノ上截断ト名ケタノナリ　トキニ截断
ト云ハ言カ切レテヰスワリ止ルコト

　　　　　　　　　　　　　　　　　　　　　　　　　　　　　　　　　　　（『和語説略図聞書』集成　二〇五五頁）

　右の証言からは、適当な名をひとつに決め難くとも、ある用法で活用形の名を代表させ便宜をはかろうという
意図が読み取れる。だが、ある術語を定めると、異論や誤解を招く。「截断言」も、数ある「切れる」という意
味合いの言葉の中から選ばれたようだが、真頼はこの字面を「強ひて截るに非ずして、自然にきる、意」を表す
には不足とした。そしてより穏当な「終止」という表現を導き出したのである。

　春庭の「名称不定」の状態には「言ズクナニセネハ弁へ難き」という弊害がある。一方で、特定の名号を与え
ることもまた、このような弊害を伴う。真頼はこの点において、義門の行き方に沿い、より適切な術語への改変
を行ったのである。

　一方、ラ行変格活用の配置もまた、義門の立場に沿うものである。

　本居春庭は、ラ行変格活用に独立した項を立てず、図も掲げない。ラ行四段活用の項目において「右に挙たる
詞の中に有居の二ッいさ、かことなり」（『詞八衢』下巻、四〇丁表）と触れ、助辞の承接を解説するだけである。そ
れに対し、義門『和語説略図』は『形状ノコトバ』として形容詞と同じ枠組みに置く。これを比較すると、真頼
の「用ゐやうに因りては形状言となるなり」（『詞乃栞打聴』三丁表）とする立場は、義門にならうものと言えよう。

　総じて真頼が行った二点の改変は、春庭の行き方ではなく、義門の立場に沿って行われたのである。

172

第七章　黒川真頼の活用研究と草稿「語学雑図」

六、文部省編輯寮における位置付け

既に触れたように、『語彙別記』『語彙活語指掌』と真頼の文法学説には共通点がある。ラ行変格活用を示す「良行四段一格」、終止形にあたる「終止言」、活用形を表す「階」などが、主なものである。

これを単純に刊行時期の前後関係で考えれば、まず先に文部省編輯寮で文法の枠組みが作られ、それを黒川真頼が引き継ぎ個人の見解を加えて展開させた、という筋書きになるだろう。だが、本章で取り上げた「語学雑図」には、活用体系を整理するにあたって試行錯誤した痕跡が見え、真頼が出来合いの枠組みを下地にして体系を組み立てたとは考え難い。加えて、『語彙別記』『語彙活語指掌』の編者の中には、横山由清に用言の自他を図表化した『活語自他捷覧』（安政四年刊）があるばかりで、他にまとまった日本語文典を著した者はいない。黒川真頼は一編者に過ぎないが、ただ一人、彼にのみ、個人名義で刊行された文典があることは特筆すべき点である。

以上のことから少なくとも現段階で言えるのは、この時期、文部省編輯寮に関わる人々の間で、これらの術語と文法の枠組みが共有されていたということである。真頼の意見が反映されたのか、それとも真頼が編輯寮の方針に足並みを揃えたのか、判断は難しい。けれども、黒川真頼が理論的な下支えをしていたと考えるのは、必ずしも牽強ではないだろう。

七、まとめ

草稿「語学雑図」により、真頼の語学研究の背景には伝統的国学の流れがあることが改めて明らかになった。

173

第三部　八衢の系譜

従来、真頼の語学研究といえば、おもに洋式文典が取り上げられてきた。だがそれも、このような背景を加味したうえで改めて検討される余地があろう。彼が第一期に著した洋式文典は、これら一連の資料の中にあってはむしろ異質な存在であり、想像をたくましくすれば、職責上の要請に応じて編まれた可能性も考えられるのである[15]。

また当該資料によって、真頼の文法学説が文部省編輯寮において一定の影響力があったことが示唆された。真頼が当時果たした役割についても、今後再評価されることを期待する。

本章の趣旨は、草稿『語学雑図』の紹介と成立時期の推定であるため、今回その学問的な内容には踏み込まなかった。だが、推定の手がかりに用いた事柄は、諸種の問題をはらんでいることを付言しておく。

ラ行変格活用の配置変換は、図表における表面的な問題にとどまらず、品詞分類上の位置付けに関わる問題である。前述したように、学史上、ラ行変格活用は本居春庭『詞八衢』においてラ行四段活用の変種とされた。それを独立させ、形容詞に隣接する存在として配置するのは、義門である。真頼の資料はそのような学史的展開をなぞるものであり、ラ行変格活用を動詞と形容詞のどちらに類するものと捉えるかを反映している。また「終止言」は、活用形「階」の規定との整合性において問題が生じたことが見受けられる。注四に触れたラ行変格活用がその代表である。

形態的な語形変化、接続の様相、各活用形の用法などを弁別し整理して示す試みを、ここに見て取ることができよう。これは大槻文彦にも通じる問題として注目に値する。こうした事柄については、稿を改めて考察を行いたい。

174

第七章　黒川真頼の活用研究と草稿「語学雑図」

※『詞乃栞打聴』は架蔵本を底本とし、『詞の栞』『語彙別記』『語彙活語指掌』は早稲田大学蔵本、国立国会図書館蔵本を参照した。また、引用に際して、現行の字体に改めた。

注

（1）『黒川文庫目録』では、関東大震災の後に資料を照合し、確認が取れたものに「レ」印を付けている。『黒川文庫目録』の「語学」及び「家書」部門には、全集収録の未刊本やその稿本と思しき書目が確認できるが、いずれも「レ」印が無く、このことから震災後の資料照合の際には失われていたのだと考えられる。

（2）小岩（二〇〇五）。

（3）『真頼翁は『詞の栞』の講筵の後にも、たび〜文法の講筵を開かれた。大槻博士は、この文法の講筵にはしばく〜列せられた。（中略）ある時、大槻博士が関根博士に向つて、「黒川さんの御宅には文法の材料が多くてよい。近日また文法狂が黒川さんの御宅で会合しで議論でもしようぢやありませんか」など〜云はれたことがあつた。

博士は、真頼翁の文法に関する知識の豊富なのにいたく心を引きつけられてゐた様であつた。しかしそれは真頼翁の糟粕を嘗めようためではなく、寧ろ博士独自の体系の中へ真頼翁の知識を材料として摂取しようためであつた。真頼翁が「これは将然言だ、これは連用言だ、終止言であることは昔から定まつてゐる」と、「八また」式文法を頭からきめてかゝつたに反して、博士は、将然前提法だの、直説法だのと、西洋文典の組織をふりまはしたものであつた」寛（一九二八）。

（4）草稿には、他の二種には無い凡例や解説文、跋文などがある。図表そのものは原刻どおりであり、出版前の最終稿であると察せられる。原刻と再刻との主な相違点は、終止形を表す術語が「断止言」から「終止言」になつたこと、終止形に該当する欄において、ラ行変格活用の記述を「る」から「り」にしたことである。『詞乃栞打聴』掲載の図表は、再刻『詞の栞』と全く一致する。

（5）計五一点、六箱の桐製の箱に分けて収められる。資料の形態は薄い折本、畳物である。ほぼ全ての資料に簽で番号が付され、『黒川文庫目録』と照らし合わせたところ、「便宜的に、書名の頭に漢字平数字で通し番号を付した」（柴田二〇〇〇「凡例」）とされる番号（つまり、「十」「百」などを用いず「一一」などと表記された漢数字

（6）の番号）と概ね一致した。

（7）「語学雑図」は「三十八」の番号が振られており、「三十八〔共二十一〕」の簽が貼られた（A）〜（D）の資料がこれに該当することがわかる。

（8）〔俗解雑図〕のみ『東京大学文学部国語研究室所蔵古写本・古刊本目録』に記載が無かったため、仮の呼称として〔　〕内に示す。

（9）（B）は署名や書入れを手掛かりに成立順序を推定して番号を付けた。
黒川（一九一九）に、慶応二年、「春村翁夏の頃より病に罹り秋に至りて病重し、春村翁の請いにより、師家を嗣ぐこととなりぬ」とある。春村には男の実子が複数いたにも関わらず、真頼は慶応二年末まで、「金子」姓を名乗っていたと思われるという（佐藤一九〇六）。そうした事情から、真頼は慶応二年末まで、「金子」姓を名乗っていたと思われる。よって、「黒河」の署名がある（B）②は、慶応二年以前に成立したとは考え難い。そのため、表2で成立時期の上限を慶応三年とした。

（9）「黒河」の表記については福島（一九八三）が、黒川春村の代から「黒河」と「黒川」が両用されていたことを記している。

（10）刊本における初出は伊庭秀賢『霊語指掌図』（天保一〇年刊）だが、『詞八衢』が活用型に用いる「段」という表現に着想を得たものと思われ、直接的な影響関係については今は問わない。

（11）第五章表1（一二三頁）参照。

（12）調査した限り、刊本における「断止言」の初出は富樫広蔭『辞玉襷』（文政一二年）。

（13）なお、『もこそ問答』（明治一三年序）には弟子・三田葆光の言として「将然、連用、終止、連体、已然ト五階ニ活クトキノ名目《黒川真頼全集》第六巻、三四一頁」とあり、この時にはこの術語が一門内で共有されていたと考えられる。つまり、「終止言」への改変は、たとえ遅くとも、明治一三年頃までには済んでいたということである。

（14）『語彙別記』『語彙活語指掌』の明治四年初版本に編纂者の名は記載されないが、後の翻刻版には、総裁として木村正辞、横山由清、撰者として岡本保孝、小中村清矩、榊原芳野、黒川真頼、間宮永好、堀忠韶の名が記される。

第七章　黒川真頼の活用研究と草稿「語学雑図」

（15）　黒川真頼『皇国文典初学』（明治六年）の記述からも当時の状況が垣間見られる（服部二〇一七、五頁～）。真頼は「西洋の国は、その国にしたがひて、文典あり、今の世の学者、西洋の学間をして、西洋の文典をまなびて、皇国の文典をも、強て西洋の文典にならひて、作らむと為るは、むづかしくして益なし、西洋といへども、国によりて、詞おの異なり、皇国は、皇国の詞の規則あり、まなびてその規則をしるべし、しからずばあるべからざるなり」（巻一、一丁表～）と述べ、洋文典にそのまま従うのでは不十分だとしているのに対し、横山良清は同書の序文に「吾友黒川真頼、ここに思ひよれるよしありて、広く古今雅俗の言語に徴し、遠く欧州諸国の法則に倣ひて、かく皇国の文典を編成したる其労（イタツキ）少なからず、其功大なりといふべし。」（序二丁表～、句読点は引用者による）と洋文典の枠組みに従って国文典を編纂したことを評価している。両者の発言の調子には微妙なずれがあり、何らかの必要に応じて洋文典が編纂した状況を髣髴とさせるように思われる。

177

表2　活用表の変遷

書名	活用型									活用形				
										将然言／一階	続用言／二階	断止言／三階	統体言／四階	已然言／五階
『詞のやちまたのしをり』図版1	四段	一段	中二段	下二段	カヘン下三段	サヘン中三段	ナヘン四段下二段合格			第一階	第二階	第三階	第四階	第五階
『詞のやちまた』[俗解雑図]①	四段	一段	中二段	下二段	下三段	中三段	四段下二段合格			第一階	第二階	第三階	第四階	第五階
『詞のやちまたのしをり』②図版2	四段一格	一段	中二段	下二段	加行中二段変格	佐行下二段変格	奈行四段変格			第一階	第二階	第三階	第四階	第五階
『詞のやちまたのしをり』③図版3	四段一格	一段	中二段	下二段	加行中二段変格	佐行下二段変格	奈行四段変格			第一階	第二階	第三階	第四階	第五階
『詞のやちまたのしをり』④図版4	四段一格	一段	中二段	下二段	加行変格	佐行変格	奈行変格		くしき、しく／ししき格	第一階	第二階	第三階	第四階	第五階
草稿『詞の栞』	四段	一段	中二段	下二段	加行変格	佐行変格	奈行変格	良行四段一格	くしき、しく／ししき格　四段の五の音よりうつる格、クシ、クシキシ、シキシクシ、キクシ、キの二の音よりうつる格、くしき、くしき一格、くしきしき一格	将然言（一の音／一階の辞）	連用言（二の音／二階の辞）	断止言（三の音／三階の辞）	連体言（四の音／四階の辞）	已然言（五の音／五階の辞）
原刻『詞の栞』	四段	一段	中二段	下二段	加行変格	佐行変格	奈行変格	良行四段一格	くしき、しく／ししき格　四段の五の音よりうつる格、クシ、クシキシ、シキシクシ、キクシ、キの二の音よりうつる格、くしき、くしき一格、くしきしき一格	将然言（一の音／一階の辞）	連用言（二の音／二階の辞）	断止言（三の音／三階の辞）	連体言（四の音／四階の辞）	已然言（五の音／五階の辞）
『語彙別記』	四段	一段	中二段	下二段	加行変格	佐行変格	奈行変格	良行四段一格	くしき、しく／ししき	将然言／一階	連用言／二階	終止言／三階	連体言／四階	已然言／五階
『日本小文典』	四段動詞	一段動詞	中二段動詞	下二段動詞	加行変格動詞	佐行変格動詞	奈行変格動詞	良行四段一格動詞	（四段動詞五階よりうつる一格、形容詞二階よりうつる一格）、くしきしき形容詞、しくししき形容詞	一階	二階	三階	四階	五階
再刻『詞の栞』	四段	一段	中二段	下二段	加行変格	佐行変格	奈行変格	良行四段一格	くしき、しく／ししき格　四段の五の音よりうつる格、クシ、シキシクシ、キの二の音よりうつる格、くしき、くしき一格、くしきしき一格	将然言（一の音／一階の辞）	連用言（二の音／二階の辞）	終止言（三の音／三階の辞）	連体言（四の音／四階の辞）	已然言（五の音／五階の辞）

時期	備考
慶応二年以前	署名「金子真頼」
慶応三年～明治四年の間に成立か	署名「黒河真頼」、第二階の助辞「と」「に」を墨で削除、「あへず」削除、「やらず」有り
	第二階の助辞「に」無し、「あへ」「やらず」墨で削除
早くて明治四年頃、遅くとも明治十三年頃までには成立か	同時期に（D）『辞の栞』成立か
明治四年刊行	文部省編輯寮編（木村正辞・横山由清・岡本保孝・小中村清矩・榊原芳野・黒川真頼・間宮永好・堀忠韶）
明治五年成立	
	ラ行変格活用「三の音」を「る」から「り」に改変

第八章　黒川真頼における『詞八衢』の受容と展開

一、はじめに

　黒川真頼（文政二二年～明治三九年）は文部省編輯寮において『語彙』、『語彙別記』（明治四年刊）などの編纂に携わり、大槻文彦とも関わりのあった人物である。前章にも述べたように、これまで彼の業績は、洋文典の枠組みを取り入れた早い例として、『日本小文典』（明治五年成立）や『皇国文典初学』（明治六年刊）などが取り上げられてきた。加えて、前章において草稿『語学雑図』により、真頼の学説の背景に国学の伝統が根強くあることや、当時の文部省編輯寮における彼の役割の大きさも示唆された。

　従来、真頼の学説は洋文典との関係に重点が置かれて論じられてきたため、近世国学者との関係については黒川春村門であること以上は注目されておらず、本章で取り上げる活用論についても等閑視されてきた。しかしながら、さらに具体的に黒川真頼を国語学史上に位置付けるためには、その学説が何に依拠し、その中からどのように学説を展開させたのか明確にしておく必要がある。これは黒川真頼の個別的な問題にとどまらず、近世国学者の事績が明治期に受容された一例として大局的に位置付けることができ、近世から明治の国語学史を跡付ける

181

第三部　八衢の系譜

うえでも重要な手続きである。

近世から明治における国語学史上の問題点のひとつは、活用体系の枠組みである。明治三〇年頃まで、命令形を立てる文典は少数であり、ほとんどが五活用形の枠組みをとっていた。これについて第五章では近世後期の学説に着目し、春庭の「四種の活の図」に内在する論理と、伝統的テニヲハ論の観点から、「用言にも〈テニヲハ〉にも分属する異質なものという違和感を拭いきれなかったため」命令形が立てられなかったと指摘した。だが、明治初期の文典に対してこの説明がどの程度有効であるか、保証するのは困難である。

真頼の学説は、こうした問題に対し別の観点からの示唆をもたらすものとして期待される。真頼の活用体系の記述は大枠として八衢学派、特に術語などの点から義門に沿うものと判断されるが、真頼が命令形を含む六活用形を構えるのに対し、真頼は命令形を立てない五活用形の枠組みを置く。つまり、真頼は義門の術語を踏襲しながら、六活用形の立場はとらなかったことになる。これと同様の例は、真頼だけでなく明治初期の他の伝統文典にも散見され、真頼の学説を考察することによって、これらの背景を読み解く手がかりにもなると考えられる。

以上のような問題意識から、本章では、真頼が典拠とした資料の特定を試みるとともに、真頼の果たした国語学史的役割について考察する。

　　二、特徴的記述
　　　　　　　──ラ行変格活用──

黒川真頼の活用体系の記述の中でも、「四段活用」をはじめとする活用型の分類と術語は、概ね本居春庭『詞八衢』（文化三年刊）に拠るものである。ただし細かく見ると、初期の活用表の草稿類（明治四年頃までに成立か）か

182

第八章　黒川真頼における『詞八衢』の受容と展開

ら、最後にまとめられた再刻『詞の栞』及び『詞乃栞打聴』（明治二三年刊）に到るまで、改変を重ねているのが確認できる。中でもう行変格活用に関する記述に変更が著しく、初期の段階では四段活用に隣接して一段活用との間に記述されていたが、最終的にはナ行変格活用と形容詞の間に配置されるようになる。(2)

真頼のラ行変格活用の配置は、一見すると他の変格活用とまとめただけのように見える。だが、真頼の場合、ラ行変格活用には「変格」の呼称を用いていないことに留意しなければならない。この配置の主たる意図は、その左隣にある形容詞との近似を反映させることにあると考えられる。たとえば『日本小文典』では、次に引用するように、ラ行変格活用を「動詞」としても「形容詞」としても記述している。(3)

　　動詞には、四段動詞、一段動詞、中二段動詞、下二段動詞、加行変格動詞、奈行変格動詞、良行四段一格動詞の八種ありて、その良行四段一格動詞に、また種類二種あり、四段動詞五階よりうつる一格、形容詞二階よりうつる一格あり、されば、統べては十種あり、

　　　　　　　　　　　　　　　　　　　　　（『日本小文典』真頼全集　一八八頁）

　　第一節　良行四段一格形容詞

　　ある　さける　　動詞五階よりうつる良行四段一格

　　深かる　　　　　形容詞二階よりうつる良行四段一格

是は動詞にして、形容詞なるものなり、此の詞に、三世あり、法あり、

　　　　　　　　　　　　　　　　　　　　　（『日本小文典』真頼全集　二一七頁）

又良行四段一格といふ活用あり、[詞の八衢、ら行四段の條に云く、右に挙たる詞の中に、有居の二つい

183

第三部　八衢の系譜

さゝか異なり云々、又義門法師も和語説略図に、有の一格をおきたり、」此の一軒は作用言なれど、用ゐや

うに因りては形状言となるなり、故に此の良行四段一格の一軒は、作用言と形状言との間に置きたり

（『詞乃栞打聴』三丁表〜）

「四段一格」の名で四段活用と一段活用の間に配置していた初期の段階では、四段活用動詞の一種としてラ行

変格活用を捉えていると解釈できる。しかし、ナ行変格活用の後に配置を変えたことで、四段活用から独立した

存在であることが示される。そして形容詞「くしき活」「しくしき活」と隣接させることで形容詞カリ活用の

詳細な記述が導かれ、形態的な観点からも段階的な記述を実現させたと見ることができる。

真頼の記述のもう一つの特徴は、「良行四段一格」のもとに下位分類を二種置く点である。

良行四段一格といふものは、前の一軒のみにてはいまだことたらぬが故に更に一軒をたてたり、これは四段

活用の第五の音よりうつる格にて飽けらむ　押せらむなどいふ類なり、[前のら行四段一格には、二階になむ

と受る辞あれども、此の所にはなむと受るてにをはなし」

（『詞乃栞打聴』三丁裏）

右の引用のように、形容詞カリ活用だけでなく、四段活用動詞に完了の助動詞「り」が接続した形式もラ行変

格活用の一種と捉え、「四段動詞五階よりうつる一格」（『日本小文典』）、「四段活用の第五の音よりうつる格」（『詞

乃栞打聴』）などと称して活用型の一種に数える。これもラ行変格活用動詞と同じく、本居春庭『詞八衢』では本

文の著述にこそ見えるが、独立したものとして扱われず、活用表にも載せられていない。一方義門『和語説略

184

第八章　黒川真頼における『詞八衢』の受容と展開

図」には、「有」の一部に記述が見える。

このように、ラ行変格活用を形容詞としても扱ったり、完了「り」を下位分類として置く点は、義門に近い方法である。だが、真頼の場合、分類上はあくまで「作用言」（動詞）であり、術語も四段活用に関連付けたものとなっている点は、『和語説略図』などとも異なる特徴である。

三、義門『詞の道しるべ』による『詞八衢』受容

右に挙げた特徴を先行する学説と照合すると、義門の学説の中でも、真頼が直接拠ったと推定されるのは『詞の道しるべ』である。

『詞の道しるべ』は、『友鏡』（文化六年刊）や『和語説略図』（天保四年刊）に先んじて文化七年に初稿が成立した、義門の活用研究の出発点として評価される資料である。内容は、刊本『活語指南』（天保一五年刊）に通じる部分もあるが、全体的に『詞八衢』を注釈し、補足するものである。複数のテキストが現存し、『義門研究資料集成』にも翻刻が収録される。東京大学国語研究室蔵黒川文庫にも『活語指南』の表題が付けられた写本が確認された。以下、この東大黒川文庫本のテキストを底本として、ラ行変格活用に関する記述を確認する。

まず活用表（図1）には、動詞「あり」だけでなく、完了「り」の例も同じ枠内に列挙していることが確認できる。また、他の変格活用が「加行変格」などとされるのに対し、ラ行変格活用は「羅行四段の活詞の一の変格」と称されていること、そして他の変格活用とは距離を置いて配置していることも確認でき、四段活用の変種として例外的に扱っていることがうかがわれる。活用表（図1）の解説には、次のようにある。

185

図1　ラ行変格活用の活用表（※「遁へ」は「逢へ」の誤写と思われる）

六　格つの変　羅行四段の活ひとのつ				
四段の活き詞の第四音より羅行にうつることは				
有　釣レ　住メ　遁へ　待テ　押セ　飽ケ	ラ	リ	ル	レ
	ばまんぬじでず	して　けり　き　つ、と　しか　けん　なは　つる　ぬる　おも　かし	めり　らん　べき　れ　をにれ哉　らし　より	ど　ば　ども

（黒川文庫本『活語指南』六丁表）

羅行四段の活詞の一の変格は［八ちまた下巻にかつく〳〵いへる如く］すべての四段の活詞は第三音くすつふ
むるを截断言と聯体言とをかぬる詞とする定りなるを有り居りなといふ詞は第二音り・にてきれたり［第三音
るは聯体言に限れり］さればこは聯体言と截断言とをかねてかへりて截断言と聯体言とはふたつにわかれたれ
はかの例の四段の活とは同しからさる也

（黒川文庫本『活語指南』一二丁表〜）

又此はたらきなる詞の中にもとは四段の例のはたらきことばなるをその［けせてへめれの六の音］第四音よ
りこ〻にうつれるはたらきいとおほくそはふとおもへは［八ちまた上巻にも論へること也］た〻例の四段の
活詞の中にいるへきさまなれと第二音り○にてきれ第三音ん○は聯体言にかきれるなれはつねの四段活とは同し
からさる也　第二の音り○は聯用言と截断言とをかねたるなともはら有りなとの活にこそ同しけれ

（黒川文庫本『活語指南』一三丁表〜）

第八章　黒川真頼における『詞八衢』の受容と展開

本居春庭『詞八衢』の立場に則りつつ、ラ行変格活用を四段活用の変種として整理し、四段活用動詞と完了「り」の複合した形式をラ行変格活用の一種として位置付けていることがうかがわれる。また形容詞カリ活用についても、次の引用のように「あり」の複合によるものだとする説が見え、この点でも黒川真頼の記述に一致する。

　皆こゝのはたらき詞といふべし〔此かもじはくあの約れるにて皆有りといふ詞なる故此深かり楽しかりとやうにいへるは皆こゝのはたらきなる也〕

（黒川文庫本『活語指南』二六丁裏）

　以上をまとめたものが表1である。これらの比較から、黒川真頼が義門の学説の中でも『詞の道しるべ』に最も依拠している蓋然性が高いことが示唆される。従来、『詞の道しるべ』は義門自身の文法学説の展開において注目されることはあっても、後世の学説との関係が指摘されることは、管見では無かった。『詞八衢』から明治への中継点として、『詞の道しるべ』の存在があったことをここに指摘する。ただしこれは、これ以外の資料から影響があった可能性を排除するものではない。たとえば「あり」を形容詞としても扱う点は、鈴木朖『言語四種論』（文政七年刊）の学説も背景にあると思われる。

　また真頼が、義門の著作の中でも、『詞八衢』に啓発され、その記述を前提として執筆された『詞の道しるべ』に拠り、後発のもの、たとえば刊本『活語指南』や『和語説略図』などに拠らなかったことに留意しなければならない。

187

表1　各項目の比較

	活用形の数	ラ行変格活用	動詞＋完了「り」
義門『詞の道しるべ』（一八一〇）	五活用形（将然言、聯用言、截断言、聯体言、已然言）	「羅行四段の活のひとつの変格」（動詞）	「四段の活き詞の第四より羅行にうつることば」「羅行四段の活のひとつの変格」の一種
義門『和語説略図』（一八三三）	六活用形（将然言、連用言、截断言、連体言、已然言、希求言）	「形状ノコトバ」（形容詞）	「有」（ラ行変格活用型として一括）
黒川真頼『詞の栞』『詞の栞打聴』	五活用形（将然言、連用言、終止言、連体言、已然言／一階～五階）	「良行四段一格」（動詞／形容詞）	「四段の五の音よりうつる格」（「良行四段一格」の一種）
文部省編輯寮『語彙別記』（一八七二）	五活用形（将然言、連用言、終止言、連体言、已然言／一階～五階）	「良行四段一格」（動詞）	（※記述なし）

かのいにしへのいとうるはしくたゝしかりし其さたまりをこれかれあげていさををしくあげつらひたるは詞八

衢なり此書によりていはゆるてにをはといふものゝ其定りあることを見わけこゝろうるすべなとをもかつ

〳〵われもしり初ぬそれにつきてひとゝせいさゝかおもひよりけることゞもをばはかなく物して石田千頴に

かたらひみせしに詞の道しるべへと名つけはやといひてかへしし

（黒川文庫本『活語指南』三丁表）

右のような序文に加え、『詞の道しるべ』の本文は『詞八衢』の具体的な記述に対して注釈、補訂するように書かれており、真頼もこうした文脈に則って本書を典拠としたと考えられる。つまり、真頼は義門の学説を参

第八章　黒川真頼における『詞八衢』の受容と展開

照しようとしたのではなく、基本的な立場は『詞八衢』にあったということであり、『詞の道しるべ』を通して『詞八衢』を祖述し、敷衍しようとしたのである。

『詞八衢』の継承の過程を整理すると、おおよそ以下のようになろう（図2）。まず第一の段階として、活用形に術語が付けられ、ラ行変格活用の整理もなされる。活用形に初めて命名するのは義門であるが、それに少し遅れて富樫広蔭も義門とは異なる術語を付ける。ここで義門と富樫広蔭が分かれる。次の分岐点となるのは、命令形を増補するか否か、「あり」を全く形容詞に分類してしまうか否か、である。ここで義門の説は『詞八衢』の増補の域を超え、独自性を獲得するといえよう。一方、黒川真頼の場合は一部改訂を加えながらも、『詞の道しるべ』の枠組みを保持するのである。そしてそれは、文部省編輯寮『語彙別記』にも反映されているのが改めて確認できる。

図2　学説継承の流れ

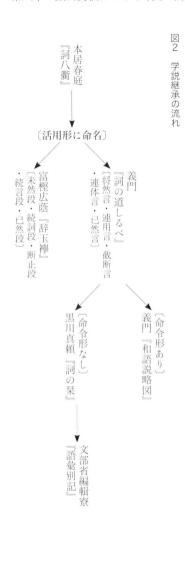

本居春庭
『詞八衢』
↓
〔活用形に命名〕

富樫広蔭『辞玉襷』
〔未然段・統詞段・断止段・続言段・已然段〕

義門『詞の道しるべ』
〔将然言・連用言・截断言・連体言・已然言〕

〔命令形あり〕
義門『和語説略図』

〔命令形なし〕
黒川真頼『詞の栞』

文部省編輯寮『語彙別記』

189

四、『詞八衢』からの展開──「階」の枠組み──

真頼の活用論は、義門『詞の道しるべ』に依拠しつつも、「階」[7]という独自の枠組みで活用形を規定する。

詞に五階あり、まづ作用言は、将然‖連用‖終止‖連体‖已然‖の五種なれば、随て辞も五種の区別ある道理なり、

（『詞乃栞打聴』一五丁裏）

「階」とは、活用形の種類と、テニヲハの分類項目、両者に対して用いられる。たとえば「一階」は打消の助動詞「ず」などに接続する用言の形式、いわゆる未然形であり、「二階」は完了の助動詞「つ」などに接続する用言の形式、いわゆる連用形を指し、同時にそのような形式を要求するテニヲハ類を「一階の辞」、「二階の辞」などとする。つまり用言の「一階」に接続するから「一階の辞」なのであり、「一階の辞」が接続するから「一階」なのである。「階」とは、テニヲハとの承接に着目した枠組みと言えよう。

その一方で、真頼は「将然言」など、用法に基づいた術語も併用する。たとえば命令形の記述から、「～言」と「階」の間には使い分けが認められる。

希求使令は四段活用にては第五の音に属すれど、已然言にあらず、（中略）四段活用は、第五の音に希求使令あり、四段活用の五の音にていはゞ、は‖も‖の‖徙をう

あり、一段、中二段、下二段、は第一の音に希求使令あり、四段活用の五の音にていはゞ、は‖も‖の‖徙をけて切る、時は、希求使令にて已然言にあらず、一段、中二段、下二段の一の音にていはゞ、は‖も‖の‖徙を

第八章　黒川真頼における『詞八衢』の受容と展開

うけて切るゝ時は希求使令にて、将然言にはあらざるなり、

（『詞乃栞打聴』六丁裏～）

「将然言」などの呼称では、名前となった特定の用法が前面に出てしまうため、伝統的に独立して説かれてきた「希求使令」を兼用させて説明することはできなかったのである。また係助詞などとの係り承けの関係について、無用の誤解を避ける目的もあったことがうかがわれる。

これらの区別は、テニヲハとの承接関係から整理した体系（「階」）と、用法に着目した体系（「～言」）との、別系統からなる複数の枠組みを構えているともいえる。つまり「終止言の辞」などという表現は、「終止言は、いひはてゝ止む詞なり」（『詞乃栞打聴』五丁表）という特徴と「らむ」「べし」などに続いてゆく事例に不整合が生じるため、ありえないわけである。

とはいえ、「二階」は「将然言」、「三階」は「連用言」、というように、事実上、具体的な指示対象は概ね一致する。その中で唯一、不整合を生じさせるのが、ラ行変格活用の「三階の辞」である「らむ」や「べし」「めり」「まじ」が付く際、ラ行変格活用はいわゆる連体形をとる。つまり、ラ行変格活用の「三階」は「三階の辞」が接続するから「ある」であり、「終止言」は「あり」なのである。そのため、初期の草稿や、原刻『詞の栞』において、ラ行変格活用の終止形にあたる欄には、連体形語尾の「る」が記されているのが確認できるが、これは「終止言」ではなく「階」の規定を優先させたためだと考えられる。

　有　あら　あり〳〵　ある〳〵　ある　あれ

第三部　八衢の系譜

かくのごとく活動くを、「良行四段一格」と云ふ、此の段は、四段動詞と少し異にして、二階の「あり」と云ふ詞きる〻なり、（四段動詞は、二階にてはきれず、）この故に、「一格」と云ふ、

（『日本小文典』真頼全集　一九一頁）

ただし最終的に、再刻『詞の栞』や『詞乃栞打聴』ではラ行変格活用の「三階」は、「る」から「り」に修正され、活用形を指す「階」は存在意義を失い、テニヲハの分類項目としてのみ用いられるようになる。

五、「階」の意義

右に見た「階」の枠組みは、各活用形に「将然言」などの名号を付けた義門とは異なる行き方であり、これは本居春庭の立場に基づくと考えられる。

○さてかく受るてにをはを図などにも出してわづらはしきまでいへるを無益のこと〻思ふ人もあるべけれどすべて受るてにをははは図の如く横に通りて少しもたがふことなくいと正しく又四種の活詞をわかちしらんにこの受るてにをはをもてさだむるが肝要なればよく弁へしめんかためなりそはず『で』『じ』『ぬ』『ん』『まし』のてにをはを第一の音かさたはまらよりうくるは四段の活詞としるべく第二の音いきちにひみりゐより受るは一段の活詞中二段の活詞としるべく第四の音えけせてねへめえれるより受るは下二段の活詞としるべきなり此外もすべて右の如く受るてにをはのことをいへる所々又図をよく見てしるべし

（『詞八衢』上巻　八丁表〜）

192

第八章　黒川真頼における『詞八衢』の受容と展開

右の引用の方式に従い、徹底して後接するテニヲハによって活用体系を整理すれば、ラ行変格活用の三段目は

「ある」と記述することになる。実際『詞八衢』ではラ行変格活用動詞を、いわゆる連体形「ある」「をる」の形

式で掲出している。(8)真頼の記述は、この方式の延長線上にあるものと言えるのである。

承接関係によって活用形を整理した本居春庭と、それを継承しつつ各活用形に命名した義門、両

者それぞれの特徴を、真頼は「階」と「〜言」両者を用いることで整理し、並存させ、提示したのだと言えよう。

この真頼の「階」との共通点が見えるのは、大槻文彦(9)である。『言海』の付録として発表した「語法指南」（日

本文典摘録』（明治二三年刊）では、ラ行変格活用を「良行四段一格」と呼び、説明文中に「階」の表現を用いる。

また、大槻は各活用形の名称と種々の用法との矛盾点をあげ、次のように述べている。

此篇の表の各階には、一切意義ある名称を付せず、階の名称としては、単に、第一変化、第二変化、第三、

四、五、六変化、と称呼せしむることとせり。（中略）又、各変化と、助動詞等との、連続の則に至りては、

下に、別表に掲げて、唯、某助動詞は、動詞の第幾変化に連続す、とのみ説き、此場合には、絶えて動詞の

変化の意義を言はず。而して、直説法、（截断言）分詞法、（連体言）の如き意義ある称呼は、階の称呼の外に

立てて、其階を、直に何何法（何何言）なりとは言はずして、直説法には、第一変化を用ゐ、接続法の已然

には、第三変化を用ゐ、（中略）など称へしむるとするなり。

（大槻文彦『語法指南（日本文典摘録）』一二頁）

活用形の各形式を「第一変化」と機械的に呼ぶことによって、「終止言」など特定の意味を持つ名称に惑わさ

れることなく、ひとつの形式が持つ種々の用法や、承接のあり方を示すことができる。これは真頼の「二階の

「あり」と云ふ詞きるゝ」などという立場を、より鮮明にした趣旨である。使用する術語の表層的な共通点に加え、活用体系を整理するにあたって、形態的な語形変化や接続の様相と各活用形の用法とを分けて捉えようとする点もまた注視すべき共通点であり、真頼が「階」の枠組みをもって示したことが大槻文彦の活用体系の記述に示唆を与えたのではないかと推測される。

六、まとめ

本章で示した二点のことをまとめると、以下のとおりである。

第一に、黒川真頼の活用論は、義門の『詞の道しるべ』に拠る可能性が高い。真頼の学説が文部省編輯寮『語彙別記』に対して一定の影響力があったことを考え合わせると、義門『詞の道しるべ』もまた、明治初期の文法学説に関わるものとして注目すべきであると言えよう。明治初期の国伝統典に散見される、五活用形（未然、連用、終止、連体、已然）の枠組みと、義門に由来する術語（将然言）など）の共存は、従来、義門『詞の道しるべ』、黒川真頼、そして『語彙別記』を経た結果であると推定される。『詞の道しるべ』は、義門個人の文法学説の成立において評価されてきた資料であるが、『詞八衢』が明治へ継承される過程に関与した学説として改めて位置付けられる。

第二に、真頼の活用論における「階」の枠組みは、本居春庭の活用体系の整理の行き方の延長にあるものである。義門に由来する「〜言」の術語を用いながら、同時に春庭の方式で活用形を規定し、各活用形の形態と承接、用法、それぞれを整理しようとしたと評価することができる。これは、その後の大槻文彦に至る過程において、

194

第八章　黒川真頼における『詞八衢』の受容と展開

※　『詞乃栞打聴』は架蔵本を底本とし、『詞の栞』『語彙別記』『語彙活語指掌』は早稲田大学蔵本、国立国会図書館蔵本を、『言海』は国立国会図書館蔵本を参照した。また、引用に際して、旧字体は新字体に改めた。

春庭と義門双方の行き方を整理し、両者を仲立ちする役割を担っていたと位置付けることができると考える。

注

（1）　初期に見える「中三段」（カ行変格活用）、「下三段」（サ行変格活用）は黒沢翁満『言霊のしるべ』が両活用型を「三段（の）活」とするのに共通する。しかし翁満は「中」「下」などと分類せずに「三段活」に一括するにとどまる。

（2）　主な変更点として、第一に、ラ行変格活用が『詞のやちまたのしをり』②から「四段一格」の名ではじめて記述され、草稿『詞の栞』（明治四年頃成立）や『日本小文典』などで「良行四段一格」に名称が変更され、配置も四段活用の隣からナ行変格活用と形容詞の間へ移動する。第二として、終止形の名称が「断止言」から「終止言」へ変更された。またラ行変格活用の終止形の形式は、当初「る」と記されていたが、再刻『詞の栞』や『詞乃栞打聴』の段階で、「り」と変更される。

（3）　黒川真頼『日本文典大意』（明治五年成立）における「形容詞」は、「名詞に真の形容をいふ詞そはりて一つの詞となれるなり」とされ、狭義には「くしき」「しく」「しき」などいわゆる形容詞活用語尾のみを指すとされる。ラ行変格活用を形容詞に関連付けた記述は見当たらない。

（4）　『黒川真頼全集』本文は、佐行変格活用が脱落している。

（5）　尾崎（一九六八）、三木（一九六三）、（一九六六）。

（6）　本章に関連する箇所について、『義門研究資料集成』との相違点は、章立ての順序や表記などにとどまる。

（7）　術語「階」の学史上の初出は伊庭秀賢『霊語指掌図』（天保一〇年刊）だが、『詞八衢』が活用型に用いる「段」から着想を得た表現と思われ、直接的な影響関係について本章では問題としない。

195

第三部　八衢の系譜

（8）　『詞八衢』下巻三六丁裏、三九丁裏。
（9）　大槻文彦が主催した文法会開催の記録によれば、黒川真頼は明治一一年から一二年の二年間、合計一六回出席していたことが確認でき、真頼は横山由清とともに指導的立場を担っていたとされる。文彦自身も『広日本文典』の自跋に黒川真頼の名前を挙げ、関根正直の証言（筧一九二八）からも、特に黒川真頼の文法学説に興味を惹かれていたことがうかがわれる。

196

終 章

本書では近世後期のテニヲハ論について、その整理のあり方と、その後どのように継承されて明治期へ至るのか、ということについて考察してきた。本書において独自に試みたのは、テニヲハ論内部だけでなく、活用論との接点、特に活用表上の記述に注目することである。その具体的な問題として、テニヲハと用言の両領域の境界上にあった完了の助動詞「り」と、命令形の問題を取り上げた。

この二項目はそれぞれ、現行の学校文法では完了の助動詞「り」、命令形、という位置付けがあるのに対し、明治期にはまだその分類が定まっていなかった項目である。しかし、両者とも記述自体は早くから確認できる。テニヲハとしての完了「り」は富士谷成章『あゆひ抄』にあり、一活用形としての命令形は鈴木朖、命令形を含む六活用形の枠組みは義門『和語説略図』に見ることができる。従来の研究ではこれを以て良しとされてきたが、本書では、この後にどのような過程を経て明治期へ受け渡されたのか跡付けることを目的とし、それぞれの学説史を描出した。その際の観点として本書が試みたのは、活用論との接点を注視して、テニヲハ論の学史を考察することである。

197

まず第一部においては、完了「り」の学説史を描出した。

第一章では、近世前期から鈴木朖までの学説をたどった。富士谷成章や鈴木朖がテニヲハとして「り」を記述してはいるものの、現行の古典文法のように「り」のみを切り出して記述することが確認された。他方「り」を切り出さない立場は、これを活用語尾の一部と捉え、富士谷成章に限られることが確認された。他方「り」を切り出さない立場は、これを活用語尾の一部と捉え、富士谷成章に限られるこ変格活用型の一群に位置付けている。完了「り」が動詞の連用形に「あり」が融合したものだとする説は、鈴木朖によって初めて唱えられ、ラ行変格活用型の一種とする立場に根拠を与えている。

これを承けて第二章では、本居春庭から幕末までの学説を概観した。やはりこの範囲においても、完了「り」は活用語尾の一部とされており、独立したテニヲハとしては記述されない。春庭の活用体系の中で完了「り」はまったく居場所の無い状態に置かれる。それについて、義門や広蔭らがそれぞれに完了「り」の配置を模索した恰好になる。特に春庭から義門への流れは画期点であると言えよう。春庭が用言の活用の問題として「り」を位置付けたことで、前代までは助動詞も用言「あり」も、活用型の一致を根拠に一括りにされたが、これ以降、完了「り」はテニヲハの領域ではなく、用言の側に置かれるのである。しかし用言の活用体系においても、やはり完了「り」は異質であり、その決着がつけられないままに明治期へ持ち越されたことがわかった。

また、完了「り」は、『二歩』において「自他」の観点から取り上げられている。ここから、「自他」の概念を軸にして、近世における「自他」論について大まかにたどったのが第三章である。宣長や春庭以前のテニヲハ論においては、「自他」は歌の詠み手を中心にしたものであり、述語や他の語句どうしの整合をはかる観点として機能していた。そのため、感情形容詞やモダリティの範疇に関わる事項が「自他」の問題として記述されてきた。

しかし、宣長、春庭によって「自他」は動詞の問題に焦点化され、前代とは全く異なる問題を指すものとなる。

198

終章

取り扱う事項だけを見れば、近世の「自他」論は、幅広く雑多な範疇であったものから、動詞の問題へと収斂したようにも思われる。しかし実際は、その前後は単一の流れに集約してよいものではなく、宣長において分岐する二つの流れであったことが確認された。

次に第二部では、命令形の学説史を通観した。

命令形は他の活用型とは異なる形態上の特徴を持つ。それは、四段活用型とナ行変格活用ではエ段音語尾、それ以外の活用型では語尾に「よ」を伴うことである。この二種類の形態は、初期のテニヲハ論においては「下知」という意味範疇に包括され、問題とはならなかった。しかし本居春庭によって、エ段音語尾は用言の活用体系に、語尾「よ」はテニヲハの領域へと分断された。そのため、命令形は用言の一用法とはされながらも、活用表には組み込むことができずに、別に記載されるようになる。この立場が明治に至るまで主流となるのである。

以上の流れを第四章で確認したうえで、第五章では、どのような経緯で命令形が一活用形として立項されるようになるのか、明治前期へ範囲を広げて各文典の記述をたどった。明治前期の文典群を通覧した結果、伝統文典においても、洋式文典においても、命令形を活用表に加える積極的な必然性は見出すことができなかった。伝統文典においては、前代における「下知」の意味範疇が、洋式文典においては来する「命令法」が、それぞれに活用表外で命令形の受け皿となったためである。そのような状況の中で画期点となったのは大槻文彦の「語法指南」である。大槻は「法」を助動詞の範囲に広げず、動詞のはたらきと定め、伝統的な活用の範囲と折衷させた。これによって、洋文典からもたらされた各種の「法」が各活用形と対応し、「命令法」の相手として命令形が配置されるのである。

199

第四・五章の補説として、第六章には『あゆひ抄』「属」の分類規範について論じた。「属」には、「誂属」の一部があり、『稿本あゆひ抄』には動詞の命令形語尾（ゑぬき）が分類されていたことに関連する。「属」は「その心を取りて統べたり」と規定されるが、それは意味分類の立場から、心的態度の表現類型を枠組みに据えて分類する方針と解釈することができる。具体的に分類されたテニヲハ類を考察すると、文法的な機能においては、文末に位置して終助詞的に機能し、表現者の心的態度を表わすことが「属」の条件となっていることが確認された。

以上の考察の結果、完了「り」はラ行変格活用型の分類、命令形は「下知」の意味範疇、それぞれ品詞分類の枠組みを超えたカテゴリーに所属し、活用論の展開に伴って、活用語尾とテニヲハの間を行き来していることが明らかになった。両者の学説史を跡付けることは、すなわち近世後期における品詞分類のあり方を描出することであり、そこには密接に活用論が関わっていたのである。

そもそも、近世前期までのテニヲハ論において、活用語尾はテニヲハに含まれており、両者の範疇は重なりあう関係にあった。そうしたテニヲハ論の歴史において決定的な画期点となったのは、本居春庭の「四種の活の図」である。この図表において、用言の活用は下接するテニヲハによって規定され、活用語尾とテニヲハは排他的に弁別された。そのため、春庭の構想した活用体系において、完了「り」と命令形はどちらにも完全に所属することのできない存在として、浮遊することになる。

春庭の説は、その後の義門、富樫広蔭らに継承され、少しずつ改編と増補を加えられるが、春庭の立場は保持されて明治へ受け渡される。すなわち完了「り」は用言の活用語尾に、命令形は活用表外の「下知」に置かれたまま、洋文典との折衷を待つのである。

200

終　章

最後に第三部で扱ったのは、黒川真頼の学説である。これは、従来手薄であった幕末から明治初期の学説史を繋ぐ実践として、本研究の中に位置付ける。

黒川真頼は幕末から明治初期にかけて活躍した人物だが、その語学的な業績は等閑視されてきたと言える。わずかにある先行研究においては、国学と洋学を折衷させた早い例として洋学からの影響が専ら注目され、国学の背景については研究されてこなかった。第三部はこうした課題にこたえたものと言える。

第七章では、黒川真頼の語学に関する業績を整理したうえで、新資料である草稿「語学雑図」〈東京大学国語研究室所蔵〉を紹介し、その中に位置付けた。草稿の成立順序と時期を推定する際に重要な鍵となったのは、「終止言」という術語の使用と、ラ行変格活用の配置である。結果、黒川真頼の文法学説の背景には、国学の流れ、特に春庭や義門の流れがあることが改めて確認された。また、文部省編輯寮『語彙別記』『語彙活語指掌』の文法学説は真頼が主導していた可能性や、現在用いられている「終止」という術語は真頼によるものであることが示唆された。

この一連の資料調査に基づいて、第八章ではもう一歩踏み込んで、真頼が具体的に何の学説に拠っているかを考察した。ここで注目となったのは、やはりラ行変格活用の配置であり、第一部に概観した学説史が関わることとなった。考察の結果、黒川真頼が直接影響を受けたのは、義門『詞の道しるべ』である可能性が高いことが明らかになった。このことから、黒川真頼の活用論は、本居春庭と義門、双方の流れを取り込み、整理して、次代の大槻文彦へと受け渡す役割を担った存在であると結論付けた。また『詞の道しるべ』も、学史上看過することのできない重要な資料として、改めて日本語学史上に位置付けられた。

本書巻末に収めた附録一「東京大学国語研究室蔵　黒川真頼文庫目録〈語学之部〉小型本」は、黒川真頼に流れ

込んだ学問の具体として示した。その中には、序章に示した四種の活用表、すなわち本居宣長『てにをは紐鏡』、富士谷成章「装図」、鈴木朖『活語断続譜』、本居春庭「四種の活の図」のうち、朖の図を除いた三種の系統が揃っている。これは当時の学説の流布状況を考えるうえでも重要な資料となるだろう。そして附録二の稿本『詞の栞』、その注解書である附録三『詞乃栞打聴』は、第三部の参考資料であると同時に、近世の学問を継承し結実させた具体例の一つである。

　一連の考察をとおして、近世後期のテニヲハ論は、活用語尾とテニヲハの境界を明確化する方向で展開したことが明らかになった。その過程で重要な役割を果たしたのは、従来テニヲハ論において評価されてきた富士谷成章や本居宣長よりも、本居春庭であったと結論付ける。本居春庭によって活用形をテニヲハによって規定し、体系付ける行き方が明示され、テニヲハの外延が定められたことは、テニヲハ論においても活用論においても画期的転換点となったと言えよう。

　しかしこの展開は、現行の文法に接近してゆくような流れではなく、むしろ逆行するような方向で流れている。時代が下るにつれ、完了「り」が助動詞とされてゆくわけではないし、命令形が立項されてゆくというわけでもない。従来の研究では、近世後期をとおして、次第にテニヲハおよび品詞全体の体系が整理されてゆくとされてきたが、すべての事項に対してあてはまるわけではないようである。

　それぞれが現行の体系になるためには、春庭の次に、新たな画期点が必要となることが予想される。命令形については第五章において大槻文彦がその役割を担ったことが確認できたが、完了「り」のこの問題に関しては、大槻『広日本文典』においても、「り」は語尾として処理されていることから、さ今後の課題として残された。

202

終　章

　らにその後の文典まで範囲を広げて考察しなければならない。

　本書の序章に、傑出した学説だけではなく、その足元にある資料の蓄積を意識する必要性を述べたが、結果、『詞の道しるべ』や黒川真頼の資料を再評価するにとどまり、「近世後期文法関係書年表稿」に記した多くの資料については触れることができなかった。さらにこの背後には、随筆、注釈書の類などが膨大にあり、資料面の課題は多く残されている。また、本研究では国学や歌学に関する学説をおもに取り上げたが、今後、鶴峯戊申のような、洋学の影響を反映する学説まで覆う必要があろう。

　また本書では、具体的な問題として完了「り」と命令形を取り上げたが、テニヲハ論と活用論が接する項目はこれに限らないと思われる。たとえば受身「る・らる」、使役「す・さす」は、『あゆひ抄』にも立項されるが、富樫広蔭が完了「り」と同じく「属詞」に含めており、当時、用言の側に近しい存在とされた形跡が認められる。

　これについては、『詞八衢』だけでなく『詞通路』が深く関わってくることが予想される。

　もとより、本書は活用研究との関係から近世後期のテニヲハ論を「テニヲハの範囲」という観点から考察したに過ぎない。近世におけるテニヲハ論の全体を考えるには、残された課題は山積している。本書で示した「近世後期文法関係書年表稿」の完成を目指して資料の蓄積を行うとともに、富士谷成章をはじめ個々の学説の解釈を深め、日本語学史の編述に取り組んでいきたい。

203

おわりに

本書は、二〇一七年度、上智大学に提出した学位請求論文『近世後期におけるテニヲハ論の展開と活用研究』に加筆修正を施したものである。審査をしていただいた服部隆先生、豊島正之先生、西澤美仁先生、山東功先生には、細部にわたって非常に丁寧なご指導、ご助言をいただいた。深く感謝申し上げる。

高校の古典の授業時、国語教員が余談にこぼしたのは、富士谷成章『あゆひ抄』の四具であった。定期試験のために丸暗記した学校文法の十品詞は味気なく、何の興味もひかれなかったのに対し、「名」「装」「挿頭」「脚結」という比喩は、いかにも奇妙で独自の世界を想像させた。以来、筆者の脳裏には、成章の四具がひっそりと巣くってしまった。

期せずして進学した上智大学文学部国文学科には、まさに国語学史を専門とする服部隆先生がおられ、それは筆者にとっては僥倖にほかならなかった。高校教員の気まぐれの余談から始まった興味であったが、それが拙いながらも研究の体を成すまで、先生は辛抱強く見守り、育てて下さった。何と御礼しても尽くしきれない。

上智大学在籍中、国文学科の先生方には専門を越えて親身にご指導いただいた。中でも西澤美仁先生には、一

年間毎週『古今和歌集』の講読をしていただき、テニヲハ論を考えるうえで重要な下地を整えていただいた。すでに故人となられた松岡洸司先生、大島晃先生、木越治先生にも、小著のご報告が届くことを祈る。また、湯浅茂雄先生、星野佳之先生はじめ、上智大学の先輩諸氏からも多くの学恩を受けた。二〇一六年度には星野先生の御厚意により、『あゆひ抄』の読書会を行う機会をいただいた。この読書会無くして、本書第一部は成すことができなかった。

本書第三部に関わる黒川文庫の閲覧に際しては、月本雅幸先生にたいへんお世話になった。資料閲覧の作法に無知であった筆者に対し、折に触れご助言下さり、光栄にも小型本の目録作成まで任せて下さったことは、身に余る得難い経験となった。

日本語学会をはじめとする学会、研究会を通じてもまた、多くの先達の学恩に与った。日本近代語研究会ではたびたび発表の機会をいただき、小野正弘先生はじめ、ご列席の先生方からご助言を賜った。当初、筆者はテニヲハの分類にのみ固執していたが、二〇一二年の口頭発表の席上、田中章夫先生が「活用論をやるといいよ」と声をかけて下さったことは、その後の方向性を決定づける重要な分岐点となった。また、日本近代語研究会での同世代の会員との関わりや、富岡宏太氏の主催するハナの会など、ともに研究を志す仲間に恵まれたことも、筆者にとっては幸福なことだった。

小著のもととなった博士論文執筆中には、都留文科大学で初めて非常勤講師として「国語学史」を担当させていただき、改めて大局的に日本語の学史に向き合う機会に恵まれた。今や全国的にも希少な課目となった「国語学史」を筆者に預けて下さった加藤浩司先生、筆者にとっての第一期生とも言うべき三名の受講生に、心より御礼申し上げる。

おわりに

本書の出版にあたっては勉誠出版の福井幸氏に多大なるお力添えをいただいた。また校正の際には、八木下孝雄氏、髙橋洋成氏に援助いただいた。記して深謝申し上げる。

「天の下では、すべてに時機がありすべての出来事に時がある」(コヘレト三・一)と聖書の一節にある。小著を成すに至るまで多くの方々に出会い多くの機会に恵まれ、不出来で怠惰な筆者を導いていただいたことに改めて深く感謝申し上げたい。差配された時機にからくも応え、こうして形にすることができたものの、積み残した課題はなお山積し、内心慙愧たる思いがある。天の采配に適うべく、それらに誠実に向き合い、今後も研鑽を重ねてゆく所存である。

なお本書は、平成三〇年度新村出記念財団刊行助成、令和元年度日本学術振興会科学研究費補助金（研究成果公開促進費、課題番号19HP5071）の助成を受けて刊行されるものである。

二〇一九年十月

遠藤佳那子

附録一

東京大学国語研究室蔵 黒川真頼文庫目録〈語学之部〉小型本

一、はじめに

本目録は、東京大学国語研究室蔵黒川文庫小型本の目録である。

当資料群は六箱の桐製の箱に分けて収められ、計五一点を数える。資料の形態は小型の折本・畳物で、内容はほとんどが図表である。

他の東京大学国語研究室蔵黒川文庫本が9・26・27棚の函架番号を付されたのに対し、当資料群は番号も付されず別置されていたものである。しかし印記（黒川家の蔵書印や「語学」印）等の状況から黒川文庫〈語学之部〉に属するものと認められるため、「小型本」と

して一括し、ここに掲載する。

管理・閲覧の利便を考慮し、各箱の資料一覧（配列は原則五十音、刊写年順）を示した後に、全資料の書誌を五十音順に示す。

また、今回の調査の過程で得られた情報がある場合や、簡単な内容の説明が必要と判断した場合には、《備考》の項を立てて記す。

なお、本目録を編むにあたり、『東京大学文学部国語研究室所蔵古写本・古刊本目録』（東京大学文学部国語研究室編、一九八六）、『黒川文庫目録（本文編・索引編』（柴田光彦編、二〇〇〇−二〇〇二）を参考に用い、資料の同定を行った。詳細は、「調査報告」に譲る。

209

附　録

凡例

・書誌調査結果の表示方法は、「東京大学国語研究室蔵黒川真頼文庫目録〈辞書之部〉」の凡例に原則従う。

・編著者名は、一般的なものを採用した。

・本目録において、「折本」とは縦に折り畳まれた形式を指し、「畳物」とは縦に折り畳まれた上、さらに上下に畳まれた形式を指す。

・寸法は、縦×横の順に広げた状態を記し、（畳　）で畳んだ状態を示した（原則、右辺と上辺を採寸したが、畳んだ状態の寸法は辺の最長箇所をとった）。

・箱の寸法は、蓋をした状態での外寸を測り、縦×横×高さの順に示した。

・「語学」印は無い場合のみ記載する。

・表紙の原後は判断しない。

・表紙の無い資料に関しては、〈外装〉の項目を立てた。

・資料に簽で付された番号は、〈表紙〉または〈外装〉の項に【　】で示した。

・書誌作成者が内容から判断した書誌情報は［　］で示した。

・図の有無は特記しない。

・字体は現行のものに改めた。

■箱一（21.8×22.8×4.0㌢）

書名	編著者	形態
詞の栞	黒川真頼	写一通
詞の栞	黒川真頼	刊一鋪
詞の栞	黒川真頼	刊一鋪
詞の栞	黒川真頼	刊一鋪
【再刻】詞の栞	黒川真頼	刊一鋪
［再刻］詞の栞	黒川真頼	刊一鋪
詞のやちまたのしをり	黒川真頼	写四通
詞格対照	黒川真頼	刊一鋪
［詞格対照］	黒川真頼	刊一鋪
新撰てにをはのやちまた	黒川真頼	写七通
辞の栞	黒川真頼	写八通
表裏挿頭あゆひ抄	黒川真頼	写一帖

■箱二（21.2×23.8×3.8㌢）

書名	編著者	形態
かたはみ艸	殿村常久	刊一帖
活語自他捷覧	横山由清	刊一帖
国語国音用字格	関豊脩	刊一帖
ちちのことくさ	谷森善臣	刊一鋪

東京大学国語研究室蔵 黒川真頼文庫目録〈語学之部〉小型本

ちまたのたつき　鋤柄助之　刊一帖
〔中等学校教材〕日本文法表第一表　佐藤仁之助　刊一鋪
〔中等学校教材〕日本文法表第二表　佐藤仁之助　刊一鋪
〔中等学校教材〕日本文法表第三表　佐藤仁之助　刊一鋪
〔拗音開合図〕　太田全斎　写一帖

■箱三（22.8×14.4×2.9ｾﾝﾁ）
〔俗解雑図〕　黒川真頼　写六通

■箱四（21.6×12.2×5.4ｾﾝﾁ）
音図大全　堀秀成　刊一鋪
仮字用例一覧　旗野士良　刊一鋪
語学要覧　東宮鉄真呂　刊一鋪
詞のしをり　桑門静教　刊一鋪
語法掌覧　平田盛胤　刊一鋪

新撰活語てにをは指掌図　刊一鋪
俗言活用図　小柳津要人　写一鋪

■箱五（22.6×13.1×8.4ｾﾝﾁ）
あゆひ鈔手鑑〔甲〕　春原元彦　写一鋪
あゆひ鈔手鑑〔乙〕　春原元彦　写一鋪
語学究理九品九格総括図式　鶴峰戊申　刊一鋪
しきくと活く詞　刊一鋪
経緯略図　刊一鋪
天言活用図　海野幸典　写一鋪
天言活用図　海野幸典　刊一鋪
霊語指掌図　保田光則　刊一鋪
霊語指掌図　春原元彦　刊一鋪
装図　伊庭秀賢　刊一鋪
装脚結詞打合図　伊庭秀賢　刊一鋪
をろの鏡　武総陳人　刊一鋪

附録

■箱六 （20.5×11.3×6.0センチ）

- 活語図　　　　　　写一鋪
- 活語略図　　　　　鈴木弘恭　刊一鋪
- 活語略図　　　　　鈴木弘恭　刊一鋪
- 活語略図　　　　　鈴木弘恭　刊一鋪
- 活語図　　　　　　清原道旧　刊一鋪
- 五位十行活図式　　清原道旧　刊一鋪
- 五位十行活図式　　権田直助　刊一鋪
- 詞の真澄鏡　　　　本居宣長　刊一鋪
- てにをは紐鏡 ［再版］　　　写一帖
- 八衢まなび雑用抄　　義門　刊一鋪
- 和語説略図　　　　義門　刊一鋪
- 和語説略図 ［補正版］

あゆひ鈔手鑑 ［甲］　あゆいしょうてかがみ　写一鋪　江戸後期　箱五　春原元彦

○嘉永二年（一八四九）写、畳物、表紙なし、楮紙、37.9×45.3センチ（畳19.5×8.6センチ）、漢・片・平、序跋な〔し〕

《印記》頼、［頼］、道、前

《外装》【十六（共二）】（左・直・朱）春原元彦著

《外題》『あゆひ鈔手鑑 甲』

《巻尾》天保十［己亥］年六月　平安　春原元彦識

《奥書》嘉永二年十二月七日夜　金子輝長写

《備考》春原元彦『装図』片面の忠実な写本。『あゆひ鈔手鑑 乙』と一組。筆写者である金子輝長は黒川真頼の実弟。

あゆひ鈔手鑑 ［乙］　あゆいしょうてかがみ　写一鋪　江戸後期　春原元彦

○江戸後期写、畳物、表紙なし、楮紙、37.9×45.3センチ

東京大学国語研究室蔵 黒川真頼文庫目録〈語学之部〉小型本

（畳19.5×8.6センチ）、漢・片・平、序跋なし
〈印記〉頼、〔頼〕、道、前
【十六】〔共二〕
〈外題〉『あゆひ鈔手鑑　乙』
〈内題〉・巻首…『装図』
《備考》
　春原元彦『装図』片面の忠実な写本。『あゆひ鈔手鑑　甲』と一組。同時期に金子輝長により筆写されたものか。

音図大全　おんずたいぜん　堀秀成

刊一鋪　明治期　箱四　L67369

○明治九年（一八七六）刊、畳物、鳶色布地表紙、楮紙、51.5×72.4センチ（畳17.5×9.2センチ）、漢・片・平、序跋なし、少虫損
〈印記〉道、前、東図、〔東大〕、国語、「日下部文庫」、「新井文庫」、他一種
〈表紙〉『音図大全』
【三十九】（題簽外題右・直・墨）堀秀成著
〈内題〉・巻首…『音図大全』
〈刊記〉嘉永六年九月製図
　　元治二年四月改正
　　明治九年一月再改正
　　版権免許　明治九年十一月二十二日
　著者　権少教正　堀　秀成
　　茨城県士族
　　東京第三区七小区赤坂
　　一ツ木町四拾四番地寄留

をろの鏡　おろのかがみ　武総陳人

刊一鋪　江戸後期　箱五

○江戸後期刊、畳物、表紙なし、楮紙、37.4×52.2センチ（畳19.0×9.5センチ）、漢・片・平、序跋なし、少虫損
〈印記〉道
〈外装〉番号、「語学」印なし
〈内題〉・巻首…『をろの鏡』

附　録

神奈川県平民

出版人　門人　中村信治
神奈川県第廿一大区四小区
小船村千二百二十五番地居住

楷紙、18.2×212.2センチ（畳18.2×7.3センチ）、漢・片・平、
安政四年（一八五七）井上文雄序、自跋
〈印記〉頼、道、前
〈表紙〉【二十】（左・直・墨）横山由清著
〈外題〉『活語自他捷覧　全』
〈扉〉横山由清著／活語自他捷覧／月舎蔵梓
〈内題〉・扉…『活語自他捷覧』
《備考》
印記「つきのや」あり。横山由清（号「月舎」）の印

かたはみ艸（かたばみぐさ）　殿村常久

刊一帖　江戸後期　箱二

○文政一三年（一八三〇）刊、折本、瓶覗色布目地表
紙、19.6×192.5センチ（畳19.6×5.2センチ）、漢・片・平・文
政一一年（一八二八）自序、本居大平跋
か。
〈印記〉頼、道、前
〈表紙〉【四】、（右上・簽・朱）殿村常久（墨）四
〈外題〉『かたはみ艸』
〈刊記〉文政十三年寅正月　崑軒蔵板

活語図（かつごず）

写一鋪　江戸後期　箱六　L67137

○江戸後期写、畳物、表紙なし、楷紙、32.4×47.6センチ
（畳16.4×7.0センチ）、漢・片・平、書入（朱墨）、序跋な
し、少虫損
〈印記〉頼、道、前、東図、【東大】、国語
〈外装〉【三十六】

活語自他捷覧（かつごじたしょうらん）　横山由清

刊一帖　江戸後期　箱二

○江戸後期刊、折本、白練色金箔散らし布目地表紙、

東京大学国語研究室蔵 黒川真頼文庫目録〈語学之部〉小型本

〈外題〉『活語図』

《備考》
義門『和語説略図』(天保四年版)の写本。

活語略図　かつごりやくず　鈴木弘恭
刊一鋪　明治期　箱六

○明治二四年(一八九一)刊、畳物、表紙なし、袋、楮紙、32.7×48.6㌢(畳16.4×8.2㌢)、漢・片・平、書入(朱)、序跋なし
〈印記〉道、前
〈袋〉【十八】
「鈴木弘恭著／活語略図　全／十八公舎蔵梓」
(右上・直・朱)呈上
〈外装〉【十八】
〈外題〉『活語略図　全』
〈内題〉・巻首…『活語略図』
〈刊記〉
明治廿四年十月廿五日印刷　著述兼印刷発行者　鈴木　弘恭
東京府士族　小石川区竹早町十二番地

同　年同月廿七日出版　発売書肆
版権免許　正価五銭
敬文堂　神田淡路町一丁目一番地

《備考》
「十八公舎」は鈴木弘恭の号。鈴木弘恭は黒川真頼の門徒。

活語略図　かつごりやくず　鈴木弘恭
刊一鋪　明治期　箱六

○明治二四年(一八九一)刊、畳物、表紙なし、袋、楮紙、32.7×48.6㌢(畳16.3×8.3㌢)、漢・片・平、書入(朱)、序跋なし
〈印記〉頼、道、前
〈袋〉【二十二】
「鈴木弘恭著／活語略図　全／十八公舎蔵梓」
(右上・直・朱)呈上
(左・直・朱)真道君
〈外装〉【二十二】
〈外題〉『活語略図　全』

附　録

〈内題〉・巻首…『活語略図』

〈刊記〉

同　明治廿四年十月廿五日印刷　著述兼印刷発行者　東京府士族　小石川区竹早町十三番地　鈴木　弘恭　神田淡路町二丁目二番地　敬文堂

年同月廿七日出版　発売書肆

版権免許　正価五銭

活語略図　かつごりゃくづ　　鈴木弘恭

刊一鋪　明治期　箱六　L67141

○明治二四年（一八九一）刊、畳物、瓶覗色布目地表紙、楮紙、32.6×48.7ゼン（畳16.1×8.2ゼン）、漢・片・平、

書入（朱）、序跋なし、少虫損

〈印記〉頼、道、前、東図、【東大】、国語

〈表紙〉【三十二】、（左上・直・朱）鈴木弘恭著

〈外題〉『活語略図　全』

〈内題〉・巻首…『活語略図』

〈刊記〉

同　明治廿四年十月廿五日印刷　著述兼印刷発行者　東京府士族　小石川区竹早町十三番地　鈴木　弘恭　神田淡路町二丁目二番地　敬文堂

年同月廿七日出版　発売書肆

仮字用例一覧　かなようれいいちらん　　旗野士良

版権免許　正価五銭

刊一鋪　明治期　箱四

○明治二九年（一八九六）刊、畳物、表紙なし、酸性紙、37.5×53.0ゼン（畳18.8×7.0ゼン）、漢・片・平、明治一八年（一八八五）自序、跋なし

〈印記〉頼、道、前

〈外装〉【三十】、（中・直・朱）旗野士良著

〈外題〉『仮字用例一覧』

〈内題〉・巻首…『仮字用例一覧』

〈刊記〉不許翻刻　同声会

編輯兼／発行人　東京市小石川区西江戸川町十四番地　旗野士良

印刷人　東京市牛込区市ヶ谷加賀町二丁目十二番地　兼松正致

《備考》明治二九年一〇月一五日発行、同声会雑誌第三号附　吉岡厳八

東京大学国語研究室蔵 黒川真頼文庫目録〈語学之部〉小型本

録。もと縦18.8×横13.5センチに畳むものを、さらに縦半分に折り畳んである。

五位十行活図式　ごいじゅうぎょうかつずしき　清原道旧

刊一鋪　江戸後期　箱六

○江戸後期刊、畳物、表紙なし、楮紙、24.4×42.1センチ（畳12.6×7.2センチ）、漢・片・平、書入（朱墨）、両面印刷、序なし、自跋

〈印記〉頼、道、他一種
〈外装〉
〈内題右傍〉【二十六】
〈内題〉・巻首…『五位十行活図式』
《備考》『黒川文庫目録』において「レ」印なし。

【二十七】

〈内題〉・巻首…『五位十行活図式』
〈外装〉内題が見えるよう折り畳まれ、内題右傍に

語格要覧　ごかくようらん　東宮鉄真呂

刊一鋪　明治期　箱四

○明治二三年（一八九〇）刊、畳物、藍鼠色布目地表紙、楮紙、24.8×134.6センチ（畳13.0×7.5センチ）、漢・片・平、書入（朱）、序跋なし

〈印記〉頼、道、前
〈表紙〉【十二】
〈内題〉・凡例…『語格要覧』
〈外題〉『語格要覧〔東宮鉄真呂編〕全』
〈刊記〉

五位十行活図式　ごいじゅうぎょうかつずしき　清原道旧

刊一鋪　江戸後期　箱六

○江戸後期刊、畳物、表紙なし、楮紙、24.3×42.1センチ（畳12.2×7.2センチ）、漢・片・平、両面印刷、序なし、自跋

版権所有

明治二十三年五月廿三日印刷
明治二十三年五月廿四日出版

著作兼発行人　栃木県平民　東宮鉄真呂　東京市浅草区駒形町四十四番地寄留

印刷者　東京府士族　大沢敬徳　東京市浅草区手東村四百四十七番地

附　録

《備考》
本資料の他に、『国会図書館にも二点蔵書が確認
できる。本資料と異なり、国立国会図書館蔵本は二点
とも埋木して改訂した箇所が確認できることから、本
資料は国立国会図書館蔵本に先行する版であることが
わかる。

《刊記》　戊申
　　　　　徴古究理堂蔵

国語国音用字格
こくごこくおんようじかく　関豊脩

刊一帖　江戸後期　箱二　L67136

○江戸後期刊、折本、薄柿色無地表紙、17.6×89.1ギン、書入（朱）、
（畳17.6×7.5ギン）、漢・片・平、両面印刷、書入（朱）、
文化一二年（一八一五）自序、石川雅望跋、少虫損

《印記》頼、【頼】、道、前、東図、【東大】、国語、「寶
《外題》『国語国音用字格』
《表紙》【三十三】、（左・直・朱）関豊脩著
《内題》・巻首（表面）…『【国語／国音】用字格』
　　　　・巻首（裏面）…『国音の仮字』
《後表紙》（左・直・墨）己丑仲秋　寶屋

語学究理九品九格総括図式
ごがくきゅうりきゅうひんきゅうかくそうかつずしき

刊一鋪　江戸後期　箱五
　　　　　　　　　　鶴峰戊申
　　　　　　　　　　　　　　鶴峰戊申屋

○江戸後期刊、畳物、表紙なし、楮紙、31.3×81.2ギン、
（畳15.9×10.1ギン）、漢・片・平、序跋なし、少虫損

《印記》頼、道、前
《外装》【二十四】、（左・直・朱）鶴峰戊申著
《内題》『語学究理九品九格総括図式』
《外題》『語学究理九品九格総括図式』
《巻尾識語》文政十三年庚寅十一月　皇屋主人　鶴峰

詞のしをり
ことばのしおり　桑門静教

刊一鋪　江戸後期　箱四

218

東京大学国語研究室蔵 黒川真頼文庫目録〈語学之部〉小型本

○天保元年（一八三〇）刊、畳物、菜の花色布目地表
紙、楮紙、30.2×78.1チセン（畳15.2×6.1チセン）、漢・片・平、
序なし、天保元年（一八三〇）自跋
〈印記〉頼、道、前
〈表紙〉【十五】、（右・直・墨）桑門静教著
〈外題〉『詞のしをり』
〈刊記〉天保元年十二月

詞の栞　ことばのしをり　黒川真頼
　　　　　　　　　写一通　明治期　箱一

○明治期写、畳物、表紙なし、楮紙、33.5×150.3
チセン（畳17.3×7.8チセン）、漢・片・平、書入（朱）、序なし、
橋本高広・青山磯根跋、少虫損
〈印記〉頼、道、前
〈外装〉【二十三】
《備考》
〈内題〉・巻首…『詞の栞』
小紙片による校合あり。『詞の栞』稿本か。

詞の栞　ことばのしをり　黒川真頼
　　　　　　　　　刊一鋪　明治期　箱一

○明治期刊、畳物、表紙なし（後表紙のみ残、枇杷茶色布
目地）、楮紙、29.2×79.3チセン（畳14.5×6.7チセン）、漢・片・
平、書入（朱墨）、序跋なし
〈印記〉【頼】、道、前
〈外装〉番号なし、「語学」印なし
〈内題〉・巻首…『詞の栞』
《備考》
胡粉、貼紙による訂正、書入れが多数箇所見える。
『〔再刻〕詞の栞』に向けた改訂作業の跡か。

詞の栞　〔再刻〕　ことばのしをり　黒川真頼
　　　　　　　　　刊一鋪　明治期　L67143

○明治期刊、畳物、表紙なし、楮紙、30.0×75.5チセン（畳
15.0×6.1チセン）、漢・片・平、書入（褐朱・墨）、序跋な
し、少虫損
〈印記〉頼、【頼】、道、東図、【東大】、国語、【光長】

〔再刻〕詞の栞　ことばのしおり　　黒川真頼

（朱円）、「黒光」（朱円）
〈外装〉【四十一〕、「語学」印なし、（右・直・朱）第一
〈裏面〉（左・直・朱）黒川光長、（左下・直・墨）光長
〈外題〉『詞の栞』
〈内題〉・巻首…『詞の栞』
《備考》
外題、内題ともに『詞の栞』だが、内容から再刻と判断。「光長」は黒川真道の前名。

〔再刻〕詞の栞　ことばのしおり　　黒川真頼
　　　　　　　　　　　刊一鋪　明治期　箱一
○明治期刊、畳物、共紙表紙、楮紙、30.3×76.9センチ（畳15.1×5.9センチ）、漢・片・平・書入（褐朱）、序跋なし
〈印記〉頼、道、前
〈外装〉【四十二〕、「語学」印なし、（直・朱）第二
〈外題〉『〔再刻〕詞の栞』
〈内題〉・巻首…『詞の栞』

〔再刻〕詞の栞　ことばのしおり　黒川真頼
　　　　　　　　　　　刊一鋪　明治期　箱一
○明治期刊、畳物、猩々緋色小葵紋（艶出）表紙、楮紙、30.3×77.0センチ（畳15.1×5.2センチ）、漢・片・書入（朱墨）、序跋なし
〈印記〉頼、「黒川光長」
〈表紙〉【四十三〔共二〕、「語学」印なし
〈外題〉『〔再刻〕詞の栞』
〈内題〉・巻首…『詞の栞』
〈後表紙〉（直・墨）
《備考》
巻末に『詞格指掌図』（縦14.7×横20.0センチ）が貼付される。「黒川光長」は黒川真道の前名。

詞の真澄鏡　ことばのますみかがみ　権田直助
　　　　　　　　　　刊一鋪　明治期　箱六　L67139
○明治期刊、畳物、黄櫨染色布張表紙、楮紙、35.8×59.2センチ（畳17.9×7.6センチ）、漢・片・平・序跋なし

東京大学国語研究室蔵　黒川真頼文庫目録〈語学之部〉小型本

〈印記〉道、前、帝図、〈東大〉、国語
〈表紙〉【三十七】、（題簽左下・直・朱）権田直助著
〈外題〉『詞の真澄鏡【教典入門】』
〈内題〉・見返し…『詞の真澄鏡』

詞のやちまたのしをり　ことばのやちまたのしおり

黒川真頼

写四通　明治期　箱一

○明治期写、畳物
①28.1×40.3㌢（畳14.5×11.0㌢）、書入（朱）
②27.2×40.1㌢（畳14.5×11.0㌢）、書入（朱）
③27.1×37.9㌢（畳14.5×11.0㌢）
④27.9×38.5㌢（畳14.5×11.0㌢）、書入（朱）

〈外装〉【廿八〔共廿一〕】（四通全て）
漢・片・平・序跋なし

《備考》
①内題なし、「金子真頼編輯」と署名あり。区画ごとに切り抜いたり貼り合わせたりした形跡あり。

②〈内題〉『詞のやちまたのしをり』、「黒河真頼著」と署名あり。細かい切り抜き、貼り合わせなどあり。

③〈内題〉、署名なし。切り貼りなし。

④〈内題〉、署名なし。上から小紙片を貼り、訂正した箇所多数あり。他の三通と紙質が異なる。

語法掌覧　ごほうしょうらん　平田盛胤

刊一鋪　明治期　箱四

○明治二八年（一八九五）刊、畳物、薄群青色布目地
表紙、酸性紙、34.0×60.0㌢（畳17.0×7.6㌢）、漢・平、
自序、跋なし、少破

〈印記〉頼、道、前
〈表紙〉【十九】
〈外題〉『語法掌覧』
〈内題〉・巻首…『語法掌覧』
〈刊記〉
明治二十八年七月卅日印刷　明治二十八年八月三日出版

221

附　録

小石川区小日向第六大町十七番地
編輯者　平田盛胤
神田区仲猿楽町五番地
発行者　国語伝習所
右代表者
杉浦鋼太郎
印刷者　同益社
麹町区飯田町二丁目五十番地
右代表者
酒井竹次郎

《備考》外題は活字印刷による。

詞格対照　しかくたいしょう　黒川春村・黒川真頼

刊一鋪　明治期　箱一

○明治期刊、畳物、猩々緋色菊花紋（艶出）表紙、
30.2×40.5㌢（畳15.0×5.2㌢）、漢・片・平、書入
（朱）、序なし、自跋
〈印記〉頼、道
〈表紙〉【四十四】〔共二〕
〈外題〉『詞格対照』
〈内題〉・巻首…『詞格対照』
《備考》
右上に『詞格指掌図』（縦14.8×横21.8㌢）を貼付。

『詞格指掌図』には黒川真道蔵書印のみ。

［詞格対照］　しかくたいしょう　黒川春村・黒川真頼

刊一鋪　明治期　箱一　L67142

○明治期刊、畳物、猩々緋色小葵紋（艶出）表紙、楮
紙、27.1×41.4㌢（畳13.6×5.1㌢）、漢・片・平・序
なし、自跋
〈印記〉東図、〔東大〕、国語
〈表紙〉番号なし、「語学」印なし
〈外題〉『〔再刻〕詞の栞』
〈内題〉・巻首…『詞格対照』
《備考》
外題と内容が異なる。表紙の紙は他の『〔再刻〕詞
の栞』と同じ紙と思われる。黒川文庫の蔵書印がいず
れも無い。

しきくと活く詞　しきくとはたらくことば

刊一鋪　江戸後期　箱五

東京大学国語研究室蔵 黒川真頼文庫目録〈語学之部〉小型本

○江戸後期刊、畳物、表紙なし、楮紙、24.2×33.2センチ

（畳12.5×5.6センチ）、漢・片・平、両面印刷、序跋なし

〈印記〉頼、道、前

〈外装〉【二十二】

〈内題〉・巻首（表面）…『しきくと活く詞』

・巻首（裏面）…『なにぬねとはたらく詞』、『てつとは
たらく詞』

計二種の図からなる。

《備考》

〈刊記〉木園蔵

『黒川文庫目録』に従い便宜的に題を「しきくと活
く詞」としたが、実際は裏面の「なにぬねとはたら
く詞」「てつとはたらく詞」の活用表一種と合わせて、

新撰活語てにをは指掌図
しんせんかつごてにをはししょうず

刊一鋪　明治期　箱四　L67140
小柳津要人

○明治三〇年（一八九七）刊、畳物、黄檗色凸つなぎ

地（艶出）表紙、楮紙、32.6×47.2センチ（畳10.9×7.9センチ）、

漢・平、二色刷り、序跋なし

〈印記〉頼、道、前、東図、【東大】、国語

〈表紙〉【三十五】（右・直・朱）進呈

〈外題〉『新撰〔活語／てにをは〕指掌図　全』

〈内題〉・巻首（上段）…『新撰活語指掌図』

・巻首（下段）…『新撰てにをは指掌図』

〈刊記〉明治三十年五月十七日印刷

明治三十年五月二十日発行

版権所有（定価金八銭）

編輯兼発行者　東京日本橋区通三丁目十四番地
小柳津要人

印　刷　者　東京日本橋区兜町二番地東京印刷株式会社
三井　駒治

発　行　所　東京日本橋区通三丁目十四番地
丸善株式会社書店

印　刷　所　東京日本橋区兜町二番地
東京印刷株式会社

《備考》

黒川真頼『詞の栞』を編集したもの。

附　録

新撰てにをはのやちまた

しんせんてにをはのやちまた

写七通　明治期　黒川真頼　箱一

○明治期写、畳物、表紙なし、楮紙

① 15.0×36.0ｾﾝ（畳15.0×9.1ｾﾝ）
② 13.5×95.4ｾﾝ（畳13.9×7.6ｾﾝ）
③ 13.5×34.0ｾﾝ（畳13.8×8.6ｾﾝ）
④ 13.5×34.0ｾﾝ（畳13.5×9.3ｾﾝ）
⑤ 13.6×33.1ｾﾝ（畳13.6×9.1ｾﾝ）
⑥ 27.0×40.0ｾﾝ（畳13.6×10.0ｾﾝ）
⑦ 27.9×38.7ｾﾝ（畳13.9×10.4ｾﾝ）

〈外装〉【廿八〔共廿一〕】（七通全て）

漢・片・平、書入（朱）、序跋なし

〈外題〉①『新撰てにをはのやちまた／第一階之図』
②『新撰てにをはのやちまた／第二階之図』

〈内題〉・巻首…
①『新撰てにをはのやちまた／第一階之図』
②『新撰てにをはのやちまた／第二階之図』
③『新撰てにをはのやちまた／第三階之図』
④『新撰てにをはのやちまた／第四階之図』
⑤『新撰てにをはのやちまた／第五階之図』

《備考》

① 裏打あり「昭和四十二年八月二日裏打修補」
⑥ 形容詞カリ活用の図
⑦ 「第一階」から「第五階」合わせた全体図
承接によって助詞・助動詞を分類し、それぞれの
活用を示した表。終止形・連体形・已然形の三段か
らなる。詳細は「調査報告」を参照。

［俗解雑図］

ぞくかいざつず　黒川真頼

写六通　明治期　箱三

○明治期写、畳物、表紙なし、楮紙、

① 35.0×74.0ｾﾝ（畳18.0×11.0ｾﾝ）
② 24.4×26.7ｾﾝ（畳12.5×6.9ｾﾝ）
③ 27.0×40.0ｾﾝ（畳14.3×10.1ｾﾝ）
④ 16.0×68.7ｾﾝ（畳16.5×10.4ｾﾝ）
⑤ 33.2×20.8ｾﾝ（畳17.5×8.0ｾﾝ）

東京大学国語研究室蔵 黒川真頼文庫目録〈語学之部〉小型本

⑥34.0×48.8㌢（畳17.5×8.9㌢）

漢・片・平、書入（朱）、序跋なし

〈外装〉【〈共廿一〉廿八】

《備考》

①用言の活用表、裏打あり「昭和42年8月9日裏打」

②助動詞・形容詞語尾の俗語訳の書付け。

③「行く」を例に、助詞・助動詞の承接を展開させた図。

④「来」「為」「就」など各行音義的な俗語訳を列挙する。

⑤完了「ぬ」に種々の助詞が接続した例を列挙し、俗語訳を付す。

⑥打消「ず」に種々の助詞が接続した例を列挙し、俗語訳を付す。

俗言活用図

ぞくげんかつようず

写一鋪　明治期　箱四

○明治期写、畳物、鳥ノ子色無地表紙、楮紙、26.8×60.7㌢（畳13.4×5.7㌢）、漢・片・平、書入（朱）、序跋なし

《印記》道、前、黒川（朱円）

《表紙》番号なし、「語学」印なし

〈外題〉『俗言活用図』

《備考》

『詞の栞』の枠組みに準じて俗言の活用体系を図表にしたもの。

経緯略図

たてぬきりゃくず　刊一鋪　江戸後期　箱五

○江戸後期刊、畳物、表紙なし、楮紙、袋、27.8×40.0㌢（畳14.0×10.0㌢）、漢・片・平、序跋なし

《印記》頼、道、前

〈袋〉【二十五】、「経緯略図／桜園蔵梓」

〈外装〉【二十五】

〈外題〉『経緯略図』

〈内題〉・巻首…『経緯略図【五十音也／たてぬき／ト

附　録

モ云』
〈刊記〉桜園蔵梓

ちちのことくさ　ちちのことくさ　　　谷森善臣　　刊一鋪　江戸後期　箱二　　損

○慶応三年（一八六七）刊、畳物、表紙なし、楮紙、27.4×121.5㌢（畳14.5×7.1㌢）、漢・片・平、自序、跋なし

〈印記〉頼、道

〈外装〉【三十四】

〈外題〉『ち丶のことくさ』〔谷森善臣著／慶應三年再刻本〕

〈刊記〉慶応三年五月再刻安政二年五月原刻　棗園蔵板

《備考》
二箇所裏打して貼り合わせ、裏に鉛筆で「S.42.8.24貼合ワセリ」とあり。『黒川文庫目録』において「レ」印なし。

ちまたのたつき　ちまたのたつき　鋤柄助之　刊一帖　江戸後期　箱二

○江戸後期刊、折本、舛花色布目地表紙、楮紙、16.8×95.4㌢（畳16.8×5.1㌢）、漢・片・平、序跋なし、少虫損

〈印記〉頼、道

〈表紙〉【十】（左・簽・朱）鋤柄助之著（墨）十

〈外題〉『ちまたのたつき』

辞の栞　てにをはのしおり　黒川真頼　写八通　明治期　箱一

○明治期写、折本、楮紙
①16.5×77.6㌢（畳16.9×7.9㌢）
②16.5×35.4㌢（畳16.6×8.5㌢）
③16.5×192.9㌢（畳18.3×9.3㌢）
④16.5×77.5㌢（畳16.8×7.7㌢）
⑤16.5×47.7㌢（畳16.6×7.7㌢）
⑥16.5×5.4㌢

東京大学国語研究室蔵 黒川真頼文庫目録〈語学之部〉小型本

⑦ 16.5×3.2センチ

⑧ 16.5×41.1センチ（畳 16.6×7.5センチ）

〈外装〉 漢・片・平、序跋なし

〈内題〉・巻首…① 『辞の栞 一階之図』

①③④⑤に【二十八 〔共二十一〕】

② 『なむの属』

③ 『辞の栞 二階之図』

④ 『辞の栞 三階之図』

⑤ 『辞の栞 四階之図』

⑥ 『体言のてにをは』

⑦ 『辞の栞 五階之図』

⑧ 『三転へわたらぬ辞の類』

〈備考〉

承接によって助詞・助動詞を分類し、それぞれの活用を示した表。五活用形からなる。紙に書きつけたものを切り分けたり貼り合わせたりしたものと思われる。①と②、⑦と⑧は、ひと続きであったものが剝離したり間が抜けたようである。『詞の栞』や他の写本と校合して整序した。詳細は「調査報告」参照。

てにをは紐鏡 〔再版〕

てにをはひもかがみ 本居宣長

刊一鋪 江戸後期 箱六

○文化一三年（一八一六）刊、畳物、錆浅葱色布目地表紙、楮紙、149.5×31.1センチ（畳 15.6×7.2センチ）、漢・片・平、書入（朱墨）、序なし、文化一三年（一八一六）自跋、墨損

〈印記〉 頼、道、前

〈表紙〉 【五】、（右・簽・朱）本居宣長著（墨）五

〈外題〉 『てにをは紐鏡 〔再板〕』

〈内題〉・巻首…① 『ひも鏡』

〈刊記〉 明和八年卯十月

于時文化十三年子五月再板

松坂 本居宣長

皇都 五車楼蔵

書林 華箋堂蔵

〈後表紙〉 五十音図（片仮名）の書入（墨）

227

附　録

天言活用図　てんげんかつようず　海野幸典

写一鋪　江戸後期　箱五

○江戸後期写、畳物、玉蜀黍色布目地表紙、楮紙、
36.2×153.9チン（畳18.2×8.5チン）、漢・片・平、序なし、
自跋、虫損

〈印記〉頼、【頼】、道、前

【六】

〈表紙〉

〈外題〉『(天保癸／巳新刻）天言活用図　海野幸典著』

〈内題〉・巻首…『天言活用図』

〈備考〉
版本（天保四年二月一二日跋）の忠実な写本。

天言活用図　てんげんかつようず　海野幸典

刊一鋪　江戸後期　箱五

○天保四年（一八三三）刊、畳物、表紙なし、楮紙、
32.8×133.6チン（畳16.5×8.5チン）、漢・片・平、序なし、
自跋、書入（朱）、少虫損

〈印記〉頼、道

〈外装〉【七】
（中・簽・朱）海野幸典著／春村書入（墨）七

〈外題〉『天言活用図』

〈奥書〉天保四年十一月十一日　海野幸典著

〈識語〉右赭墨もて比較しつるははしめのほとにすれ
る本のまゝなりさるを後に添削してかくあらため訂
したるなめれは今さらえうなきしわさには似たれと
はしめにはしかく〳〵ありつとこゝろ得てもまたあら
まほしくてなむ

嘉永三年十二月　　（春村花押）

〈備考〉
春村による本文への書入は「口授」を「口伝」に訂
正するなど、数か所のみ。

【中等学校教材】日本文法表　第一表

にほんぶんぽうひょう

刊一鋪　大正期　箱二

○大正六年（一九一七）刊、畳物、赤白橡色無地表紙、

佐藤仁之助

東京大学国語研究室蔵　黒川真頼文庫目録〈語学之部〉小型本

酸性紙、25.7×71.7ゼン（畳12.9×8.1ゼン）、漢・片・平・
羅、序跋なし

〈印記〉前

〈表紙〉【四十五】「語学」印なし

〈外題〉『〔中等学校教材〕日本文法表　第一表』

〈内題〉・巻首…『〔中等学校／教材〕日本文法表（第
一）』

〈刊記〉大正六年一月印刷　著者佐藤仁之助　発行者佐藤仁之助　東京日本橋本石町三ノ七　大葉久吉
印刷者賀町一ノ六加藤　東京牛込区加藤　青柳十一郎印刷所賀町一ノ六加藤　秀英舎工場
定価金八銭

《備考》
佐藤仁之助は『字音問答案』（明治二七年成、『黒川真
頼全集』第六巻所収）校者の一人。

【中等学校教材】日本文法表　第二表
　　　にほんぶんぽうひょう　　佐藤仁之助
　　　　　刊一鋪　大正期　箱二

○大正六年（一九一七）刊、畳物、赤白橡色無地表紙、

酸性紙、26.3×71.0ゼン（畳14.2×8.1ゼン）、漢・片・平、
序跋なし

〈印記〉前

〈表紙〉【四十六】「語学」印なし

〈外題〉『〔中等学校教材〕日本文法表　第二表』

〈内題〉・巻首…『〔中等学校／教材〕日本文法表（第
二）』

〈刊記〉大正六年一月印刷　発行者佐藤仁之助　東京日本橋本石町三ノ七　大葉久吉
印刷者賀町一ノ六加藤　東京牛込区加藤　青柳十一郎印刷所賀町一ノ六加藤　秀英舎工場
定価金八銭

【中等学校教材】日本文法表　第三表
　　　にほんぶんぽうひょう　　佐藤仁之助
　　　　　刊一鋪　大正期　箱二

〈印記〉前

〈序跋〉なし

○大正六年（一九一七）刊、畳物、赤白橡色無地表紙、
酸性紙、26.4×110.6ゼン（畳13.4×9.5ゼン）、漢・片・平、

附　録

〈表紙〉【四十七】、「語学」印なし

〈外題〉『〔中等学校教材〕日本文法表　第三表』

〈内題〉・巻首…『〔中等学校／教材〕』日本文法表（第三）

〈刊記〉
大正六年十一月印刷
大正六年六月発行　著者佐藤仁之助　発行者石町三ノ七　大葉久吉
東京日本橋本
印刷者賀町一八五三加茂青柳十一郎印刷所賀町一八五三
東京牛込区加秀英舎工場

定価金八銭

語・訳語を抄出した書。『脚結抄』からの抄出は四項目のみで、殆どが『挿頭抄』からの抄出。

八衢まなび雑用抄　やちまたまなびざつようしょう
写一帖　明治期　箱六
○明治期写、折本、薄藍鼠色無地表紙、楮紙、16.8×70.8センチ（畳16.8×7.2センチ）、漢・片・平、両面、序跋なし

〈印記〉頼、道、前

〈表紙〉【八】

〈外題〉『八衢まなび雑用抄　全』

《備考》

表裏挿頭あゆひ抄　ひょうりかざしあゆいしょう
写一帖　江戸後期　箱一
○江戸後期写、折本、白茶色無地表紙、楮紙、15.5×58.3センチ（畳15.5×6.0センチ）、漢・片・平、序跋なし

〈印記〉頼、道、前

〈表紙〉【二十九】、「語学」印なし

〈外題〉『表裏挿頭あゆひ抄』

《備考》
題簽の擦れのため外題の判読が難しいが、『黒川文庫目録』より同定。『挿頭抄』『脚結抄』中の見出し

以下三つの図表と、テニヲハの一覧表から成る。

図①…義門『和語説略図』の抄出

図②…義門『こと葉の道しるべ』所載の活用表の写し

図③…義門『こと葉の道しるべ』所載の活用表の写し

東京大学国語研究室蔵 黒川真頼文庫目録〈語学之部〉小型本

テニヲハの一覧表は、承接する活用形ごとに配列
し、里言や簡単な語釈を付す。富士谷成章『あゆひ
抄』、市岡猛彦『ひも鏡うつし辞』、殿村常久『かたは
み草』、黒川春村の説に拠る。

表紙は本体から剝離し、黒川本「辞書」部門の資料
に挟まれていた（二〇一五年発見、同年四月一六日確認）。
表紙の番号が書かれた簽は、上半部に空白がとられ、
最下部に番号「八」が墨書きされる。後から空白部分
に著者名を記入する予定だったと察せられる。

[拗音開合図]
ようおんかいごうず
写一帖　太田全斎
江戸後期　箱二

○江戸後期写、折本、表紙なし（後表紙のみ残、藤煤竹
色出つなぎ地草花唐草紋（押型）、楮紙、19.6×28.4㌢
（畳19.7×6.2㌢）、漢・片・平、序跋なし、書入（朱）、
少虫損
《印記》道
《備考》

太田全斎『漢呉音図』所載「拗音開合図」及び「拗
音図説」の写し。裏面には『漢字三音考』の説を引用
する。

装脚結詞打合図
よそいあゆいことばうちあわせず　保田光則
刊一鋪　江戸後期
箱五

○弘化四年（一八四七）刊、畳物、舛花色無地表紙、
楮紙、33.4×131.4㌢（畳16.9×8.4㌢）、漢・片・平、
序跋なし、書入（朱）、虫損
《印記》頼、「頼」、道、前
〈表紙〉【九】、（右・簽・朱）保田光則著（墨）九
〈外題〉『装脚結詞打合図』
〈内題〉・巻首（右）…『装脚結詞打合図』
　　　　・巻首（左）…『脚結詞打合図』
〈巻尾識語〉弘化四年正月　仙台渚舎　保田光則識
〈刊記〉渚舎蔵板
《備考》

附　録

紙面に二種の図が配される。右側『装詞打合図』、左側『脚結詞打合図』。

手鑑』については言及があるが、本資料については言及がない。

装図　よそいず　春原元彦
　　　　　　　刊一鋪　江戸後期　箱五

○天保一〇年（一八三九）刊、畳物、表紙なし、楮紙、38.0×51.2ｾﾝ（畳19.1×9.0ｾﾝ）、漢・片・平、両面印刷、序跋なし

〈印記〉頼、道、前
〈外装〉【十七】、（左・直・墨）春原元彦著
〈外題〉『装図』
〈内題〉・巻首…『装図』
〈刊記〉天保十〔己亥〕年六月　平安　春原元彦識
　　　　皇都書林　葛西市郎兵衛

《備考》
尾崎知光により紹介された資料『富士之山文』と同一資料（「『富士之山文』について」『愛知県立大学文学部論集』二六号、一九七七）。尾崎（一九七七）では『あゆひ鈔

霊語指掌図　れいごししょうず　伊庭秀賢
　　　　　　　刊一鋪　江戸後期　箱五

○慶応三年（一八六七）刊、畳物、赤目橡色布目地表紙、楮紙、29.7×202.7ｾﾝ（畳15.2×8.3ｾﾝ）、漢・片・平、序跋なし、少虫損

〈印記〉頼、道、前
〈表紙〉【十四】、（左・直・墨）伊庭秀賢著
〈外題〉『霊語指掌図』
〈刊記〉天保乙未初春　詞林園伊庭秀賢撰
　　　　同己亥暮春刻　同社中蔵板
　　　　慶応丁卯暮春　同門人知新再刻

霊語指掌図　れいごしょうず　伊庭秀賢
　　　　　　　刊一鋪　江戸後期　箱五

○慶応三年（一八六七）刊、畳物、舛花色布目地表紙、

L67144

東京大学国語研究室蔵 黒川真頼文庫目録〈語学之部〉小型本

楮紙、30.3×202.7センチ（畳16.5×7.5センチ）、漢・片・平、
序跋なし、書入（朱）
〈印記〉道、前、東図、（朱）
〈表紙〉【三十八】（左・直・朱）伊庭秀賢著
〈外題〉『霊語指掌図』
〈刊記〉天保乙未初春
　　　　詞林園伊庭秀賢撰
　　　　同己亥暮春刻
　　　　同社中蔵板
　　　　慶応丁卯暮春
　　　　同門人知新再刻

和語説略図【補正版】　わごせつ（ち）のりゃくず

刊一鋪　江戸後期　箱六

○江戸後期刊、畳物、藍鼠色布目地表紙、楮紙、30.7
×77.1センチ（畳15.4×6.8センチ）、漢・片・平、序なし、天
保四年（一八三三）自跋、虫損
〈印記〉頼、（頼）、道
〈表紙〉【十一】、（右上・簽・朱）義門著（墨）十一
〈外題〉『和語説略図』
〈内題〉・巻首…『和語説ノ略図』
〈巻尾〉壬寅春　義門　又云

和語説略図　わごせつ（ち）のりゃくず　義門

刊一鋪　江戸後期　箱六

○江戸後期刊、畳物、表紙なし、楮紙、29.7×39.8センチ
（畳14.9×7.0センチ）、漢・片・平、序なし、天保四年（一
八三三）自跋
〈印記〉頼、道、前
〈外装〉【十三】、（右上・簽・朱）義門著（墨）十三
〈外題〉『和語説略図』
〈内題〉・巻首…『和語説略図』

刊一鋪　江戸後期　箱六

↓　おろのかがみ

をろの鏡

附　録

黒川文庫 小型本 調査報告

一、資料群の概要

　当資料群は、六箱の桐製の箱に分けて収められ、計五一点を数える。資料の形態は小型の折本、畳物である。内容はほとんどが図表で、書誌名の判定しにくい資料もあった。そこで、『黒川文庫目録（本文編・索引編）』（柴田光彦編、二〇〇〇‐二〇〇二）、『東京大学文学部国語研究室所蔵古写本・古刊本目録』（東京大学文学部国語研究室編、一九八六、以下『東大目録』と称する）の記載を対照させ、資料の同定を行った。

　対照した結果、ほぼ全ての資料に付された籤の番号を、「便宜的に、書名の頭に漢字平数字で通し番号をが、

付した」（柴田二〇〇〇「凡例」）とされる番号と概ね一致した。すなわち、『黒川文庫目録（本文編）』における「十九　語学」、「二」～「四七」（三三九～三四〇頁）に該当する資料群であることが明らかになった。

　同時に、『黒川文庫目録』に登録されていない資料が数点あることが確認できた。そして、『黒川文庫目録』で「レ」印（関東大震災後の残本調査時のものと考えられる）が無く、散逸したと思われた資料のうち、三点の残存を確認することができた。詳細は、末尾に添付した対照表を参照されたい。この事実は、『黒川文庫目録』において「レ」印が無い資料であっても、僅かではあるが、今後発見される可能性がある、というこ

234

とを示唆している。

二、黒川真頼の草稿「語学雑図」について

資料群のうち、黒川真頼によると思われる稿本が何点かある。そのうち、『三十八【共三十二】』の簽が貼られた次の資料四点は、『黒川文庫目録』所載の『三八　レ〇　語学雑図　共三十八枚一袋入　一袋入一』に該当すると考えられる。もとは『語学雑図』として一袋にまとめて管理されていたものが、移管の過程で小分けにされたものであろう。

詞のやちまたのしをり　写四通（箱二）
新撰てにをはのやちまた　写七通（箱一）
辞の栞　写八通（箱一）
【俗解雑図】　写六通（箱三）

右の書誌名は『東大目録』に拠る。箱三【俗解雑図】のみ記載が無かったため、仮にこのように名付けた。合計二五通で、『黒川文庫目録』にある『三十八枚』、簽にある『共三十二』、それぞれに合致しない。だが、資料に貼られた簽を数えると二二枚（『辞の栞』八通のうち簽が付されているのは四通のみ）で、『共三十二』の記述には合う。貼り合わされた資料どうしの糊付けが甘い箇所もあり、簽を貼って数を確認した後に、分かれてしまったのであろう。

以下に、それぞれの内訳を改めて示し、内容の情報を記す。なお、本資料の成立時期や学史的な位置付けの考察は、本書第七章を参照されたい。

■詞のやちまたのしをり　写四通（箱二）

本居春庭『四種の活の図』の形式に準じた用言の活用表。改訂箇所から成立順序を検討し、次のように整理した。

①内題なし、「金子真頼編輯」と署名あり。区画ごとに切り抜いたり貼り合わせたりした形跡あり。

附　録

②内題『詞のやちまたのしをり』、「黒河真頼著」と署名あり。細かい切り抜き、貼り合わせなどあり。

③内題、署名なし。切り貼りなし。

④内題、署名なし。上から小紙片を貼り、訂正した箇所多数あり。他の三通と紙質が異なる。

■新撰てにをはのやちまた　写七通（箱一）

①内題『新撰てにをはのやちまた／第一階之図』
　未然形接続の助詞・助動詞の活用表。

②内題『新撰てにをはのやちまた／第二階之図』
　連用形接続の助詞・助動詞の活用表。

③内題『新撰てにをはのやちまた／第三階之図』
　終止形接続の助詞・助動詞の活用表。

④内題『新撰てにをはのやちまた／第四階之図』
　連体形・体言に接続する助詞・助動詞の活用表。

⑤内題『新撰てにをはのやちまた／第五階之図』
　已然形接続の助詞を列挙した表。

⑥内題なし、形容詞カリ活用の図。

⑦内題なし、「第一階」から「第五階」合わせた全体図。

①～⑤は、承接によって助詞・助動詞を分類した上で、助動詞の活用を示したもの。原則、終止形・連体形・已然形の三活用形からなり、係結びの三転に準拠するものと思われる。

■辞の栞　写八通（箱一）

①内題『辞の栞　一階之図』
　未然形接続の助詞・助動詞の活用表。

②内題『なむの属』
　①に同じく、未然形接続の助詞・助動詞の活用表。

③内題『辞の栞　二階之図』
　連用形接続の助詞・助動詞の活用表。

④内題『辞の栞　三階之図』
　終止形接続の助詞・助動詞の活用表。
　『二階之図』の続きと思われる。

236

黒川文庫 小型本 調査報告

助詞・助動詞を承接によって整理し、さらに助動詞の活用を展開させた表。五活用形で、係り結びを示す横軸が入るなど、『新撰てにをはのやちまた』には無かった要素が入っており、『新撰てにをはのやちまた』を発展させたものと思われる。この時点では係り結びは「三転」とあるが、草稿『詞の栞』では「指辞五条」と称されていることから、草稿『詞の栞』よりや前の段階の説であると推察される。

⑤内題『辞の栞 四階之図』

連体形・体言に接続する助詞・助動詞の活用表。

⑥内題『体言のてにをは』

助詞「ばかり」「がに」「はた」「まで」「より」などが列挙される。「ばかり」「がに」「はた」に付けられた印を示して、「此印は両階にて受る印」とあることから、「三階」と「四階」、両方の表にまたがることを想定していたと思われる。

⑦内題『辞の栞 五階之図』

冒頭部分のみ残存しており、かろうじて「ば」「ども」という文字の右側部分のみ確認できる程である。おそらく已然形接続の助詞の表が続いたと思われる。

⑧内題『三転へいたらぬ辞の類』

助詞「と」「とて」などが列挙される。内題として取った題の前に、「ど」「ども」とあるのが確認でき、『五階之図』の末尾部分と推測される。

■[俗解雑図] 写六通 （箱三）

①内題なし、用言の活用表。各欄に俗語訳の書入あり。

②内題なし、助動詞・形容詞語尾の俗語訳の書付け。

③内題なし、「行く」を例に、助詞・助動詞の承接を展開させた図。

④内題なし、「来」「為」「就」など各行音義的な俗語訳を列挙する。

⑤内題なし、完了「ぬ」に種々の助詞が接続した例

附　録

を列挙し、俗語訳を付す。

⑥内題なし、打消「ず」に種々の助詞が接続した例を列挙し、俗語訳を付す。

前述の三点が比較的まとまった図表形式を備えているのに対して、これらは構想を書き付けたメモといった風情である。ここに見える俗語訳は、明治二四年刊『詞乃栞打聴』に反映されていることが確認できる。

三、まとめ

黒川文庫小型本には、草稿「語学雑図」だけでなく、黒川真頼『詞の栞』の草稿や、大量の書入や胡粉の糊塗された原刻『詞の栞』が含まれている。これらは、黒川真頼の学説に直接関わるものとして、注目すべきものである。

また、当資料群には実弟・金子輝長による写本や、門弟が著わした刊本などが含まれる。中には「呈上」と書かれたものも見え、そうした資料は、周囲の人々

から黒川家に持ち込まれたことが考えられる。これらは黒川真頼の学問生活の環境がいかなるものであったか、間接的に伝える資料といえよう。筆写者の判然としない図表類の中にも、真頼自身や門弟たちの手によるものがあると想像される。

今回の調査によって、黒川文庫小型本の現在の所蔵状況が明らかになり、『黒川文庫目録』、『東大目録』、それぞれとの間に異同があることも確認することができた。本目録にも不備があろうと思われるが、今後補訂されることを期待したい。

付記　本目録を編成するにあたり、月本雅幸先生、藤本灯氏、田中草大氏には多大なご協力を賜った。ここに記して、深く御礼申し上げる。

箱	書誌名	編著者	装訂、数量	番号	レ印	『黒川文庫目録』記載書名	『東大目録』記載書名
1	詞の栞	黒川真頼	写一通	23	レ	詞の栞	詞の栞
1	詞の栞	黒川真頼	刊一鋪	—	レ	詞の栞（目録番号40か）	詞の栞
1	詞の栞〔再刻〕	黒川真頼	刊一鋪	41	レ	詞の栞	詞の栞
1	詞の栞〔再刻〕	黒川真頼	刊一鋪	42	レ	再刻詞の栞	再刻詞の栞
1	詞の栞〔再刻〕	黒川真頼	刊一鋪	43	レ	再刻詞の栞	再刻詞の栞
1	詞のやちまたのしをり	黒川真頼	写四通	28	レ	語学雑図	詞のやちまたのしをり
1	詞格対照	黒川春村	刊一鋪	44	レ	再刻詞の栞	詞格対照
1	詞格対照	黒川真頼	刊一鋪	—	レ		再刻詞の栞
1	〔詞格対照〕	黒川真頼	—	—	—	—	—
1	辞の栞	黒川真頼	刊一鋪	28	レ	語学雑図	辞の栞
1	新撰てにをはのやちまた	黒川真頼	写八通	28	レ	語学雑図	新撰てにをはのやちまた
1	表裏挿頭あゆひ抄	—	写七通	29	レ	表裏挿頭あゆひ抄	表裏挿頭あゆひ抄
1	かたはみ艸	殿村常久	写一帖	4	レ	かたはみ草	かたはみ艸
2	活語自他捷覧	横山由清	刊一帖	20	レ	活語自他捷覧	（かさし抄・あゆひ抄抄書）
2	国語国音用字格	関豊修	刊一帖	33	レ	国語国音用字格	活語自他捷覧
2	ちちのことくさ	谷森善臣	刊一鋪	34	レ	【谷森氏活用図】	国語国音用字格
2	ちまたのたつき	鋤柄助之	刊一帖	10	×	ちまたのたつき	ちちのことくさ
2	日本文法表　第一表	佐藤仁之助	刊一鋪	45	レ	中等学校教材日本文法表　第一表	ちまたのたつき
2	日本文法表　第二表	佐藤仁之助	刊一鋪	46	レ	中等学校教材日本文法表　第二表	—
2	日本文法表　第三表	佐藤仁之助	刊一鋪	47	レ	中等学校教材日本文法表　第三表	—
2	〔拗音開合図〕	太田全斎	写一帖	—	—	—	—

3	[語学雑図]	黒川真頼	写六通	28	レ	語学雑図	－
4	音図大全	堀秀成	刊一鋪	39	レ	音図大全	音図大全
4	仮字用例一覧	旗野士良	刊一鋪	30	レ	仮字用例一覧	仮字用例一覧
4	語格要覧	東宮鉄真呂	刊一鋪	12	レ	語格要覧	語格要覧
4	詞のしをり	桑門静教	刊一鋪	15	レ	詞乃しをり	詞のしをり
4	語法掌覧	平田盛胤	刊一鋪	19	レ	語法掌覧	－
4	新撰活語てにをは指掌図	小柳津要人	刊一鋪	35	レ	新撰活語てにをは指掌図	新撰活語てにをは指掌図
4	俗言活用図	－	写一鋪	－	レ	俗言活用図	俗言活用図
5	あゆひ鈔手鑑〔甲〕	春原元彦	写一鋪	16	レ	あゆひ抄手鑑	あゆひ抄手鑑
5	あゆひ鈔手鑑〔乙〕	春原元彦	写一鋪	16	レ	あゆひ抄手鑑	あゆひ抄手鑑
5	経緯略図	－	写一鋪	25	レ	経緯略図	経緯略図
5	語学究理九品九格総括図式	鶴峰戊申	刊一鋪	24	レ	語学究理九品九格総括図式	語学究理九品九格総括図式
5	しきくと活く詞	－	刊一鋪	22	レ	しきくと活く詞	しきくと活く詞
5	天言活用図	海野幸典	写一鋪	6	レ	天言活用図	天言活用図
5	天言活用図	海野幸典	刊一鋪	7	レ	天言活用図	天言活用図
5	装脚結詞打合図	保田光則	刊一鋪	9	レ	装脚結詞打合図	装脚結詞打合図
5	装図	春原元彦	刊一鋪	17	レ	装図	装図
5	霊語指掌図	伊庭秀賢	刊一鋪	14	レ	霊語指掌図	霊語指掌図
5	霊語指掌図	伊庭秀賢	刊一鋪	38	レ	霊語指掌図	霊語指掌図
5	なろの鏡	武総陳人	刊一鋪	－	－	－	－
6	活語図	－	写一鋪	36	レ	活語図	活語図
6	活語略図	鈴木弘恭	刊一鋪	18	レ	活語略図	活語略図

6	活語略図	鈴木弘恭	刊一鋪	21	レ	活語略図	―
6	活語略図	鈴木弘恭	刊一鋪	32	レ	活語略図	活語略図
6	五位十行活図式	清原道旧	刊一鋪	26	×	五位十行活図式	五位十行活図式
6	五位十行活図式	清原道旧	刊一鋪	27	レ	五位十行活図式	五位十行活図式
6	詞の真澄鏡	権田直助	刊一鋪	37	レ	詞の真澄鏡	詞の真澄鏡
6	てにをは紐鏡	本居宣長	刊一鋪	5	レ	てにをは紐鏡	―
6	八衢まなび雑用抄	―	写一帖	8	×	八衢まなび雑用抄	―
6	和語説略図	義門	刊一鋪	13	レ	和語説略図	和語説略図
6	和語説略図［補正版］	義門	刊一鋪	11	レ	和語説略図	和語説略図

「レ印」欄…「レ」…『黒川文庫目録』において「レ」印あり、「×」…『黒川文庫目録において「レ」印なし

附録二

黒川真頼 草稿『詞の栞』影印・翻刻（一部）

以下は、東京大学国語研究室所蔵の『詞の栞』（写本）の図表前後の解説部分を翻刻したものである。『詞の栞』（写本）の全体影印は本書口絵に収録する。黒川真頼の『詞の栞』は、草稿、原刻、再刻の三種が確認できるが、本資料は『詞の栞』の最初期の姿である草稿にあたる（本書第七章参照）。

【凡例】

・東京大学国語研究室蔵『詞の栞』（写本）を底本とした。資料の書誌は以下のとおりである（附録一目録二一九頁再掲）。

詞の栞　ことばのしおり　黒川真頼　写一通　明治期　箱一

〇明治期写、畳物、表紙なし、楮紙、三三・五×一五〇・三センチ（畳一七・三×七・八センチ）、漢・片・平、書入、序なし、橋本高広・青山磯根跋、少虫損

〈印記〉頼、道、前

〈外装〉【二十三】

243

附　録

〈内題〉・巻首…『詞の栞』
《備考》　小紙片による校合あり。『詞の栞』稿本か。

・字体は現行のものに改めた。
・清濁点、句読点は、すべて底本のままとした。
・虫損や貼り紙の状態によって判読が困難な箇所については、前後の文脈から可能な限り判定し、注で示した。
　また判定不可能な箇所は□で示し、注を付した。

＊　＊　＊　＊　＊

詞の栞　ことのはのみちわけまどふ人もあらば
　　　　　　しるべにせよとしつるしをりぞ
　　　　　　黒河真頼

凡　例

四段の活一段の活中二段の活下二段の活加行変格左行変格奈行変格良行四段一格これを八種の活用といふ又四
段の五の音よりうつる格くしきくしきしきの二の音よりうつる格これを二種の活用といふ又くしきの活しくし
しきの活くしき一格しくししき一格これを四種の活用といふはたらきざますべて十四種

　　○一階のてにをはのこゝろえ

黒川真頼　草稿『詞の栞』影印・翻刻（一部）

ずはずぬねでじ｜●む｜はまむめ｜ましか｜●なむ｜はなむな〻〔な〕｜○ははば｜ばやと運用く定なりくはしくは

辞の栞を見るべし又いふべきことありこ〳〵のなむ〳〵なは願のなむなり二階のなむと混することなかれ●又

いふ四段奈行変格四段一格には一の音には下知のてにをはなくて五の音にあり一段中二段下二段加行変格左行

変格にはよをそへて下知となる定なり見よ恨よ植よ為よなどなり加行変格は来よといへるはいとまれにて来や

来かしなどおほくいへり又来ねは願なりこの加行変格の一の音のてにをはは外のくだりと異にてしなども来

し来しと一階二階にありてまぎらはしければよくわきまふべし

〇二階のてにをはのこゝろえ

てはてむてめ○つはつ　つる　つれ　●けりはけり　ける　けれ　●しはき　しし　しか　●なむはなむ　なめ　にけり　にけり　ける

にけれ　ぬ　ぬる　ぬれ　などはたらく定なりくはしくは辞の栞を見るべし●そとあるはものなおもひそ人なとひ来

そなどにてなと指てそと結ふ定なりこゝに又いふべきことあり．流もあへぬ紅葉なりけり．道もさりあへず

花ぞ散ける．又行やらで山路くらしつ．行やらぬ夢路をたどるなどあるあへすやらずを用言のてにをはとい

ふ其運用は辞の栞を見るべし●又いふ夢としりせばなといへるせばはしの運用にてこゝちせりゆふがつらせ

りなどとは異なり混すべからず．つきせぬものをやまろが身のうさ．つきせずものを思ふころ哉．などいへる

も．こゝちせり．ゆふがつらせり．と同し定なりこのせりせずなどは皆体言よりつゝく辞せりは用言よ

りつゝく辞とこゝろうべし猶しかあるべきゆるをしらむとおもはゞ辞の栞を見わたしてしるべし●又いふこ〻

のなむは往むのなむにて．花や散なむ．花はちりにけり．花ぞちりぬるなどなり一階の願のなむと混すべから

ず●みはふりみふらずみひきみみゆるべみのるなりこゝのみはてにをはなれればくしきしくししきなる山高みの

みと混することなかれ●又いふ咲にさく・飽ともあきぬ・過のみすぎぬ・見と見らむなどにとものみとの四

種の辞をかならず中におくは畳詞の定にて咲飽過見は体言なりさく・あきぬ・すぎぬ・見らむは用言なり体用の差

別をこまやかにわきまふべきものぞよこの咲飽過見をいひすうる体言につき

てこゝろえおくべきことあり・霞かな・霞にけり・ななど四階の辞につづけば用言も体言となるはいひすうる

がゆゑなり又・つり針・うらみ貝、かれ木、また、冬がれ・つもるうらみ・魚つりにゆく・などいへばいひす

ゑて体言となることをよく準知すべし●初学の輩はいひするたる詞とはたらける詞とがに見わきがたし

そを見わかむとおもはゞまづかすみといへる詞は二階の辞なるてつけりなどにつゞきて・かすみて・かすみ

つ・かすみけり・などあるは用言としるべし四階の辞につゞきて・かすみかな・かすみと・霞に・かすみばか

り・かすみより・などあるをば体言と見定むべし

●ことわきていふべきことあり二の音は用言につゞく詞なれば体言へはつゞくまじき定なりさるを君をおもひ

沖つの涙になく田鶴の・とあるは君をおもひおくといひかけたるなり又・あやめかり君は沼にぞまとひける・

と・かりより君につゞきたるはて文字をはぶきいへるにて菖蒲かりて君は沼にそまどひけるといへるにてまた

くつゞきたるにあらず又|文字をはぶけるにておなし定なりされば の指辞につゞくもて文字をはぶければ

て|文字の意のなくてつゞきたるは体言の意のありてつゞけるは用言と心得べし其証をいさゝかいはむに・

桜花ちりか過なむ・は・ちりてか過なむ・又・おもひやをらむ・おもひやわらむ・などあるをまた、

さくら花ちりかも為なむ・と佐行変格につゞけば用言もまた体言となるなりすべての二

音より左行変格へつゞけは体言となるは勿論なれどかくてにをはを隔ても体言となる定なりよく〳〵あぢはひ

しるべきことぞよ

黒川真頼 草稿『詞の栞』影印・翻刻（一部）

○三階のてにをはのこゝろえ

らむはらむらめらし●べしはべくべしべきべけれ●めりはめりめるめれ●とはとてふてへ●まじはまじ

まじくまじまじきまじけれなりはなりなるなれとはたらく定なり●よ●や●な●もの四種は運用ざる辞●

ばかりがにことの三種は体言の辞といふこの三種は三階四階と両階にて詞をうくる辞なり●又いふこの階の

ととも四階のととは意ことなりこゝのゝは切るゝ詞をつゞくるとなり四階のとゝはの文字をそへて解すべきとなり

そはとく明ぬるとおそくくるゝとの類にてこは・・・とく明ぬるのとおそくくるゝのと・と解すべきとなりかなら

す混することなかれ●又いふこゝのなりはなりなるなれとのみ運用てならむとはたらける例を見いです又な

るを延てならくといへば体言のてにをはとなりて意も又異なりくはしくは辞の栞と折そへをてらしあ

はせてさとるべし●又いふこゝのは自のうへにいふよなり一の音のよ五の音のよは下知のよなりなは禁止の

辞にてゆくなかへるなのなゝなりやはうたかひをふくめていひつむるもなり指辞の 　や　 と混ずることなかれ指

辞の 　や　 は三の音よりはつゞかずもは感していひつむるもなりひつむるやなりさし辞の 　や　 と混

音よりはつゞかすかしはかならす詞のきるゝところにそふる辞なりさるを加行変格の一の音のかし四段五の

音四段一格五の音奈行変格五の音等のかしは誂のかしにてこゝのかしとは意ことなり其意をくはしくしらむと

おもはゞ折そへをてらしあはせて見るべし

○四階のてにをはのこゝろえ

かなはか又かもとといへるは上代のふりにてかなとおなじ□なり上代の辞の運用は古道の栞を見るべし●にはな

らむならめなりなるなれなるらむなるらめなるらしなどはたらく定なりくはしくは辞の栞を見るべし●と

247

附　録

は三階の|と|と意こと|と|なりの|と|と解すべきと|なること三階の|と|の条にいへるが如し●

三階四階と両階にあることさきにいへるが如し|より|まで|ほど|のみ|ため|なべに|から|ものから|ゆゑ|ものゆゑ|はた此三種は

まゝにまゝ|く|だにさへすら等の十八種を体言のてにをはといふすべてはたらき詞は四の音よりこの体言の

辞へつゞくが定例なりさるを二の音よりつゞくことありかすみばかりそ春のいろなる・またおもひのみこそ

るべきなりけれ・など二の音よりばかり|のみにつゞけるは用言を体言にいひするゑたるがゆゑなりこのことは二

階の条下にもくはしくいひつれと初学のまどはむことをおもひてかへす|く|もいふなり

●ことわきていふべきことあり此四の音の詞より指辞なる|は||も||を||ぞ||が||やか||こそ|等へつゞくが定例

にて・ちるはうかりき・見るもかひなし・ちるをばえこそ・いふぞわりなく・さくがうれしさ・こふるやい

かに・ちるかとぞおもふ・ちるこそことにあはれなれ・などなりおなじ指辞ながら|の||何|の二種は体言より

つゞくのみにて用言よりはつゞかざることも又わきまふべし又|は||も||を||ぞ||が||やか||の||こそ|この九種

の指辞に二の音よりつゞくことあるはさきにもいへる如く用言を体言にいひするゑたるがゆるにつゞくなり又

文字の意をふくみてつゞきたるは用言なることさきにもいへれどもどふべきしなればかへす|く|もいふなり

●又ことわきていふべきことこそあれ四の音は体言につゞくが定例なるを[4]・月わたる見ゆ・波のよる見ゆなど

あるはが文字を中にふくめたるいひざまなりそは・月わたるも見ゆ・波のよるも見ゆといへるにてまたくつゞ

きたるにあらず・さく見ればちる見ればといへるもを文字をはぶけるにてさく|を|見れば・ちるを見ればとい

へるなりを文字も文字のふた文字にかぎれり

○五階のてにをはのこゝろえ

黒川真頼 草稿『詞の栞』影印・翻刻（一部）

ば、どゝどもに運用なし●四段の五の音によの辞はいとまれにておほくやとのみいひて下知とせりこゝろうべし

とは切るゝ詞をつゞくるとゝなること三階のとゝおなじなりくはしくは折そへを見るべし●奈行変

格五の音はば、どゝどもはさらなりとよやかしへつゞきてなへつゞかず良行四段一格同五の音よりうつる格く

しきしくししきの二の音よりうつる格この五の音も四段と同定なり

●ことわきていふべきことあり四段の五の音又奈行変格五の音の⑰等はかみにこゝその指辞なければ下知の辞

をそへずしてもおのづから下知なり四段の五の音によをそへずして．ふしのねのならぬ思にもえばもえな

どいへるもあれど普通の例とはしがたし一段中二段左行変格等の下知は一の音によをそへて見よ恨よ為よ

といふぞ普通なる

●又ことわきていふべきことあり四段の五の音一格の五の音より指辞の[や][か][こそ]へつゞくことありこ

はば文字を省きたるにて．ゆけやはゆけばやすめやはすめばやあれやはあれやなれば全くつゞきたりとおも

ふべからずまた下知のやとも混すべからず下知のやはきるれどもこのやはかならず下にて結ふべし中昔よりこ

なたはすくなくて上代にいとおほかる辞なれば古道の栞にわきまへたりひらき見るべし

〔図版参照〕

くしきしくゝししきの二の音も十種の活用の二の音とおなしくいひすうれは体言となるそは．友なし千鳥．なが

〱し夜のるゝなり又ら文字をそへていふも体言なり妹恋しらに．もの悲しらになどなり又浅ら浅げ悪しげ悲

しげなどたゞにげゝらをそへていふは勿論体言なり初学のともがらこゝなる一の音の悲しみとマ行四段の悲み

249

附　録

と混することなかれ●又いふ五の音のけく〳〵しけくはにの辞につゞくのみにて疑のてにをはへはつゞかすゆゑ

に【　】てもて印とす●又いふくしきくししきの一格は中昔よりこなたはまれにて上代におほし歌よむにも

文かくにも詞の活用はさらなり指辞とむすひとをしらではえあるましきわざよとて詞のかきりはこの栞にわき

まへられてにをはの運用また辞にてむすふべきすち〳〵は辞の栞につばらにわきまへられたるはわかどちの道

たど〳〵しきにはいとよき栞になむありけるなほ指辞の五条あるゆゑよしまたある人のものせられしふみにに

文字も指辞なるよし見ゆれどに文字は指辞にあらぬことゞもは草枕といへるふみにくはしうものせられたれば

それをもひきあはせて見へきものぞとかくひとこととさしいでたるは橋本高廣青山磯根

注

（1）虫食いのため判読困難。文脈により判定。
（2）貼り紙のため判読困難。文脈により判定。
（3）虫食いのため判読困難。
（4）「月わたるも」、「波のよるも」の「も」の部分は貼り紙で訂正されたものである。貼り紙の下は「が」とある。

250

附録三
黒川真頼『詞乃栞打聴』翻刻

【凡例】

・底本には架蔵本（明治二三年刊本）を使用した。

・字体は現行のものに改めた。

・清濁点、句読点は、原則底本のままとした。ただし、序文については句読点を私に補った。

・底本の二行割書は［　］に入れて表示した。

・丁が改まる箇所には《　》の符号と丁数、表・裏を示し、改行した。

詞の栞打聴序

今の世に歌よむ人はふみをよます、書読む人は哥をよます、ふるきをたつぬる人はあたらしきをしらす、新しきを知る人は古きを温ねす、これにくはしきはかれにおろそかに、えたるところ得ぬところたかひにありて、かたよりもなつめるかおほかりけり。こゝに、哥もよみ書も読み古きを温ねて新しきを知り、これをもかれをもひろく学ひ、くはしく考へ、かたよらすなつまずして、たゝしくおたやかならむすちをえらひとらるゝは、ひ

251

附　録

とりわか黒川真頼大人になむありける。それか中にも、ことに

言葉の学ひに心をつくされたるは、御国のものまなひせむには、まつふるきこと葉のこゝろを得すてはよろつ　≫序1表

ことゆかぬわさなれはなるへし。大人さきに初学ひのために詞の栞といふ書をなむあらはされたりける。さる

は詞の八衢とてにをは紐鏡とを一ツにとりつかね、また辞の玉の緒にいへりしことゝもをも考へ合せて、十四

種のはたらき、受くてにをは、指辞の軽重、すへてを一目に見わたして、さとりやすくものせられたるのみな

らす、かの三ツのふみともの中にもあやまれるをあらため、たらさるをおきなひたれは、このしをりをたに見　≫序1裏

たらむには、こと葉の道すち

まとふかたなむなかりける。しかはあれと、わつかにひとひらの紙にとりつゝめものせるふみなれは、うち見

たるうはへのみ大かたにはこゝろうれと、こまやかなるゆるよし、くはしくさとりえかたきふしもあれはとて、

わかともから、大人にこひてその講釈をきゝし時、鈴木弘恭ぬしのまめやかに筆とりてしるしとゝめられたる

そ、この打聴にはありける。そもゝゝ紐鏡、玉の緒、八衢の、世にあらはれしより後、さるかたの書とも、あ　≫序2表

またいてきたれと、いつれのふみも、なほ疑ひはうたかひをつたへて、あきらかならさりけるを、この打聴を

見れは、せんたちの人々の、おもひいたらさりしくまくゝゝ

まて、こゝろのゆかぬかたもなく、くもり日のはれわたりたるこゝちせられて、今まて世にありとあるくさ

ゝゝの書ともには、こよなくまさりたりけり。百とせはかりのむかし天明といひしころ、本居大人の著され　≫序2裏

し漢字三音考の序に、小篠敏といへる人のしるせる詞に、後の世の人畏るへし、と孔子ののたまへりしを、わ

か本居先生におきて、まさにそのまこととなることをしれり、とはいへりき。おのれ今また黒川大人におきても、

しかなむいはるゝかし。時は明治十九年のしはすはかり。三田葆光しるす。

黒川真頼『詞乃栞打聴』翻刻

叙

ものに入りやすくしてなりかたきと、入かたくして成易きとの二つあり。たとへは歌よむことは、いり易くして
なりかたきもの也。詞の学ひは、入かたくして成やすきもの也。わか黒川大人、さきに詞の栞といふふみをあ
らはして、此道にいりなやむ人々を、いとやすらかに導き給へれと、さてしもなほみまよはさらむためにと
て、その栞をふたゝひねもころにをし給へるなん、この説明にはありける。さては我ともから　≫序3表
のためには、黄金とも玉ともいとたふとき物なるを、たゝきゝに聞すてむはあたらしとおもへは、おのれうち
きくまゝにかたはしよりかいつけつるか、かく一巻とはなりたるなり。そもゝゝこのことは明治十七年の三月
に始めて、同十九年の三月にをはりぬ。是をうちきける人々は三田葆光、多田親愛、坪井九馬三、辰巳小次郎、
塙忠雄、加藤直種、黒川真道、鶴久子、根岸楯臣、林甕臣に、おのれを加へて、十まり一人なれと、根岸林の　≫序3裏
ふたりは、なかはにてやみにたれは、それ
にかはりて平田盛胤、酒井喜雄、佐々木古信、細谷松三郎、大久保初雄そまた加はりたる。大人よりゝゝにの
たまひけらく、世に哥よむ人の多きは、入りやすけれは也。されと申むねなき歌と、優れたるうたとのすくな
きは、成かたきかゆゑなるへし。然れとも、こはなりかたきにはあらす。詞の学にくはしからねはなり、との　≫序4表
たまひき。此のうちきゝをよく見て、能くさとりえたらむには、世に哥よむ事と詞のまなひとのふた道におき
ては、入やすくして成難きと、をさゝゝあらさるへし。
なり易きとのなけきは、をさゝゝあらさるへし。さては此の巻こそいよゝゝたふとけれは、黄金とも玉ともめ
てはやさゝゝらめやは。　≫序4裏

明治二十三年七月　　鈴木弘恭

附　録

詞の栞打聴

　目録

一　詞の栞と名つけし事

一　十四種活用の事

一　将然連用終止連体已然言の事

　　幷に希求言使令言の事

一　三変格幷に良行四段一格の事

一　形状言の事

一　古格といひてふるく用ゐたる詞の事

　　幷にまどひやすき詞の事

一　自他六等の事

一　辞に五階ある事

一　一階の辞の俗解

一　二階の辞の俗解

一　三階の辞の俗解

一　四階の辞の俗解

　　幷に‖だに‖さへ‖すらの事

一　五階の辞の俗解

≫目1表

254

黒川真頼『詞乃栞打聴』翻刻

一　指辞に五条ある事
一　‖は‖も‖徒の指辞の事
一　‖が‖の指辞の事
一　‖の‖の指辞の事
一　そ‖やか‖の指辞の事
一　何‖の重の指辞の事
一　‖の‖重の指辞の事
一　‖こそ‖の指辞の事
一　‖が‖何の軽の指辞の事
一　‖が‖の重の指辞の事
一　‖徒の重の指辞の事
一　希求使令に係るは‖も‖徒の事
一　変格といふ事
一　敬語添言の事

以上二十五条

≫目1裏

≫目2表

255

附　録

詞の栞

黒川真頼

黒川真頼『詞乃栞打聴』翻刻

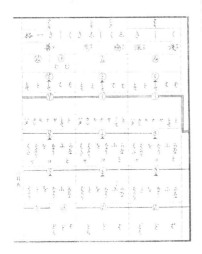

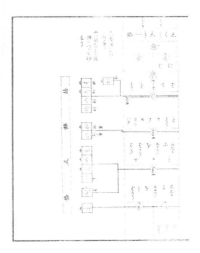

附　録

詞の栞打聴

黒川真頼　口述

鈴木弘恭　編輯

○詞の栞と名づけし事

これを詞の栞と名づけたるは、別にふかき意のあるにはあらず、おのれがこのふみをかきをへてよめる歌に、

ことのはのみちわけまどふ人もあらば

しるべにせよとしつるしをりぞ

とさとしおきつるにて、一わたりは心えらるゝことならむ、さてしをりといふことは、山深くわけ入るには、

木の枝を折

かけて、道のしるべとすることにて、一度しをりをしておけば、いつもそのしをりを目的《メアテ》にして、わけ入ら

るゝなれば、それになすらへて、かくは名づけたるなり、そもゝゝいにしへの書をたどりて、ものまなびせむ

には、詞のまなびをもとゝとし、さてよろづのふみをよみとくべきなり、さるを初学の輩《ウヒマナビ》、するにのみ意を用

ゐて、解きがたきふしゞゝのあるになやめるは、此の道よりわけいらぬゆゑぞかし、もの学びに心ざゝむ人は

まづこのみちよりわけ入らば、いかにしげき文の林なりとも、たはやすくわけいらるゝものぞよ、さればその

おほむねをつぎゞゝにさとすべし、

因に云ふ、詞に於て一の音二の音といふは、五十音の一二の順序《ツイデ》と異なり、五十音のうち第五の音は詞の活

≫１表

≫１裏

258

黒川真頼『詞乃栞打聴』翻刻

用には入らぬ音なれば［加行変格は例外なり］是を省きて、残りの四段を詞の活用の段階とはするなり、故に四段活用とは、悉く四段に活用するものをいひ、一段活用とは、第二の音の一段のみにて活用するものをいひ、中二段活用とは、上下の二段［即ち一の音四の音］を省きて中の二段［即ち二の音三の音］にて活用するものをいひ、下二段活用とは上の二段［即ち一の音二の音］を省き、下の二段［即ち三の音四の音］にて活用するものをいふなり、次の図を見て知るべし、

詞格指掌図

≫ 2 表

○十四種活用の事

作用言、形状言の名目は、既に先達の名付て、さてその活用を十種に定めおきたるを、今十四種とせしは、おのれが定めつるなり、そはいかにといふに、十種にてはことたらねばなり、まづ十種とは、人の家にたとふれ

≫ 2 裏

259

附　録

○将然、連用、終止、連体、已然言の事

ば、四段活用一軒、一段活用一軒、中二段活用一軒、下二段活用一軒ありて、以上四軒なり、外に三変格とい
ふ分家の如きもの三軒あり、[加行左行奈行なり]又良行四段一格といふ活用あり、[詞の八衢、ら行四段の条
に云く、右に挙たる詞の中に、有居の二つ、いさ〻か異なり云々、又義門法師も和語説略図に、有の一格をおき
たり]此の一軒は作用言なれど、用ゐやうに因りては形状言となるなり、故に此の良行
四段一格の一軒は、作用言と形状言との間に置きたり、以上八軒を作用言といふ、
次に〈‖しき活用一軒、‖しく‖しき活用一軒あり、是を形状言といふ、この二軒を上の八軒に合せて、都合十
軒となる、是を十種活用といふ、これ先達の定め置きたる区別なり、さてもとは右十種なるを、十四種に増した
るゆゑは、良行四段一格といふものは、前の一軒のみにてはいまだことたらぬが故に一軒をたてたり、こ
れは四段活用の第五の音よりうつる格にて飽けらむ押せらむなどいふ類なり、[前のら行四段一格には、二階
になむと受る辞あれども、此の所にはなむと受るてにをはなし、]
又く‖しき‖しく‖しき二軒より移る一格ありて、上二種の良行四段一格と異なり、そはから‖かりかると
活く詞にて、浅かり恋しかりの類なり、[前のら行四段一格には、二階にそと受る辞あれども、此の所にはそ
と受るてにをはなし]因りてこれも別に一軒として、作用言の中に加へたり、以上十二軒なり、
又形状言を二軒増加したるゆゑは、古事記、万葉集などの歌によけむ‖あしけむ、よけく‖あしけくなどいふ詞
あり、後の世の詞に、善く‖悪しく〈といふに意は同じ、然る故にく‖しきとしく‖しきとに、各一軒づ〻をく
はへたり、以上十四軒これ十四種活用なり、[委しくはその条々にいふべし]

≫3表

≫3裏

≫4表

260

黒川真頼『詞乃栞打聴』翻刻

弁希求、使令の事

将然言、連用言、終止言、連体言、已然言、と第一の音より第五の音までを区別したるゆゑは、まづ第一の音

の将然言は、しからむとする詞なり、故にむの辞をそへてこゝろみるべし、飽かむ押さむ打たむ思はむ住ま

む釣らむなどいふが如し、これ将然言と名づくるゆゑなり、[此の事ははやく詞の通路にもいへり]

次に連用言は、用言より用言に続くをいふ、さて連用言はてもじあるを例とす、てもじなきときは、かりに添

て見るべし、必ず省きたるものぞ、たとへば咲きちるは咲きてちるとい

≫4裏

ふことなり、行きすぐは行きてすぐといふことなり、咲きて 行きては用言にて過しことなり、ちるすぐは用

言にて今のことゝなり、かやうに連ねて用ゐるが故に連用言といふなり、

次に終始言は、いひはてゝ止む詞なり、先達は截断言といへり、是は若狭の義門が名付けしなり、然れども充

当ならず、其のゆゑは天地の間のもの皆始〆終りあり、これは強て截るに非ずして、自然にきるゝ意なり、た

とへば繰溜たる糸をまかむに、まき終りて止むが如し、故に今終止と改めたり、山海経には書の終りに終止と

あり、終止の字これによれり、されば終止言とは自から詞のいひ終りたるをいふ名目なり、この詞は

≫5表

もの徒の結ひ詞となる、徒とは指したる辞無きをいふなればはじめて軽き格なり、その極めて軽き徒をもこ

の詞にて結べばはもの軽きこともまた推して知るべし、すなはちこれ糸の巻き終りて止むが如くなり、故

に終止言といふなり、

次に連体言は、用言より体言へ続く詞なり、しかれどもぞやかの何よりかゝれば、切るゝ格なり、是は切れ

ぬ詞なれど、ぞやかの何の指辞に応じて切るゝが故に、連体言の結びは甚々力あり、右の如くぞやかの何

に応ずれば切るゝなれども、つねは続くが詞の性質なり、さて此の詞はつねは体言に連り

≫5裏

附　録

続く性質なるが故に、是を連体言といふなり、

次に已然言は、已に然る意なり、しかれども是も充当ならず、已然などいふは心よくもなければれども、相当の文字見当らねば、たゞもとのまゝにてておきつ、たとへば風ふけばといへば、先刻からふく風の今にいたりて吹てあることなり、過去より現在まで吹てあるをいふなり、花さけばといへば、已に咲たる花が今に至りてある意なり、凡て已然言は、過去より現在までに関係あり、ゆゑにおのれはしかなれるとなるとを兼ぬるものと定めたり、

四段一段中二段はともに五十音の中、六行づゝに活用し、下≫　6表二段のみは十行ともに活用するは、皇国言語の自然なるべし、しかるを詞八衢に、わゐうゑをのゐを一段と中二段と両方に入れて、中二段を七行の活きとせしは誤なり、

又八衢に、一段のいを安行のいとして、初めにおきたるもわろし、一段のいは也行のいなり、又こゝに一言いふべきことあり、希求使令は四段活用にては第五の音に属すれど、已然言にあらず、[希求使令とは、いはゆる下知の詞にて、四段にては、あけ　おせ　うて　おもへ　すめ　つれの類、一段、中二段、下二段にては、着よ　見よ　起きよ　落ちよ　得よ　受けよといへる類なり、]希求使令はもの徒を受てむすぶが例なり、四段活用は、第五の音に希求使令あり、一段、中二段、下二段、は第一の音に希求使令あり、四段活用の五の音にていはゞ、はもの徒をうけて切る時は、希求使令にて已然言にあらず、一段、中二段、下二段の一の音にていはゞ、はもの徒をうけて切る時は希求使令にて、将然言にはあらざるなり、古人云、一段、中二段、下二段は一の音には希求使令あるべからず、一の音は元より詞をなさず、調はざる言なり、故に二の音連用言に希求使令を付る方穏当なるべしと、これも一応は尤のやうなり、しかれ

ども連用言をもて希求使令としては、其の理かなはず、其の証は変格に於ては、必ズ一の音より希求使令を受

る確証あり、そはいかにとならば、

　　加行変格　こよ　　佐行変格　せよ　　　　　　　　　≫7表

是らの如し、此の例を推して見れば、一の音より受るを以て至当とすべし、さて又四段は五の音、一段以下は

一の音に、・・・・・・の印を付けたるは、希求使令を示したるなり、

又こゝに一言いふべきことあり、奈良朝以上は、四段の五の音はゝもじなくして希求使令となり、[万一へひ

くま野ににほふはり原いりみだりころも爾保波勢たびのしるしに万三へいへ思ふところすゝむな風まちてよ

くして伊麻世あらきそのみち]

奈良朝以下もまれには、下二段の一の音によもじを添へずして、希求使令とせるもあるなり、[○古今俳諧へ

ふしのねのならぬおもひにもえばもえ神だにけたぬむなしけふりを]　堀川百首へはやこどもをふねさしせか

のみゆる島根のはちす折らまくもほし]　　　　　　　　　　　　　　　　　　　　　　　　　≫7裏

又意はおなじくて、四段と中二段と二かたに活く詞あり、これは四段の方古くして、中二段の方新らし、その

証は忍ばむ　忍び　忍ぶ　忍ぶるといふは四段活用なり、中二段にては忍び　忍ぶ　忍ぶれといふ、此の忍ぶる

といふ活用は、奈良朝には聊もあることなし、又紅葉を四段にて、もみだむ　もみぢ　もみづと万葉には

いへれど、もみぢむ　もみづると中二段に活用したるは、万葉には見えず、平安京以来の歌より見えたり、是

もまた心得おくべし、

○三変格幷に良行四段一格の事

附　録

前にもいへるが如く、加行、佐行、奈行、には変格の活きありて、

これを三変格といふ、これは四段にも一段にも中二段にも下二段にもその定格にあたらぬ活用なれば、変格と

はいふなり、さて又詞八衢には、右三変格のみを載たるを、今新たに良行四段一格といふものを三種たてたる

は、前にもいへる如く、良行四段活用とは異なるがゆゑなり、いづれも詞の栞を見てわきまふべし、

≫ 8表

○形状言の事

形状言は、いはゆるくしき、しくししき、の二種なり、即ちくしきは浅く、深く等の類、しくししきは恋しく、

悲しく、等の類にて、皆上は体言なり、浅はあさ深はふか恋はこひ悲はかなの

体言にく‖しき、しく‖ししきの活の添はりたるなり、此の外も体言ならざれば、形状言はつかぬものと心得べ

し、

≫ 8裏

前にもいへる如く、これに又一格といふものを二種加へたるは、善く、善し、善き、善けれ、を、善けく、善

けき、[善け、善き]といひ、悪しく、悪し、悪しき、悪しけれ、を、悪しけく、悪しけし、[悪

しけ、悪しき]といふ類なり、此の格は古言に多し、さて此の条の已然言のことは、次の条にいふべければ

見合せてさとるべし、

≫ 9表

○古格といひて古く用ゐたる詞の事幷にまどひやすき詞の事

古格といふは、古事記、日本書紀、万葉集などに見えたる格に

て、平安京以後には、大かたは用ゐぬをいふなり、さて古格に於ては、已然言を受るば‖を省けるあり、

264

黒川真頼『詞乃栞打聴』翻刻

万四　へ真野の浦のよどのつぎ橋心ゆもおもへや妹が夢にし見ゆる

万六　へ湯の原になくあしたづは我が如く妹にこふれや時わかず鳴く

[おもへやは、おもへばやなり、こふれやは、こふればやなり、]

万十四　へうまぐたのねろにかくりゐかくだにも国の遠かばながめほりせむ

又くしきよりうつる良行四段一格の活用には、将然言のからをつゞめてかといへるが多し、

同　へいかほろのそひのはり原ねもころに奥をなかねそまさかしよかば

[遠かばは、とほからばなり、よかばは、よからばなり、]

万七　へくれなゐにころもそめまくほしけども人のしるべき

又くしき一格しくししき一格活用の已然言のけしけはしけれしけれをつゞめたるなり、そは

万十七　へ玉ぼこのみちのとほけばまづかひもやるよしもなみ云々

古事記　へはしたてのくらはし山はさかしくもあらず

万十五　へあをによしならの大路はゆきよけど此の山道はゆきあしかりけり

[とほけばは、とほければばなり、ゆきよけどは、ゆきよけれどなり、さかしけどは、さかしけれどなり、
ほしけどもは、ほしけれどもなり、此類多し」

又同じ一格の已然言のきしきの転せるものにて、連体言のきしきとは異なり、

仁徳記　へころもこそふたへもよきさゆどこをならべん君はかしこきろかも

万十一　へわたのそこおきをふかめておふるものもともいまこそこひはすへなき

[よきは、よけれなり、なきは、なけれなり、この類なはあり]

9裏

10表

附　録

又古事記、日本書紀などの歌に、かなしきろかも‖たふときろかもなどあるろもじは嶺呂、妹呂、麻呂、など

のろとおなじ詞なれど、嶺呂　妹呂　麻呂などゝ体言に添はりたるは、親愛の意を含めり、またたふときろ　かな

しきろとやうに、用言に付きたるは、親愛の意はなくて、またく助辞なりと知るべし、

反語のや　[これを疑嘆のやといふ]　もて切るゝにまどはしきあり、其の例は

万三　〳河風のさむき初瀬をなげきつゝ君があるくに似る人もあへや

万十一　〳あづさ弓するの原野にとかりする君がゆづらの絶むとおもへや

万七　〳うな原のねやはら小菅あまたあれば君はわすらす我忘れや

万七　〳なくさむる心しなくはあまさかるひなにひと日もあるべくあれや

[あへや　は、あはめやの約言、おもへや　は、おもはめやの約言、忘るれや　は、わするらめやの約言、あれ

やは、あらめやの約言なり、]

かやうなるは皆はめ‖らめ‖の約言にてはむの転ぜるなり、是らのやは疑嘆のやにて俗言のカイ‖といふにおな

じ、

又詠嘆のやの中にまどはしきあり、其の例は

万二　〳わがこひのちへの一重もなぐさもるこゝろもあれやと云々

万六　〳玉藻かるからにの島にあさりする鵜にしもあれや家思はざらん

万七　〳いはくらの小野ゆ秋津に立渡る雲にしもあれや時をしまたむ

是らは使令言につく詠嘆のやにて、ヤアと解すべきやなり、

さて上のれやと此のれやとおなじもじなれど、各々意ことにて、初学のともがらのまどひやすかるべければ、

≫ 10 裏

≫ 11 表

266

○自他六等の事

因にわきまへおくなり、

詞は本と自と他と三等なり、然れども是を細別するときは、然る詞に、おのづから然る詞と、みづから然る詞との区別あり、然する詞に、自然する詞あり、他に然せさする詞あり、然せらるゝ詞に、おのづから然せら ≫11裏
るゝと、他に然せらるゝとの区別ありて、六等とはなるなり、さて是を分るには、まづ三等を知るべし、三等を知るには、本詞にせれを付て試みるときは、明白にさとり知らるべし、

たとへば、四段の飽は本詞なり、これにせれをつけて、あかせ あかれとなるが如し、則一の音より、下二段の佐行、良行に移して試るべし、凡て四段は、一の音が さたはまらより、せれへうつす例なり、一段、中二段、下二段は、さらの一の音を、中に加へて、一段ならば、見させ 見られ中二段ならば、起させ 起られ、≫12表
下二段ならば、得させ 得られとやうに、佐行、良行へうつして試るべし、其のうち一段に限りては、させを約めていふことあり、例をいはゞ見させを見せ、着させを着せといふ類なり、

さて此三等より、六等に別る、訳は、四段のあかむ あき あく あけといふは本なり、是を佐行下二段にうつしてあかせ あかす あかする あかすれといへば、然する詞にて自なり、又是を良行下二段にうつしてあかれ あかるゝ あかるゝ あかるれといへば、然せらるゝ詞にて他なり、今一二をあげて左にしめす、

附　録

本　四　段　─── あく　─── シカル詞ナリ
自下二段　─── あかする ─── シカスル詞ナリ
他下二段　─── あかる丶 ─── シカセラル丶詞ナリ

右は三等なり、是を六等に区別すれば左の如し、

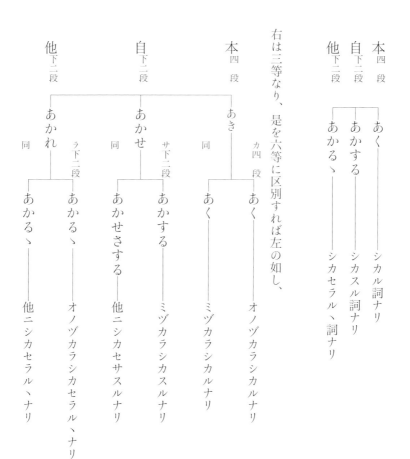

本　四　段　─── あき
　カ四段　─── あく ─── オノヅカラシカルナリ
　　　　　　　あく ─── ミヅカラシカルナリ

自下二段　─── あかせ
　サ下二段　─── あかする ─── ミヅカラシカスルナリ
　　　　　　　　あかせさする ─── 他ニシカセサスルナリ

他下二段　─── あかれ
　ラド二段　─── あかる丶 ─── オノヅカラシカセラル丶ナリ
　　同　　　─── あかる丶 ─── 他ニシカセラル丶ナリ

黒川真頼『詞乃栞打聴』翻刻

右は四段活用の飽くといふ本詞の三等に転じ、又六等に別るゝをしめせるなり、

右は一段活用の見といふ本詞の三等に転じ、又六等に別るゝをしめせるなり、

附　録

右は中二段活用の「落ち」といふ本詞の三等に転じ、又六等に別るゝをしめせるなり、［此の所におち、おつといふ詞のおとと転じたるはすなはち転言の例にてち［三の音］のと［五の音］に転じたるなり、］

≫ 14表

270

黒川真頼『詞乃栞打聴』翻刻

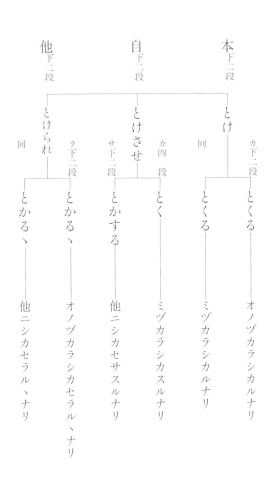

本下二段 とけ ─── カ下二段 ─ とくる ─── オノヅカラシカルナリ
　　　　　　　　　同 ─── とくる ─── ミヅカラシカルナリ
自下二段 とけさせ ─ カ四段 ─ とく ─── ミヅカラシカスルナリ
　　　　　　　　　サ下二段 ─ とかする ── 他ニシカセサスルナリ
他下二段 とけられ ─ ラ下二段 ─ とかるゝ ── オノヅカラシカセラルゝナリ
　　　　　　　　　同 ─── とかるゝ ── 他ニシカセラルゝナリ

右は下二段活用の解け といふ本詞の三等に転じ、又六等に別るゝをしめせるなり、大かたはこれらの例なれば、此のほかは皆準らへて知るへし、又四段活用の習はむ匂はむなどいふことばを、佐行に移して習はさむ匂はさむ習はし匂はしといふことあり、是は自にのみかゝる詞なり、

拾遺　　手枕のすきまの風もさむかりき身はならはしの物にぞ有ける

古今四　なに人かきてぬぎかけし藤袴くる秋ごとに野へにほはす

≫ 14 裏

271

附　録

また詞にもふみかよはしけるに」などあり、是らは皆同格なり、さてこの「ならはし」を「ならはせ」「にほはし」を「に

ほはせ」「かよはし」を「かよはせ」とは云ぬこと也、 もし「にほはせ」「かよはせ」「ならはせ」などいふ時は自にあらずして他

≫15表

に然せさする詞となるなり、

拾遺　〈梅かかをさくらの花ににほはせて柳が枝にさかせてしがな
源氏
紅葉賀　〈てほんかきならはせなどして云々

これらの類なれば、よく味はひてさとるべし、

○辞に五階ある事

詞に五階あり、まづ作用言は、将然　連用　終止　連体　已然　の五種なれば、随て辞（テニヲハ）も五種の区別ある道理なり、さ

て形状言に至りては、六階なれば辞もまた六種にわかるれど、大かたは作用言におなじければ、その五種の辞

をよく心得なば、 形状言の六種の辞にも通ずべし、

○一階の辞の俗解

栞に載せたるは、 「ず」「む」「なむ」「ば」の四種なれども、是は目標（マシルシ）をあ

げたるにて、「ず」は「ず」「ぬ」「ね」と運用き、「む」は「む」「むめ」と運らく類をよく心得べし、

たるは、一種のはじめの目標なり、○印のなきは、おなじ種類の運用と知るべし、[但し左の辞の上に○印を付し

下これに準ふべし]

≫15裏

○		
ず	ぬ	ね
ナイ	ナイデアル	ナイガマア

デアルはヂヤに同じいづれにも適宜なるべし、

ず　ナイデ

ずは続くときは、デもじを添てナイデと解すべし、

じ　デアルマイ／ヤウデアルマイ

じは、ずの転語なり、

で　ナイデ

ではずての省略なり、此の辞古くはなし、

ずけり　ナカツタワイ　**ずける**　ナカツタデアル　**ずけれ**　ナカツタガマア

ざり　ナイデアリ　**ざる**　ナイデアル　**ざれ**　ナイデアルガマア

ざりは、ずありの約言なり、

ざらむ　ナイデアラウ　**ざらむ**　ナイデアラウデアル　**ざらめ**　ナイデアラウガマア

ざらむは、ずあらむの約言なり、

○**む**　ヤウ　**む**　ウデアル／ヤウデアル　**め**　ウガマア／ヤウガマア

16表

附　録

まく	
ウ｜コト	ヤ｜ウコト

まく‖は、むの延言なり、

まし	まし	ましか
ウデアリマシヤウ マシヤウ	ウデアリマシヤウデアル マシヤウデアル	ウデアリマシヤウガマア マシヤウガマア

まし‖のまは、む‖の転語なり、

○ なむ
ウナラヨイ
ヤウナラヨイ

○ ば
ウナラ
ヤウナラ

○ ヨ
ヨ

此ヨ‖は一段、中二段、下二段等にあり、四段には五階にあり、これは希求使

令の‖よなり、故に片仮名にかきてこれを区別せり、

是らの類なり、但しむ‖なむ‖ばの三は、ウ云々ヤウ云々と二様に俗解を付したるは、四段言のときは、ウ云々

なり、一段、中二段、下二段言のときは、ヤもじを加へてヤウ云々と俗解する例なればなり、［但し近古の俗

に、ヤもじなしに、着む‖起む‖得む‖を、キウ　オキウ　エウ‖ともいへり、これもまた心得おくべし、］

≫ 16裏

274

黒川真頼『詞乃栞打聴』翻刻

○二階の辞の俗解

栞に載たるは、て‖つ‖けり‖なむ‖し‖その六種なれども、これも目標をあげたるにて、おの〳〵種々に分るゝこと一階の条の如し、

≫17表

て	てむ	てまし	てば	てけり	てき	てしが
テ	テアラウ／テヨカラウ	テアリマシヤウ	テアラウナラ	タワイ	テアッタワイ	テツレアリタイモノヂヤワイ
	てむ　テアラウデアル／テヨカラウデアル	てまし　テアリマシヤウデアル		てける　タデアル	てし　テアッタデアル	
	てめ　テアラウガマア／テヨカラウガマア	てましか　テアリマシヤウガマア		てけれ　タガマア	てしか　テアッタガマア	

此辞は願の意なり、

附　録

てしがな　テツレアリタイ／モノヂヤワイ

是も願の意なり、

此外にては ‖ても‖などあるは、皆こゝの分家の如くは見ゆれども、‖てにマア‖といふ咏嘆の意の ‖は‖ もの添は

りたるものにて、まことの分家にはあらず、　≫17裏

たり　テアリ

たる　テアル

たれ　テアルガマア

たりはてありの約言なり此の外にたらず ‖たらじ‖‖たらむ‖たらましなどの類は皆分家なれども、くだ〳〵し

ければあげず、上の例になそらへてしるべし、

○
つ　タワイ／テシマウタワイ

つる　タデアル／テシマウタデアル

つれ　タガマア／テシマウタガマア

此のつ ‖つる‖‖つれ‖は半過去の辞なり、さて ‖て‖と‖つ‖とはもと一軒なれど、古くより分家して二軒とはなりた

り、また此の所の解をタワイとテシマウタワイと二様に付したるは、全略二様あるをしめしおくなり、テ‖

シマウタワイは全の解なり、タワイは略の解なり、

つ、　何ッ　何ッ

つ、は ‖つ‖の連用言なり、たとへば見つ〳〵は見ツ見ツと解すべし、

つらむ　タデアラウ

つらむ　タデアラウデアル

つらめ　タデアラウガマア

276

つらし　タサウナ　｜　つらし　タサウナデアル　｜　つらし　タサウナガマア

≫ 18表

つべし　タデアルベイ　｜　つべき　タデアルベイデアル　｜　つべけれ　タデアルベイガマア

此の外につもつやなどあるは、例の詠嘆のマアカイの添はりたるにて、こ、の分家にはあらざること、上の条に準へて知るべし、

○
けり　タワイ／テキタワイ　｜　ける　タデアル／テキタデアル　｜　けれ　タガマア／テキタガマア

此のけりけるけれにもつつるつれの如く全略の二様あり、タワイは略のけりの解なり、テキタワイは全のけりの解なり、

けむ　タデアラウ　｜　けむ　タデアラウデアル　｜　けめ　タデアラウガマア

けらし　タサウナ　｜　けらし　タサウナデアル　｜　けらし　タサウナガマア

此のけむけらしの条にも上のけりの如く解に全略の二様あり、けむはタデアラウテキタデアラウなり、けらしはタサウナテキタサウナなり、おして知るべし、

○
なむ　ティナウ　｜　なむ　ティナウデアル　｜　なめ　ティナウガマア

≫ 18裏

附　録

此の〓なむ〓は俗にイナンの〓なむ〓とも常の〓なむ〓ともいふ、

なまし　ティニマシャウ　｜　なまし　ティニマシャウデアル　｜　なましか　ティニマシャウガマア

な丶　ティナウナア

なば　ティナウナラ

なで　ティナナイデ

にけり　ティンダワイ／タワイ　｜　にける　ティンダデアル／タデアル　｜　にけれ　ティンダガマア／タガマア

此の〓には上の〓なと同意の〓になり、

にけむ　ティンダデアラウ　｜　にけむ　ティンダデアラウデアル　｜　にけめ　ティンダデアラウガマア

にけらし　ティンダサウナ　｜　にけらし　ティンダサウナデアル　｜　にけらし　ティンダサウナガマア

にき　ティンデアツタワイ　｜　にし　ティンデアツタデアル　｜　にしか　ティンデアツタガマア

≫
19
表

黒川真頼『詞乃栞打聴』翻刻

《19裏頭注》

にきの次に　にしが　にしがな又次下なる　し　の次に　しが　しがな　と挙ぐべきを此には省けり、多く用ゐぬ辞な
ればなり、その俗意は上の条なる　てしが　てしがな　に准へて知るべし

ぬ　ティンダワイ
ぬる　ティンダデアル
ぬれ　ティンダガマア

ぬべし　ティヌベイ
ぬべき　ティヌベイデアル
ぬべけれ　ティヌベイガマア

ぬべらなり　ティヌベキヤウスダワイ
ぬべらなる　ティヌベキヤウスダアル
ぬべらなれ　ティヌベキヤウスダガマア

此のぬ‖も上の‖なと同意のぬなり、

ぬらむ　ティヌデアラウ
ぬらむ　ティヌデアラウデアル
ぬらめ　ティヌデアラウガマア

ぬらし　ティヌサウナ
ぬらし　ティヌサウナデアル
ぬらし　ティヌサウナガマア

ね　ティンダモレ　ティンダガヨイ

此のね‖も上の‖なと同意のね‖なり、

○
し　テアツタデアル

279

附録

此の║しは次のきししかと運らくしなり、例によらばきをあぐべきなれどもし║を挙たるはししとせしとの区

別を早くしらしめむとてなり、

き	テアツタ	
し	テアツタデアル	
し	しか	テアツタガマア
		テアツタガマア

○ そ　コトナカレ

此の║きししかの見やうは、其のものゝ今は其の所になきをさす辞と知るべし、故に此の║しを過去のし║といふなり、

此の║そは勿れのなをまづいひて、な何ぞと結ぶ口あひの║そなり、此そは俗にナナニソ║のそといふなり、ぞと濁ることなかれ、

△ らむ
らむ	ルデアラウ
らむ	ルデアラウデアル
らめ	ルデアラウガマア

△ べし
べし	ルベイ
べき	ルベイデアル
べけれ	ルベイガマア

△ と
と	ルト

是らの類なり、さてこれに△の印を付したるらむ║べし║との

黒川真頼『詞乃栞打聴』翻刻

三種は、いづれも古格にて、一段活用の二階にのみある辞(テニハ)なりとしるべし、

栞に載たるは、らむ‖べし‖めり‖まじ‖なり‖ばかり‖がに‖ハタ‖とヨヤナ‖なモ‖カシ‖の十五種なれども、是も目標をあげたるにて、おのく、種々に分るゝこと、一階、二階の条のごとし、

○三階の辞の俗解

○ らむ　ダラウ　｜　らむ　デアルダラウ　｜　らめ　ダラウガマア

○ らし　サウナ　｜　らし　サウナデアル　｜　らし／らしき　サウナガマア／サウナガマア

○ べし　ベイ　｜　べき　ベイデアル　｜　べけれ　ベイガマア

べし‖は昔も今も同じ詞なり、物語などにべいと有も同意也、

べからず　ベクナイ　｜　べからぬ　ベクナイデアル　｜　べからね　ベクナイガマア

べからば　ベクアラウナラ

べかなり　ベクアルワイ　｜　べかなる　ベクアルデアル　｜　べかなれ　ベクアルガマア

≫ 20裏

附　録

べかりけり　ベクアツタワイ　　べかりける　ベクアツタデアル　　べかりけれ　ベクアツタガマア

べからむ　ベクアラウ　　べからむ　ベクアルダラウ　　べからめ　ベクアラウガマア

べからし　ベクアルサウナ　　べからし　ベクアルサウナデアル　　べからし　ベクアルサウナガマア

べらなり　ベキサマナリ　　べらなる　ベキサマデアル　　べらなれ　ベキサマデアルガマア

べみ　ベキヤウスサニ

べく　ベク

○めり　トミエルワイ　　める　トミエルデアル　　めれ　トミエルガマア

めりは推察の意なり、

○まじ　マイ　　まじき　マイデアル　　まじけれ　マイガマア

21表

282

黒川真頼『詞乃栞打聴』翻刻

○ まじく　　マジク

○ なり　　ワイ　　なる　　デアル　　なれ　　デアルガマア

此のなりは俗にワイナリといふ、咏嘆のなにりるれの添はりてなりなるなれと運らけるにて、四階のなりとは異なり、四階のなりはにありのつまりにて別なり、此の所のなりはたとへば古今に〽難波なるなからの橋もつくるなり今は我が身をなにゝたとへむ、又へみよし野の山のしら雪つもるらしふるさと寒くなりまさるなり、又へ秋風にはつかりかねぞ聞ゆなるたが玉づさをかけてまつらむ、後撰に〽暁のかねの音こそ聞ゆなれこれを人あひとおもはましかば、是らの類をいふなり、

○ ばかり　　トスルダケ

此のばかりは物を計るなり、元は清みてよみしを、ばかりと詞の濁りて辞となれるなり、終止言を受る故にトもじを添へて解する例なり、

○ がに　　トセントスルタメ

此のがには兼てする意なり、また設なり、これも終止言を受るが故にトもじを添て解する例なり、

○ ハタ　　マア

此のハタは咏嘆辞にて、四階のはたと異なり、

》21裏

附　録

○ と　ト
とは切れたるを続ぐ辞なり、

○ とも　トテモ

○ ちふ　トイフ
ちふもてふも同意なり、

○ てふ　トイフ

○ な　ナカレ
なは勿にて禁止の辞なり、

》22表

○ カシ　サ
カシは切れたる詞に添ていふ咏嘆辞なり、

○ ヨ　ヨウ
ヨは咏嘆辞なり、

○ ヤ　カイ
ヤは咏嘆辞なり、又疑歎のヤといふ、此の外にヨと解すべきヤありこゝに略す、

○ ナ　ナア
ナは咏嘆辞なり、

○

モ

マァ

モ‖は詠嘆辞なり、

是らの類なり、さて此の所の‖ハタヨヤナ モカシ‖の六種を片仮名にて記したるは、詠嘆の辞のしるしなり、希求使令のよ‖、禁止のな‖、指詞のや‖も、に混ぜざらしめむがために片仮名もてしるしたるなり、見む人しか心得てよ、

○四階の辞の俗解幷にだに‖さ‖へ‖すら‖の事
栞に載たるは、かに‖なりを‖とばかり‖がにはたの八種なれども、是も目標を挙たるにて、おの〳〵種々に分れたること前階の条の如し、

≫22裏

○あな

ヂヤナア
コトヂヤナア

此の‖かな‖はかなし‖のかな‖の転じて咏嘆を含める辞となれるなり、故に体言を受るときはヂヤナア用言を受るときはコトヂヤナアと解する例なり、

○に

デニ

此の‖に‖には場所をさす辞にて、処によりてはデ‖と解する例なり、又副詞のには別に意なし、此四階のにと混ずることなかれ、

附　録

○

なり	なる	なれ
ヂヤナリ／ニテアリ／ノデアリ	デアル／ニテアル／ノデアル	デアルガマア／ニテアルガマア／ノデアルガマア

此の「なり」は「にあり」の約言にて、漢字の在の字にあたれり、俗にヂヤナリといひて、三階のなりと区別す、たとへば古今に へことならば思はずとやはいひはてぬなぞの中の玉たすきなる、後撰に へあはれてふことにしるしはなけれどもいはではえこそあらぬものなれ、千載に へ宮城野の萩やをしかのつまならむ花咲しよりこゑのいろなる、是らの類をいふなり、

なりけり	なりける	なりけれ
ノデアツタワイ	ノデアツタデアル	ノデアツタガマア

ならむ	ならむ	ならめ
ノデアラウ	ノデアルデアラウ	ノデアラウガマア

ならまし	ならまし	ならましか
ノデアリマシャウ	ノデアリマシャウデアル	ノデアリマシャウガマア

ならし	ならし	ならし
ノデアルサウナ	ノデアルサウナデアル	ノデアルサウナガマア

ならなむ
ノデアラウナラヨイ

ならず	ならぬ	ならね
ノデナイ	ノデナイデアル	ノデナイガマア

黒川真頼『詞乃栞打聴』翻刻

○ ならじ　ノデアルマイ

○ ならで　ノデナイデ

○ を　ヲ

○ と　ノト

○此の‖とは、三階のととはいさゝか異なり、のとの意に解する例なる故に、俗にノトのとといふなり、

○ ばかり　ダケ　ダケニテ

此のばかりは物を計るなり、連体言を受るが故に、トスルといふ言をそへずして、たゞちにダケと解すべし、

○ がに　モノトセンタメ

此のがにはかねの転じたるにて、予てする意なれど、三階のがにとは聊か異也、俗解を見合せて知るべし、≫24表

○ はた　マアマタ

此のはたは漢字の将にあたれり、故に三階のはたとは異にて其の意は俗のマアマタなり、本居翁がモマタ

287

附　録

と解したるも大略おなじ意なり、散木集にへちぬの海浪にただよふうきみるのうきを見るはた‖ゆゝしかりけりとある是らのはた‖なり、

より
ヨリ
ヨリマア

漢字の自‖にあたれり○より以下な‖べ‖に至るまでは、栞には載せざる辞なり、

まで
マデ

漢字の迄‖にあたれり、

のみ
バカリ

漢字の而巳‖にあたれり、

ゆゑ
ユヱ

から
ユヱ
ヨリ

もの
モノ

ものを
モノヨ
モノヲヨ

ものから
モノナガラ

24
裏

288

黒川真頼『詞乃栞打聴』翻刻

ものならなくに　モノデナイノニ

だに　デモ

さへ　マデ

すら　ソレ

ごと　ゴトシ

なべ　ナラビ ナラビニ

なべに　ナラビニ

是らの類なり、

此の所の末尾に挙たる数種の中には、にもじを添へてから||にさへに||すらになどもいへり、但し是は副詞の||に||になり、

又だに||さへ||すらのことに付ては、故人の説はさまぐ〜あれども、未だしきやうなれば、一わたり左にいふべ

≫ 25表

し、

「だに」のには四階の辞の「に」を「のに」「を」のには「は」あらず、だににといふ一つの辞なり、また一種を「だに」といふあり、「を」の下にあるだにになり、俗にソレデモと解するなり、まただににもと下にもを添ていふときは、俗解デモマアなり、すべてだにには俗にデモといふにおなじ、

さへは俗解マデなり、下二段のそへの義なり、さてそへはソハセにて物を副へてこれまでもと、ちからを入る゛意なる 》25裏

もあり、本居翁がそひなりといへるは近けれども、四段言なれば自他たかひてわろし、土佐日記にへかもめさへだに浪とみゆらむとあり、是らを味はふべし、

すらは万葉に直の字また尚の字をあてたり、故になほの意といふ説もあり、玉霰にはすらはやはり猶といふ意にちかしといへり、真頼考るに、すらは俗のソレといふ意なり、今も国によりては、ソラなどいふ所あり、万葉に尚の字を当てたるは、尚は直の意ある故に仮借せる文字なれば、泥むべからず、古歌にへとけてすらぬるほどもなき云々」、〈家人のはる雨すらをまつかひにする」、〈君すらもまことの道に入ぬなり」、など》26表いへる是らを味はひて見るに、ソレの意としてよく解るなり、すらは其なり、其を転じてすらといひて辞とせるものなり、

　○五階の辞の俗解

栞に載たるはば゛ど゛ども゛と゛ヨカシヤナの八種なり此五階の辞は運用するものは一種もあることなし、

黒川真頼『詞乃栞打聴』翻刻

是らの類なり、

〇 ナ ナア

〇 ヤ ヤア

〇 カシ サ

〇 ヨ ヨウ

〇 と ト 切れたるをつぎいだす辞なり、

〇 ども ナレドモ 漢字の雖に当れることどにおなじ、

〇 ど ナレド 漢字の雖にあたれり、

〇 ば ソコデ 漢字の故にあたれり、

≫
26
裏

附　録

○指辞に五条ある事

玉緒（タマノヲ）には指辞をば══も══徒、══ぞ══や══何、══こそ、の三条としたれど、さては指辞足らずして、初学の惑ひ易けれ

ば、今五条とはあらためつるなり、なにの辞か足らぬといはゞ、まづの══と══何══とは軽重の二種あるを一つにし、

又か══が══を指辞に入れざりしは

足らさるなり、さてその══の══と何══とは軽重あることに心つかずして、変格といふものをたてゝ、いとあやしく論ら

ひたり、故に今は初学にもさとり易からむために══が══を加へ、またが══の══何の三つに軽と重と軽の重とある

ことをさし示せり、

又玉緒には何の部類に何の══たれか══いかで══かなどの類を挙げたれど、是らは何の部類にはあらずして══かの部類

なり、因りて今あらためて、

══は══も══の══徒══が══の══ぞ══やか══の══何══こそ══

の五条とはなしつるなり、なほくは

くは其条々に於ていふべし。

≫27表

○は══も══の══徒の指辞の事

══は══も══の徒══は軽き指辞なり、そは徒にても自然に切るゝ詞なれば══は══も══の══指辞あるに於ては、勿論のことな

り、は══も══は終止言の結びにて、は══も══は体より受る時は、指辞なるあり、咏嘆辞なるありて一様ならず、そ

のところにて見るむべし、人は花は月も雪══も══の類は、おほくは指辞なり、

≫27裏

万五　へたつのまも今もえてしが、あをによしならのみやこにゆきてこむため、

古今
春下　へ今も══かも══さきにほふらむたちはなの小島のさきの山ふきのはな、

推古紀　へおやなしになれなりけめやすたけの君は══や══なき、

292

黒川真頼『詞乃栞打聴』翻刻

古今
俳諧
〽むつごともまだつきなくにあけぬめり、いづらは秋のながしてふ夜は

是らのはもは咏嘆のはもなり、

又辞よりうくる時は咏嘆なり、まれには咏嘆ならぬもあれども、それは甚軽くして咏嘆にひとし、一二をい

はゞとは、には、ても、をも、の類なり、但しけるは、つるは、ぬるも、たるも、の類は、連体辞よりつづき

たれば辞よりつゞけるにはあれど指辞なり、さるは言ふは、聞くは、見るも、恋ふるも、と連体言よりつゞく

と同例なればぞかし、

≫28表

又くしき、しくししき、のくしくより受る時も咏嘆なり、浅くは、深くも、恋しくは、悲しくも、の類な

り、又指辞の上にある時もおなじ、はぞもぞはやもやはこそもこその類なり、

はゝ物をとりわくる意あり、彼れは、是れは、のはの如し、もは

物をとり合する意あり、彼れも是れものゝ如し、今予が指辞のはもといふは此の意を十分にもてるはゝもな

り、しか心得てよ、さてその軽重の大意を示さんに、先は、もをかさねていふことをわきまふべし、

≫28裏

古今
土佐
日記
〽人はいさ我はなき名のをしければは昔も今もしらずとをいはむ

〽男もすといふ日記といふものを女もしてこゝろみむとてするなり

これらの類なり、」さてかやうに二つかさねてあるは指辞の中にも一層軽くして其のちからをいはゞ徒とおな

じほどなり、

又次の歌の如く、一方をのみいひて、一方を含蓄したるはも

は、其のちからありて下へかゝるもまたつよし、故にたしかなる指辞といふべし、

古今　〽人はいさ心もしらず故郷は花ぞむかしのかににほひける

≫29表

附　録

同　〽春かすみたてるやいづこ＝みよし野の吉野の山に雪は‖ふりつゝ

同　〽ときはなる松のみどりも春くれば今ひとしほの色まさりけり

是らの類をいふ、左の図を見てわきまふべし、

指 ─┬─ 含蓄（重）
　　└─ 辞（軽）

咏 ─┬─ 畳用（重）
嘆 ─┴─ 単用（軽）

【指・含蓄・重】
春は‖来にけり　　　含冬ハスギタガ春ハ来タワイ
春‖もくれゆく　　　含花モ散タガ春モクレユク

【辞・畳用・軽】
冬は‖、すぎ春は‖、来にけり　　冬ハスギテ春ハキタワイ
花もちり春もくれゆく　　　花モ散テ春モクレユク

【咏・畳用・重】
見ては‖、ゆきゝては‖、ゆく　　見テァァユキ〜テァァユク
見ても‖、思ひきゝてもおもふ　　見テァァ思ヒキ〜テァァ思フ

【嘆・単用・軽】
見ては‖、ゆく　　見テマアユク
きゝても‖、おもふ　　聞テマア思フ

‖のは玉の緒にはぞと同じほどの指辞にて、はゝもの結びにて切れたるは変格なりとあれど、こはのゝに軽重ある　≫29裏

を知られぬからのことなり、左の歌どもを見てさとるべし、

古今　四

〽待人にあらぬものから初雁のけさなくこゑの‖めづらしき哉

千載　六

〽玉づさに涙のかゝる心ちしてしぐるゝ空に雁のなくなり

是らのゝは軽く指して、かろく結べるなり、ゆるやかに軽きのゝといふ、重のゝゝ事は次にいふべし、

因に云ふのゝは軽重ともに体言をのみ受て、用言をうくることなし、もし用言を受たるがあらば、その用言は　≫30表

いひすゑて体言となりたるものと知るべし、ちかき世の人の歌

294

黒川真頼『詞乃栞打聴』翻刻

などに、「落たる《かと思ひける哉」「霧のふる《のと思ひけるかな」などいへるたぐひもをり／〜見ゆれど、
こはひがごとぞよ、

徒とは指す辞の無きをいへるにて、これも結びに軽重あることのに同じ、その軽格は玉の緒に多く証歌を挙げ
たれば、誰もよくしれることとなれど、詞の栞の順序によりて、まづここに証歌三首を挙ぐ、重の格は次にいふ
べし、

古今
九　〜夜を寒みおくはつ霜をはらひつゝ草の枕にあまたゝび寝ぬ

後拾
廿　〜今よりはあらぶるこゝろましますな花のみやこにやしろ定めつ

万八　〜我君にわけはこふらしたまひたるつばなをくへどいやゝせにやす

などの類なり、

≫30裏

○が《の指辞の事

が《の

が《はものゝおなじほどの辞なり、此のが《のは形状言のくゝしきゝしくゝしゝしき、同一格の四階のさもじにて
結ぶときの指辞に限る格なり、これを軽ノ重【軽と重との間なればかくく名づけつ】のが《のといふ、

古今
十三　〜うつゝにはさもこそあらめ夢にさへ人めをもると見るがわびしさ

後撰
三　〜風をだにまちてぞ花のちりなまし心づからにうつらふがうさ

古今
四　〜秋はぎをしがらみふせて鳴鹿のめには見えずておとのさやけさ

後撰
二十　〜夕さればねにゆくをしの独して妻こひすなる声《かなしさ

是らの類をいふなり、さて此の見るがさびしさ、うつらふがうさといふべきを、見るはわびしさ、うつらふは

≫31表

附　録

うさとやうにいふは違格なり、用ゐるべからず、又見るがわびしき、うつらふがうきなどいふも違格なり、す

べて此の‖が‖の‖の‖指辞の下は‖さ‖‖し‖さ‖‖け‖さ‖‖しけさ‖にて結ぶ格なりと知るべし、

○‖ぞ‖‖や‖‖か‖‖の‖ の指辞の事

‖ぞ‖‖や‖‖か‖‖の‖

の‖ぞ‖はソレの意なり、‖は‖とおなじ性質にて、他をさし置て、一方をさす辞なれど、‖は‖よりは重く

さす辞なり、‖や‖は柔らかなる性質なり、大らかに疑ふ意をしめす辞にして、‖か‖よりは緩なり、‖か‖は堅き性質な

り、疑の辞なれどもやに比較す

れば、迫りて疑ふ意あり、‖の‖は柔らかにて穏やかなる辞なれば、別にとりたてゝいふへぎほどの意なし、

たとへば花‖ぞ‖さくなる、春‖ぞ‖立けるといふは、花ガソレサイタデアル、春ガソレタツタデアルといふことなり、

花やさくらむ、春やたつらむといふは、花ガ大カタサクデアルダラウ、春ガ大カタタツデアルダラウといふこ

となり、花‖か‖さくらむ、春‖か‖たつらむといふは、花ガ十に九つサクデアルダラウ、春ガ十二九ツタツデアルダ

ラウといふことなり、花‖の‖さくなる、春‖の‖たつなるといふは、花ガサクデアル、春ガタツデアル[是は重の‖の‖

なり]といふことなり、此の例をもてよろづを味はひ

知るべし、

古今　‖ひとりして物をおもへば秋の田のいなばのそよといふ人の‖なき‖
十二

千載　‖宮城野の萩やをしかのつまならむ花さきしより声の‖いろなる‖
四千

これらは、玉緒三転証歌の条に挙げたる歌にて重の‖の‖なり、

≫31裏

≫32表

296

○何の重の指辞の事

何 はもとより軽重なき辞なれども、栞の図に軽重と二様にあげたるは、のと同様にてうくる辞の軽重により（テニヲハ）（センダチ）て、区別をあらはすなり、さて何は疑の意を示す詞なれば、体言としても然るべきやうなれども、先達これを

≫32裏

指辞とせり、しか心得てさまたげなきのみならず、益あればしたがふべし、その疑の軽重は、結辞の軽重にしたがふものなり、その軽のかたは次なる何の条に示すべければ、此の所には重の例をのみしめす、

古今十一 〈瀧つせの中によどはありてふをなど我恋のふちせともなき

古今六帖 〈みくまの、浦のはたゆふいくかさね我をば君がおもひへだつる

是らの類をいふなり、証歌はいと多くあれど省きつ、

○こその指辞の事

こそ はぞを一層つよくいふゆゑに、コソと迫るなり、かく迫るゆゑに、此の結びは却りて後弱くして、（カヘ）（シリヨワ）咏嘆

≫33表

の意あり、故に已然言をもて結ぶ例なり、これ迫るはかへりてゆるきに応ずる理なり、

古今十四 〈宮城野の本あらのこはぎ露をおもみ風をまつごと君をこそまて

天智記 〈みえしぬのえしぬのあゆ鮎こそは島へもえき云々

是らの類をいふなり、証歌はいと多かれど省きつ、

附　録

○が‖　何の軽の事

これも軽重あれど、軽きかたはは‖もの‖とおなじほどの指辞なり、

後撰
九　〈秋の田のいねてふことをかけしかば思ひ出るが‖うれしけもなし

六帖　〈世の人のいみけるものを我為になしといはぬはたれが‖うきなり

万十四〈日のくれにうすひの山をこゆる日はせなの‖が‖袖もさやにふらしつ

後撰
十一　〈恋しきも思ひこめつゝあるものを人にしらる‖なみだ‖なになり

同九　〈くやゝと待つ夕ぐれと今はとてかへる‖あした‖にいづれまされり

新勅
一　〈高砂のをのへのさくらたづぬれば‖みやこ‖のにしきいく‖へ霞みぬ

金葉
四　〈淡路しまかよふ千鳥のなくこゑにいく‖夜ねさめぬ‖すまのせきもり

是らは皆が‖の軽き格何の軽き格なり、此の類なほあれど、省きつ、

○が‖の重の事

が‖の重の事

が‖の重の結びは、玉緒の三の巻にも見えたり、

古今
十九　〈さかしらに夏は人まねさゝの葉のさやく霜夜をわが‖ひとりぬる

万二　〈さゝ波のしがさゝれなみしくゝにつねにと君が‖おもほせりける

拾遺
一　〈わがやどの梅の立枝やみえつらむおもひのほかに君が‖きませる

などの類なり、

≫
34
表

≫
33
裏

298

○徒の重の事

徒の重　徒の重の結びは、玉緒に変格とて挙げたる中におほかり、

後撰
十六

十五拾遺

〜数ならぬ身をおも荷にてよし野山高きなげきをおもひこりぬる

〜かしまなるつくまの神のつく〴〵と我身ひとつに恋をつみつる

などの類なり、その余もなずらへて知るべし、軽の結びは上にいへり、

≫34裏

○希求使令に係るは∥もの∥徒の事

又希求使令に係るは∥もの∥徒をは∥もの∥徒の重といふは、栞の図に挙たるが如し、そは下二段、加行変格、佐

行変格の一の音、また四段、奈行変格、良行四段一格の五の音なり、さればすべてにはわたらず、さて重のは∥

もの∥徒と名付しは、れいの結ぶ辞の重きによりて、名づけたるにて、上の∥が∥何などの例の如し、

古今
十六

万十

〜深草の野べのさくらし心あらばことしばかりは墨そめにさけ

〜朝な〳〵わが見る柳うぐひすの来ねてなくべき森にはやなれ

などの類なり、

因に云ふ、指辞はすべて上にいへる如く五条にて、その辞は五十音の上と下との両端の音のうちより取り用
ゐし

≫35表

なり、[両端の音とは、一の音と五の音とをいふなり、]其の証は∥もの∥はは一の音なり、∥もは五の音なり、

が∥ののがは一の音なり、∥ぞ∥やかのぞは五の音なり、やは一の音なり、∥かは一の音なり、ま

たこそは五の音なり、さて此の両端は詞の首尾にて、これを材木にたとへば端をきりて杭に用ゐるがごとし、

附　録

然れば言語に於ても指辞は言葉の杭なり、此のくさびあるが故に、言語動かずたゝよはしからず、これよく
杭を用ゐれば家のうごかぬにおなじ、

○変格といふ事

変格とは、本居宣長翁が私に名付たる名なり、其の訳は、翁は
年来考へられて、指辞ははゝ徒、ぞのや何、こそ、と三条にさだめ、てにをは紐鏡を著はし、また其の証
歌を挙げて辞の玉の緒を著されたるは、実に未曾有の卓見なり、さてその中に右の三条にはまらぬものども
出来にけり、そは玉の緒の二巻にあげたる、

後撰　〈ふる雪のみのしろ衣うちきつゝ春きにけりとおどろかれぬる
一
同十六〈数ならぬ身をおも荷にてよしの山高きなけきを思ひこりぬる
以下略すこれらは皆徒の重の結びなりさてまた何の軽の結びなる
後撰　〈恋しきも思ひこめつゝあるものを人にしらるゝなみだなになり
十一
同十二〈思ひ出ておとづれしける山彦のこたへにこりぬこゝろなになり
金葉　〈夏のよの月まつほどの手すさびに岩もるしみづいくむすびしつ
二
堀川　〈逢見てのあしたの恋にくらぶれば待し月日もなにならぬかな
百首
是らの類をすべて変格として、特別となしたり、然れども別格の意にて違格としたるにはあらず、かくさだめ
られしことは上にもいへるごとく、軽重の二格あるを見出さずして、偏に三条とのみおもひ定められたるが故
なり、おのれが指辞を五条と改めたる旨意をよくあぢはひなば、変格といふものは無きものなりと自からさと

黒川真頼『詞乃栞打聽』翻刻

りぬべし、なほくはしくは玉の緒変格弁にあげたれば、就て見るべし、

≫36裏

○敬語添詞の事

凡言葉づかひの中に、敬語といふものあり、又添詞といふものあり、敬語とは、見給ふ 聞給ふの類にて、こ

れはたれもよくしれることなり、[此の外にいま一種敬語あり、これは別にいふべし、]此の他は波行下二段

の給へにて、思ふ給ふるの類なり、[思ふ給ふるは正しくはおもひ給ふるといふべし、されど中昔より転じて

かくもいふことゝなれり]この給へは、給はせの約なり、されば思ふ給ふるは思ひ給はするの約なり、これ

奉存といふ俗言の意におなじ、然れども奉存は此方よりおもひたてまつるなり、思ひ給ふるは上のめぐみ

にて、おろかなる身もかく思ひたまははするといふ意にて、自他はたがへど敬する意に

至りては、おなじおもむきなりと知るべし、此の他四段活用にては、あかむ おさむ うたむといふ一の音より、

≫37表

佐行下二段のせ へうつして、あかせ給ふ おさせ給ふ うたせ給ふといひて敬語となり、一段、中二段、下二段

活用はさ文字を加へて、着させ給ふ 見させ給ふ 起させ給ふ 落させ給ふ 得させ給ふ 受させ給ふやうにいひ

て敬語となるなり、また三変格に至りてもおなじことなり、さてその加行変格、佐行変格、奈行変格、良行四

段一格は、四段の質か否を試みむには、判然と分る法あり、そは如何といふに、加行変格は来させといひて来

せとはいはず、佐行変格も為させといひて為せとはいはず、然

≫37裏

れば四段の性質に非るなり、[四段の性質は、飽かせ 押させ 打たせとやうに直にせもじへつゞくが故なり、さ

れば直にせもじへつゞかざるは四段性質にあらざるものと知るへし、]奈行変格は、往なせ 死なせといひて、さ

往なせ 死なせとはいはず、良行四段一格も、有らせ 居らせといひて、有らせ 居らさせとはいはず、し

かれば此の二行は四段の性質なり、但しこれは因におどろかしおくのみ、

添詞といふは、かきくもる うちふく とりよろふ さしは へて ふりは へて たちあざむ かれなどの かきくうちと

さし ふり たちの類なり、是らの詞をそふれば、その意強くもなり、また軽くもなるなり、さて上の敬語の、

給ふ 思ふ 給ふる の類と添

詞とは連用言なれども、常例の如くてもじを添て見る格にあらずてもじを添ては聞えぬなり、〔見給ふを見て

給ふうちわたすをうちてわたす、とは解すべからさる類なり、〕もじを添て解すべきは、通常の連用言なり、

≫38表

黒川真頼『詞乃栞打聴』翻刻

詞の栞打聴　終

明治十九年十月卅日
上野なる韻松亭にて
語学会の竟宴しける時
　　　　　　　　よめる
　　　　　真　頼

なほのこる
くまこそあらめ
みとせへて
わけし詞の
はやしなれと
　も

≫
38裏

参考文献一覧

青木伶子（一九六一）「てにをは研究の歴史」（『国語国文学研究史大成15国語学』三省堂）

浅川哲也（二〇一三）「日本文法史における活用形の名称の変遷について」（『新國學』復刊五号（通巻九号））

石川美紀子（二〇一〇）「文法カテゴリーとしての「命令形」の確立」（『日本語学最前線』和泉書院）

内田賢徳（一九九一）「係助詞ゾの終止用法──喚体性と述体性をめぐって」（『ことばとことのは』八巻）

尾崎知光（一九六八）「義門の活語研究の一過程──改稿本『詞の道しるべ』について」（『愛知県立大学文学部論集』一九）

尾崎知光（一九八三）『国語学史の基礎的研究』笠間書院

尾崎知光（二〇一二）『国語学史の探求』新典社

筧五百里（一九二八）「大槻博士伝補遺」（『国語と国文学』第五巻第七号）

春日和男（一九六八）『存在詞に関する研究』風間書房

川端善明（一九七七）「誂」（『国語国文』四六─五）

川端善明（一九八九）「組織と分類──あゆひ抄大旨による脚結の統一把握」（『国語学論叢』桜楓社）

川端善明（一九七八・一九七九）『活用の研究（Ⅰ・Ⅱ）』大修館書店

京極興一（一九七三）「助詞とは何か──研究史の展望」（『品詞別日本文法講座』第九巻助詞』明治書院）

黒川真道（一九一九）『黒川真頼伝』奈良書店

黒川真道編（一九一一）『黒川真頼全集 第六巻』国書刊行会

小岩弘明（二〇〇一）「日本文典」立案過程の痕跡」（『一関市博物館研究報告』四号）

小岩弘明（二〇〇五）「大槻文彦「日本文典」立案過程の痕跡（その二）──文法会の実相を探る」（『一関市博物館研究報告』第八号）

305

小岩弘明（二〇一二）「大槻文彦『日本文典』立案過程の痕跡（その三）」（『一関市博物館研究報告』一四号）

小柳智一（二〇〇一）「係結についての覚書　学芸国語風」（『学芸国語国文』三三号）

小柳智一（二〇一二）「『手爾葉大概抄』読解──「手尓葉」と「詞」」（釘貫亨・宮地朝子編『ことばに向かう日本の学知』ひつじ書房）

小柳智一（二〇一三）「たましゐをいれべきてには──副助詞論の系譜」（『日本語の研究』第九巻二号）

斉木美智世・鷲尾龍一（二〇一四）『国語学史の近代と現代』開拓社

近藤政行（二〇〇六）「助動詞「り」「たり」と主観の表現」（『文学論叢』一三三号）

近藤政行（一九九四）「黒川真頼の文典について──国学者と和洋折衷」（『日本文学・語学論攷』翰林書房）

阪倉篤義（一九六六）『語構成の研究』角川書店

笹月清美（一九三九）「中世歌学におけるテニヲハ論」（『文学』第七巻一〇号）

佐田智明（一九七七）「願属のあゆひ」（『北九州大学文学部紀要』一六）

佐田智明（二〇〇四）『国語意識史研究』おうふう

佐藤利文（一九〇六）「黒川真頼先生言行録」（『國學院雑誌』一二巻一〇号～一二号）

佐藤宣男（一九七二）「「一歩」における「てにをは」研究」（『藤女子大・短大紀要』九）

佐藤宣男（一九七三）「『和歌童蒙抄』とテニヲハ」（『藤女子大藤女子短大紀要』一二号第一部）

佐藤宣男（一九七五）「『古今和歌助辞分類』とテニヲハ（一）　助動詞の取り扱いについて」（『藤女子大藤女子短大紀要』一三号第一部）

佐藤宣男（一九七六）「『古今和歌助辞分類』とテニヲハ（二）　助詞の取り扱いについて」（『藤女子大藤女子短大紀要』一四号第一部）

佐藤宣男（一九七八）「『古今和歌助辞分類』とテニヲハ（三）──「助辞に疑はしき」ものについて」（『藤女子大藤女子短期大学紀要』一五号第一部）

佐藤宣男（一九七九）「『古今和歌助辞分類』の分類意識」（『藤女子大学藤女子短期大学紀要』一六号第一部）

佐藤宣男（一九七八）「翻刻　和歌八重垣巻二──テニヲハ関係部分について」（『藤女子大学国文学雑誌』二三号）

佐藤宣男（一九八一）「『和歌手尓於葉見聞私録』とテニヲハ」（『藤女子大学藤女子短期大学紀要』一八第一部）

参考文献一覧

佐藤宣男（一九八三a）「栂井道敏のテニヲハ研究——尚古観と漢語文法との関わりを中心に」（『藤女子大学国文学雑誌』三〇号）

佐藤宣男（一九八三b）「栂井道敏『蜘のすがき』甲巻〈てにをはの部〉解説と翻刻」（『藤女子大学国文学雑誌』三二号）

佐藤宣男（一九九二）「本居春庭の見たテニヲハの機能『詞通路』「詞天尓乎波のかゝる所の事」をめぐって」（『福島大学教育学部論集 人文科学部門』五二号）

佐藤宣男（一九九六）『氏邇平波義慣鈔』とテニヲハ（一）（『福島大学教育学部論集 人文科学部門』六一号）

佐藤宣男（一九九七a）『氏邇平波義慣鈔』とテニヲハ（二）（『福島大学教育学部論集 人文科学部門』六二号）

佐藤宣男（一九九七b）「連歌におけるテ留まり・ニ留まり——切れぬテニヲハで留まる場合」（『福島大学教育学部論集 人文科学部門』六三号）

佐藤宣男（二〇〇〇a）「日本語文法の捉え方——富士谷成章・鈴木朖に示唆を得て」（『言文』四七号）

佐藤宣男（二〇〇〇b）「鈴木朖の言語観——テニヲハの問題を中心に」（『福島大学教育学部論集 人文科学部門』六九号）

佐藤宣男（二〇〇二a）「栂井道敏『蜘のすがき』をめぐって——虚字・かざし・テニヲハ」（『佐藤宣男教授退官記念論文集』佐藤宣男教授退官記念論文集刊行会）

佐藤宣男（二〇〇二b）「尾崎雅嘉著『和歌呉竹集』巻十「てには大概」翻刻と解説（一）」（『福島大学教育学部論集 人文科学部門』七三号）

佐藤宣男（二〇〇三）「尾崎雅嘉著『和歌呉竹集』巻十「てには大概」翻刻と解説（二）」（『福島大学教育学部論集 人文科学部門』七四号）

佐藤宣男（二〇〇四）「寛政版『和歌呉竹集』「てには大概」に見る尾崎雅嘉のテニヲハ論 先行文献との関わり、および雅嘉の独自性」（『福島大学教育学部論集 人文科学部門』七七号）

佐藤宣男（二〇〇五）「寛政版『和歌呉竹集』「てには大概」と『てには網引綱』——尾崎雅嘉のテニヲハ論」（佐藤喜代治博士追悼論集刊行会編『日本語学の蓄積と展望』明治書院）

佐藤宣男（二〇〇八）「翻刻『天仁波綱引』」（『福島大学人間発達文化学類論集』八号）

307

佐藤宣男（二〇〇九）「東北大学附属図書館狩野文庫所蔵『天仁波綱引』と『てには網引綱』」（『福島大学人間発達文化学類論集』九号）

佐藤宣男（二〇一〇）「和歌古注とテニヲハ」（『福島大学人間発達文化学類論集』一二号）

山東功（二〇〇二）『明治前期日本文典の研究』和泉書院

山東功（二〇一一）「明治期国学と国語学」（釘貫亨・宮地朝子編『ことばに向かう日本の学知』ひつじ書房）

山東功（二〇一二）『大槻以後──学校国文法成立史研究』（『言語文化学研究日本語日本文学編』七巻）

柴田光彦（二〇〇〇－二〇〇一）『黒川文庫目録（本文編・索引編）』青裳堂書店

島田昌彦（一九七九）『国語における自動詞と他動詞』明治書院

島田昌彦（一九八五）「本居春庭『詞八衢』の「四種の活の図」」（『金沢大学国語国文』一〇号）

島田昌彦（一九九一a）「本居春庭の国語学上の業績」（『金沢大学国語国文』一七）

島田昌彦（一九九二b）「鈴木朖の国語学上の業績──漢学者が見た日本語」（『文莫』一七号）

島田昌彦（一九九三）「本居春庭『詞通路』の「詞天爾乎波のかゝる所の事」を支える文法」（小松英雄博士退官記念

日本語学論集編集委員会編『小松英雄博士退官記念日本語学論集』三省堂）

杉浦茂夫（一九七六）『品詞分類の歴史と原理』こびあん書房

鈴木重幸（一九七五）『四段活用論の成立』『教育国語』四〇号

鈴木重幸（一九七六）「明治以後の四段活用論（一）」『教育国語』四四号

鈴木泰（二〇〇九）『古代日本語時間表現の形態論的研究』ひつじ書房

竹岡正夫（一九七一）『富士谷成章の学説についての研究』風間書房

竹岡正夫（一九八三）「『打合』研究小史──成章まで」（『香川大学国文研究』八号）

竹田純太郎（一九九三）「『活用言の冊子』について」（『国語学』第一七三集）

竹田純太郎（二〇一五）「春庭は「あゆひ抄」を書写したのか──「てにをは扣」・「語法手扣」再考」（『国語国文』

第八四巻四号）

建部一男（一九八六）『近世日本文法研究史論』双文社出版

陳慧玲（二〇一〇）「近代日本語文典における「命令形」の考察」（『明治大学日本文学』三八号）

参考文献一覧

テニハ秘伝研究会（二〇〇三）『テニハ秘伝の研究』勉誠出版

東京大学文学部国語研究室編（一九八六）『東京大学文学部国語研究室所蔵古写本・古刊本目録』東京大学文学部

時枝誠記（一九四〇）『国語学史』岩波書店

中田祝夫・竹岡正夫（一九六〇）『あゆひ抄新注』風間書房

中村朱美（一九九三a）『宣長――春庭における「自他」の系譜（上）』（『金沢大学国語国文』一八）

中村朱美（一九九三b）『宣長――腺における「自他」の系譜』（『文漠』一八）

中村朱美（一九九四）『宣長――春庭における「自他」の系譜（中）』（『金沢大学国語国文』一九）

中村朱美（一九九五）『宣長――春庭における「自他」の系譜（下）』（『金沢大学国語国文』二〇）

中山緑朗（一九九八）『幕末における日本語文法研究の一潮流――大国隆正・海野幸典の用言研究並びに資料』（『作新学院大学紀要　文化と科学』八号）

中山緑朗（一九九九）『動詞研究の系譜――研究と資料』明治書院

永山勇（一九六三）『国語意識史の研究』風間書房

仁田義雄（一九九一）『日本語のモダリティと人称』ひつじ書房

根上剛士（二〇〇四）『近世前期のてにをは研究』風間書房

根来司（一九八〇）『てにをは研究史』明治書院

服部隆（一九八六）『明治前期における国文典の問題――西洋文典からの影響を中心に』（『上智大学国文学論集』一九、服部二〇一七に再録）

服部隆（一九九八）『明治時代の活用研究』（『福岡女学院大学紀要』八、服部二〇一七に再録）

服部隆（二〇一三）『品詞分類の方法と歴史』（中山緑朗・飯田晴巳監修『品詞別学校文法講座一――品詞総論』明治書院）

服部隆（二〇一七）『明治期における日本語文法研究史』ひつじ書房

服部隆（二〇一七）『明治期の日本語文典における助動詞――教科書文典における助動詞の範囲を中心に』（『上智大学国文学科紀要』第三四号）

浜口直也（二〇一二）『明治期日本文典における助詞の扱い――名称・範囲・下位分類』（『國學院大學文学研究科論

集』第三八号

浜口直也（二〇一二）「助詞」という名称の断絶——黒川真頼の系譜」（『国語研究』七五号）

福井久蔵（一九五三）『増訂日本文法史』風間書房

福島邦道（一九八三）「黒川」と「黒河」について」（『国語学』一三三集）

舩城俊太郎（二〇一三）『かかりむすび考』勉誠出版

古田東朔（一九五九a）「中根淑『日本文典』の拠ったもの——明治初期洋風文典原典考二」（『解釈』第五巻第一号）

古田東朔（一九五九b）「田中義廉『小学日本文典』の拠ったもの——明治初期洋風文典原典考三」（『解釈』第五巻第三号）

古田東朔・築島裕（一九七二）『国語学史』東京大学出版会

古田東朔（一九七六）「文法研究の歴史（二）」（『岩波講座日本語六　文法I』岩波書店）

古田東朔（一九八一）「大槻文彦の文法」（『月刊言語』第一〇巻第一号）

古田東朔（二〇〇二）「訳和蘭文語から『小学日本文典』、『日本文語』へ」（『近代語研究』第一一集）

（古田（一九五九a）（一九五九b）（一九七六）（一九八一）（二〇〇二）は、鈴木泰他編『古田東朔　近現代日本語生成史コレクション第四巻　日本語　近代への歩み——国語学史二』（二〇一〇年くろしお出版）に再録。なお、古田（一九七六）は「文法研究の歴史」に改題の上再録）

松本泰丈（一九九三）「〈シテアル〉形おぼえがき——奄美喜界島（大朝戸）方言から」（松村明先生喜寿記念会『国語研究』明治書院）

松本泰丈（一九九六）「奄美大島北部方言のメノマェ性——龍郷町瀬留」（鈴木泰・角田太作編『日本語文法の諸問題——高橋太郎先生古希記念論文集』ひつじ書房）

馬渕和夫（一九九三）『五十音図の話』大修館書店

三木幸信（一九六三）『義門の研究』風間書房

三木幸信編（一九六六—一九七六）『義門研究資料集成』風間書房

山田孝雄（一九四三）『国語学史』宝文館

湯浅茂雄（一九七九）「『古事記伝』における体・用・辞」（『上智大学国文学論集』一二）

310

参考文献一覧

湯浅茂雄（一九八〇）「本居宣長の活用論」『上智大学国文学論集』一三

劉志偉（二〇一二）『姉小路式』テニヲハ論の研究」京都大学学術出版会

渡辺実（一九七四）『国語文法論』笠間書院

渡辺実（一九九一）「わがこと・ひとごと」の観点と文法論」（『国語学』一六五）

引用文献一覧（影印、翻刻など）

福井久蔵撰輯（一九七五）『国語学大系』国書刊行会

伊地知鉄男編（一九五三・一九五六）『連歌論集（上・下）』岩波書店

天理図書館綿屋文庫編（一九八八）『俳書叢刊』第一巻　臨川書店

栂井道敏著　根来司解説（一九七九）『てには網引綱』和泉書院

村上織部著　根上剛士解説（一九八〇）『古今集和歌助辞分類』勉誠社

竹岡正夫論注（一九六一・一九六二）『富士谷成章全集』勉誠社

大野晋編（一九七〇）『本居宣長全集』筑摩書房

本居豊頴校訂（一九〇三）『本居春庭・大平・内遠全集』吉川半七

本居春庭著　尾崎知光解説（一九九〇）『詞八衢』勉誠社

岡田稔・市橋鐸（一九六七）『鈴木朖』鈴木朖顕彰会

三木幸信編（一九六六―一九七六）『義門研究資料集成』風間書房

義門著　小池清治解説（一九七九）『活語雑話』勉誠社

義門著　岡崎正継解説（一九七六）『活語指南』勉誠社

富樫広蔭著　小林賢次解説（一九七九）『詞玉橋・辞玉襷』勉誠社

北原保雄・古田東朔編（一九九六）日本語文法研究書大成『語法指南』勉誠社

静嘉堂文庫編（一九七三）『静嘉堂文庫所蔵　国語学資料集成』雄松堂フィルム出版

国立国会図書館デジタルコレクション　http://dl.ndl.go.jp/

早稲田大学古典籍総合データベース　http://www.wul.waseda.ac.jp/kotenseki/

初出一覧

序章　（書き下ろし）

第一部　完了「り」の学説史

第一章　完了「り」の学説史

第二章　完了「り」考——鈴木朖まで——　（書き下ろし）

第二章　完了「り」考——本居春庭以降——　（書き下ろし）

第三章　「自他」再考

　　　　「自他」再考——近世テニヲハ論における——」
　　　　　　　　　　　　　　　　（『上智大学国文学論集』五〇　二〇一七年一月）

第二部　命令形の学説史

第四章　「命令形」考

第五章　続「命令形」考——明治前期における——

　　　　「近世後期の活用研究とテニヲハ論における〈命令形〉」（『日本語の研究』第九巻四号　二〇一三年一〇月）

第六章　「明治前期の活用表における〈命令形〉」（『日本近代語研究　六』ひつじ書房　二〇一七年五月）

　　　　「属」考——意味分類の試み——

　　　　「「属」の分類原理——富士谷成章『あゆひ抄』におけるテニヲハの分類——」（『上智大学国文学

313

第三部　八衢の系譜

第七章　黒川真頼の活用研究と草稿「語学雑図」
　　…「黒川真頼の活用研究と草稿「語学雑図」」（『日本語の研究』第一二巻二号　二〇一六年四月）

第八章　黒川真頼における『詞八衢』の受容と展開
　　…「黒川真頼における『詞八衢』の受容と展開」（『国語と国文学』第九四巻第七号　二〇一七年七月）

終章　（書き下ろし）

附録　…「東京大学国語研究室蔵　黒川真頼文庫目録〈語学之部〉　小型本」（『日本語学論集』第一二号　二〇一六年三月）

論集』四六　二〇一三年一月）

314

索　引

資料名索引

【あ】

あゆひ抄　13, 15, 24, 27, 37, 39-42, 44, 47, 49, 70, 76-79, 82, 84, 93-95, 141-144, 146-156, 197, 200, 203

五十聯音　13, 14, 26, 109

一歩　26, 34, 35, 69-79, 82, 84, 91, 198

【か】

かざし抄　26, 70, 85

雅俗活用便覧　117-120

雅俗文典前編　117, 123

雅俗文法前編　119

かたいと　28

活語活法活理抄　28, 113

活語口伝書　100, 112

活語雑話　60, 67, 99, 110

活語自他捷覧　28, 173

活語四等弁　28

活語指南　28, 59, 60, 99, 185-188

活語断続譜　16, 19, 21, 25, 27, 47, 99, 113, 123, 202

活語の近道　118, 120

活語初の栞　28

活用言の冊子　27, 36, 49, 51-53, 99, 109

起情指揮　144

訓蒙語尾変化　118, 120

形状言八衢　28

言語解　28

言語四種論　27, 46, 47, 58, 66, 187

言語構造式　119, 120

言辞の音の貌　28

語彙　159, 181

語彙活語指掌　118, 120, 123, 160, 162, 169, 170, 173, 175, 176, 195, 201

語意考　14, 26, 109

語彙別記　118, 120, 122, 138, 160, 162, 169, 170, 173, 175, 176, 178, 181, 188, 189, 194, 195, 201

皇国小文典　126, 127

皇国文典初学　161, 162, 177, 181

皇国文法階梯　117, 118, 120

高等日本文法　83

広日本文典　13, 136, 139, 162, 196, 202

稿本あゆひ抄　42, 44, 45, 49, 94, 95, 144, 200

語学訓蒙　126, 127

語学雑図　24, 159, 160, 164, 169, 173, 174, 176, 181, 201

語学指掌図略解（師岡）　28

語学指掌図略解（新井）　28

語格指南　127

1

索　引

語学指南　119, 120, 122, 138, 162

語学捷径　119, 120

語学初歩　119, 120

語学新書　27

古今集和歌助辞分類　26, 33, 34, 155

国語教授式　118, 120, 122

後撰集詞のつかね緒　81

言霊のしるべ　28, 63, 64, 67, 105, 195

詞緒環　7

詞通路　27, 69-71, 203

詞の経緯図　118, 120

詞のしをり（静教）　27, 113

詞の栞（黒川真頼）　25, 161-163, 165, 169-171, 175, 183, 188, 189, 191, 192, 195, 202

詞乃栞打聴　25, 161-163, 169-172, 175, 182-184, 190-192, 195, 202

ことばのその　127

詞のたつき　118

詞の真澄鏡詞の経緯図解経典入門　118

詞玉緒　27, 35, 51, 59, 90, 92, 93, 164

詞玉橋　28, 62, 63, 101, 102, 107

詞捷径　28, 103-105, 110, 113

詞の縄墨　28

詞の橋立　119, 123

言葉のふみわけ　118-120, 122

ことばのまさみち　28

詞の真澄鏡　118

詞の道しるべ　27, 56-58, 61, 64, 185, 187-190, 194, 201, 203

詞八衢　16, 24, 25, 27, 52, 53, 56, 61, 66, 90, 96, 97, 101, 102, 110, 113, 120, 122, 163, 171, 172, 174, 176, 181, 184, 185, 187-189, 192-196, 203

詞のやちまたのしをり　164, 195

語法指南　31, 32, 111, 112, 115, 134-137, 162, 193, 199

【さ】

辞格考抄本　28, 105, 113

小学日本文典　109, 119, 126, 128, 129, 131

小学日本文典入門　119

小学日本文典問答　126, 132

小学入門詞のはたらき　118, 120, 122

小学文法書　127, 132

小学科用日本文典　126, 131, 132

初学日本文典　119, 120

助辞本義一覧　27

新訂日本小文典　126, 128, 131

【た】

大日本活語用法　118, 120, 122

大日本詞梯　118, 120

玉あられ　27, 49, 70, 80

玉霰窓の小篠　28

玉緒繰分　28

玉の緒変格弁　161-163

ちまたの石ぶみ　119, 120

中等教育日本文典　32

中等国文典　32, 49

長短抄　75

てにをは活辞一覧　28, 113, 114, 138

辞玉欅　27, 62, 101, 113, 120, 176, 189

辞の栞　165, 179

てにをは紐鏡　15, 26, 35, 51, 55, 59, 114, 164, 202

天言活用図　27

天言活用図鏡　27

友鏡　27, 58, 59, 99, 113, 185

【な】

日本語学階梯　119, 120

日本語格全図　119

資料名索引

日本詞学入門　　126, 127, 132

日本小学文典　　126, 131

日本小文典(黒川真頼)　　126, 131, 161-163,
　170, 178, 181, 183, 184, 192, 195

日本小文典(中根淑)　　126, 131

日本小文典(小笠原長道)　　126, 131

日本小文典(物集高見)　　127, 132

日本書紀通証　　15, 26, 109

日本文章法初歩　　161, 162

日本文典(中根淑)　　126, 130, 131, 162

日本文典(大槻文彦)　　162

日本文典(里見義)　　117, 119, 120

日本文典暗誦動詞　　118, 120

日本文典初歩　　161, 162

日本文典大意　　126, 161-163, 195

日本文法　　127, 132

日本文法教科書　　136, 139

日本文法書　　126, 131

日本文法問答　　119, 126, 131

日本文法問答後録　　127

【は】

紐鏡うつし辞　　27

文章誤謬論　　82

文典初歩　　119, 120

【ま】

万葉集　　3, 61

もこそ問答　　161, 162, 177

【や】

八雲御抄　　2

山口栞　　27, 114

用語大成　　28

用語大成総括之図　　28

四種の活の図　　16, 19, 21, 25, 27, 54, 96,
　97, 100, 101, 114, 116, 117, 122, 123, 133,
　138, 182, 200, 202

横文字綴日本文典初学　　126

装図　　13, 15, 21, 27, 38, 94, 95, 109, 202

【ら】

霊語指掌図　　28, 113, 176, 195

連歌教訓　　75

【わ】

和歌八重垣　　3, 26

和語説略図　　13, 27, 56, 58, 60, 61, 66, 99,
　113, 123, 170-172, 184, 185, 187-189, 197

倭語通音　　15, 26, 109

3

人名索引

【あ】

阿保友一郎　119, 121, 126, 132
天野春翁　118, 120, 122
新井良融　28
荒木田守訓　28
有賀長伯　3, 26
市岡猛彦　27
伊庭秀賢　28, 113, 176, 195
海野幸典　27
大国隆正　28, 113, 127
大槻修二　119
大槻文彦　3, 22, 23, 31-33, 111, 112, 115, 134-137, 159, 162, 163, 174, 175, 181, 193, 194, 196, 199, 201, 202
大矢透　127
小笠原長道　126, 131
岡田稔　5
岡本保孝　176
尾崎知光　5, 195
落合直文　32, 139
越智通貫　100, 112-114

【か】

香川景樹　28
片岡正占　118, 120
加部厳夫　126, 127
賀茂真淵　13, 14, 26, 109, 110
木村正辞　162, 176, 179
義門　5-7, 9, 22, 23, 27, 28, 52, 56-61, 64-67, 99, 100, 108, 109, 113, 114, 116, 124, 125, 139, 169-172, 174, 182, 184, 185, 187-190, 192-195, 197, 198, 200, 201

清原道旧　28
黒川春村　28, 159, 162, 176, 181
黒川真頼　8, 24, 25, 61, 126, 131, 159-164, 169, 171-177, 179, 181-185, 187-190, 192-196, 201, 203
黒沢翁満　28, 63-65, 105, 195
小中村清矩　176, 179
小中村義象　32
権田直助　28, 118, 120
近藤真琴　127

【さ】

榊玉緒　28
榊原芳野　176, 179
雀部信頬　91, 155
佐藤誠実　119, 120, 122, 138, 162
佐藤宣男　4, 84
里見義　117-120, 123
山東功　8, 9, 108, 109, 115, 138
重久安部男　119, 120
篠原景雄　27
島田昌彦　69, 70, 76, 79, 85
島次三郎　116, 120, 122
鈴木朖　4, 6, 16, 19, 21, 22, 24, 27, 33, 45, 48, 51, 56, 58-61, 63, 65, 66, 99, 108, 113, 187, 197, 198, 202
鈴木重胤　29, 103-105, 110, 113
鈴木重幸　7, 15, 20-23
静教　27, 113
関治彦　118, 120

【た】

高田義甫　117, 118, 120

人名索引

高橋富兒　126, 127, 131
竹内泰信　118, 120
竹岡正夫　4, 6, 109, 155
橘守部　27
田中義廉　109, 112, 125-135, 137
谷川士清　14, 26, 109, 110
谷千生　119, 120
鶴峯戊申　27, 205
東条義門　→義門
栂井道敏　25, 26, 155
富樫広蔭　3, 27, 28, 62, 63, 65, 101-103,
　105-107, 110, 113, 114, 120, 122-124, 138,
　171, 176, 189, 198, 200, 203
時枝誠記　8
轟好道　28, 113, 114, 138
富永楢津　118, 120
遁危子　26

【な】

中島操　127, 132
中島廣足　26
中根淑　125-128, 130, 131, 133, 162
長野義言　28
中村朱美　69, 71, 79
南部義籌　126
西野古海　117, 118, 120
根上剛士　5
根来司　5
野瀬胤正　11, 120, 122

【は】

拝郷蓮茵　119, 120, 122
芳賀真咲　119, 120
旗野十一郎　126, 127, 132
服部隆　9, 10, 90, 109, 115, 138, 139, 177
塙忠韶　177, 179

林圀雄　7
林甕臣　119
春山弟彦　126, 131, 132
平野甚三　126, 132
弘鴻　119, 120, 123
藤井惟勉　127, 128, 131
藤田維正　126, 127, 131
富士谷成章　3-6, 9, 12, 13, 15, 21, 22, 24,
　26, 27, 33, 37-39, 41, 42, 44, 46, 48, 49, 60,
　65, 66, 69, 70, 76, 93-95, 101, 106, 109,
　113, 141, 142, 144-148, 150, 151, 155, 197,
　198, 202, 203
富士谷御杖　144, 145
舩城俊太郎　5
古田東朔　5, 8, 9, 11, 12, 25
堀秀成　119, 120

【ま】

松繁弘之　5
間宮永好　177, 179
三木幸信　5, 195
三土忠造　32
三矢重松　83
村上織部　26, 155
物集高見　83, 119, 126
物集高世　28, 105, 112, 113
本居宣長　3, 4, 8, 11, 12, 15, 16, 26, 27, 33,
　35-37, 40, 42, 48, 49, 51, 53, 55, 58-61, 65, 69,
　79-82, 84, 91-96, 98, 99, 101, 106, 107, 110, 198,
　199, 202
本居春庭　3-7, 9, 16, 19, 21, 23-25, 27, 33, 48-
　58, 61-66, 69-71, 76, 79, 82, 84, 90, 96-102,
　104, 106, 108, 111, 112, 116, 117, 120, 122,
　124, 125, 127, 137, 171, 172, 174, 182, 184,
　187, 189, 192-195, 198-202
師岡正胤　26

5

索　引

【や】

八木立礼　　26
安田敬斎　　126, 128, 131
山田孝雄　　8, 148
横山由清　　28, 173, 176, 177, 179, 196
吉川楽平　　116, 120, 122, 139

【わ】

渡辺英二　　5
渡部栄八　　118
渡辺実　　82-84, 155
渡辺約郎　　126, 127

項目索引

【あ】

誂　　91, 93, 95, 142, 144, 145, 147, 148, 151, 153, 155
誂属　　24, 94, 95, 150, 153, 154, 200
ア緯　　126, 128
脚結　　3, 40, 42-45, 49, 93-95, 98, 141-144, 146-151, 153-155
来　　15, 36, 44, 126, 164
形状　　45, 46, 56, 58, 66, 171, 172, 188
有倫　　37, 40, 42-44
孔　　37-40
いひかけ　　127
いひきり　　127
いひつづけ　　127
いひはじめ　　127
いひめぐらし　　127
家　　42, 43, 141-144, 148, 149, 154, 156
禁　　91, 93, 102, 107, 142, 144, 145, 147, 148, 151, 155
已然虚言　　113, 138
已然形　　15, 47, 60, 97, 110, 116, 124, 128,
135, 164
已然言　　99, 113, 118, 119, 126, 127, 178, 188-190
已然在言　　113
已然詞　　118, 119
已然定言　　113, 138
一位　　118
一等　　113, 114
一級　　118
イ緯　　126, 128
受身（の助動詞）　　62, 76, 78, 103, 203
動辞　　3, 62, 63, 101, 102
疑　　71, 75, 93, 103, 142-148, 151, 152, 155
疑属　　146-149
打消（の助動詞）　　66, 164, 190
ウ緯　　126, 128
裏　　76-79
裏表（裏・表）　　69, 70, 76, 78
運用活字　　103-105
えぬき　　49, 94, 95, 109, 150, 200
エ緯　　126, 128
延語　　34, 49

項目索引

延約説　24

仰する辞　92, 93, 96

令　15, 62, 104, 109, 118

仰　101

おほせ　127

オ緯　126

おのづから　80

表　76-79

【か】

階　169, 173, 174, 190-195

係助詞　33, 76, 78, 93, 103, 110, 148, 151, 155, 191

過現未　71, 75, 114

過去　43, 44, 49, 66, 71, 118, 119, 129, 138, 144

過去格　118

挿頭　3, 93, 141, 152

可成法　131, 136

仮体　112, 113, 118, 119, 121, 127

仮体格　119

活用　7, 16, 19, 21, 32, 33, 47, 53, 61-66, 89, 90, 93-95, 97, 98, 104-107, 110, 111, 114, 115, 122, 125, 126, 128-130, 132, 133, 135-139, 142, 164, 170, 198-200

活用表　13-16, 19, 21, 23, 54, 89, 90, 94, 96-101, 105-107, 111, 112, 114-117, 122-125, 127-130, 132-134, 136-138, 161, 163-165, 169, 171, 182, 184-186, 197, 199, 200, 202

含蓄法　131

完了（の助動詞）　8, 23, 24, 31-35, 37, 40-49, 51-53, 55-66, 69, 74, 90, 93, 94, 101, 104, 105, 110, 155, 164, 184, 185, 187, 190, 197, 198, 200

希求使令　190, 191

希求法　132

往　15, 42, 45, 113, 114

疑示法　131

既然言　113, 118, 119, 126, 127

希望詞　126

疑問法　131, 132

禁制法　131

来倫　43, 44, 144

形状言　45, 48, 60, 61, 170, 172, 184

形態変化　15, 16, 39, 47, 65, 115, 128, 130

形容詞　23, 38, 40, 46, 56-58, 62, 63, 66, 70, 84, 110, 119, 139, 164, 165, 170-172, 174, 178, 183-185, 187-189, 195, 198

希求活　119

希求言　99, 109, 113, 118, 119, 126, 127, 188

下知　24, 35, 55, 72, 73, 90-93, 95-98, 101, 102, 105-107, 118, 133, 150, 199, 200

現在　71, 118, 119, 138

請　118

五位　118

五級　118

五十音図　13-16, 90, 110, 114, 118, 155

こそ　15, 36, 52, 92, 103, 110, 118, 119, 121, 148, 151

五等　113

変格詞　101

詞　19, 34, 35, 38, 40, 45-47, 49, 52, 53, 56, 57, 59, 62, 64, 65, 71-74, 76-79, 81, 82, 92, 94, 95, 98, 101, 102, 104, 105, 117, 126, 129, 142, 146, 147, 150-153, 169, 170, 172, 177, 183, 186, 187, 190-192, 194, 195

こなた・かなた　69, 79-82

主客　81, 82

語尾　15, 16, 19-24, 32-34, 37, 41, 42, 46-48, 53, 55, 59, 63, 65, 66, 94, 97, 99, 100, 102, 105-108, 110, 111, 114, 124, 130, 133, 135, 199, 202

7

索　引

【さ】

状　32, 37-40, 42
作用言　28, 45, 170, 184, 185, 190
三位　118
三級　118
三等　113
指揮　105, 107, 110
指揮辞　104, 105, 113
指示法　132
時制　33, 113, 115, 125, 128, 129, 139
自他　4, 24, 25, 34, 35, 49, 69-71, 73-76, 78-85, 173, 198, 199
自他活言　103, 110
実名詞　126
終止形　6, 15, 19, 54, 63, 67, 74, 99, 116, 128, 136, 138, 153, 164, 169, 173, 175, 191
終助詞　93, 95, 148-151, 154, 155, 200
述語　76, 78, 82, 84, 198
首尾　33, 74-76
将至及言　113, 138
将然格　119
将然言　99, 110, 113, 118, 119, 123, 124, 126, 127, 171, 175, 178, 188-192, 194
将然詞　119
助辞　1, 47, 49, 103-105, 163, 172, 179
使令　99, 109, 113, 118, 119, 138
使令言　99, 118, 119
心的態度　72, 145, 146-148, 154, 155, 200
推量(の助動詞)　19, 41, 72, 74, 76, 78, 123, 135, 138
崇敬法　132
末　15, 38, 39, 42, 79, 113, 135, 153
静辞　3, 101, 102, 105
切言　113
切止言　118

接続詞　118
接続法　129, 131, 132, 135-137, 193
切断活　119
截断言　99, 113, 118, 119, 126, 127, 169, 171, 172, 186, 188, 189, 193
截断詞　118
接尾辞　3, 16, 72, 74, 84, 103, 105
相通　15, 24, 61, 66
統言段　67, 113, 118, 119, 189
統詞段　62, 63, 113, 118, 119, 189
統体活　119
統体活第二活　119
統体言　113, 118, 119, 126, 127, 178
統体方然詞　119
統用活　119
統用活第三活　119
統用活第二活　119
統用既然詞　119
統用言　104, 113, 118, 119, 127, 178
ぞのや何　15, 36

【た】

体　15, 89, 93, 98
第一音　97, 127
第一階立　113
第一階　119, 126, 127, 164, 165, 178
第一過去　31, 32
第一属　113
第一段　99, 113, 118
第一転　113, 114, 119, 126-129, 134
第一等　119
体言　46, 49, 113, 114, 119, 121, 123, 127, 138, 142, 150
第五階伏　113
第五階　119, 126, 127, 164, 165, 178
第五属　113

8

項目索引

第五段　　47, 49, 113, 118
第五転　　113, 119, 126, 127
第五等　　49, 119
第三音第一行　　127
第三音第二行　　127
第三階止　　113
第三階　　119, 126, 178
第三属　　113
第三段　　99, 113, 118
第三転　　113, 119, 126-129
第三転第一行　　126
第三転第二行　　126
第三等　　119
第七段　　36, 51, 113
第二音　　127, 186
第二階　　119, 126, 127, 178, 179
第二階行　　113
第二過去　　32
第二属　　113
第二段　　113, 118
第二転　　113, 119, 126, 127, 129
第二等　　119
第四音第一行　　127
第四音第二行　　127
第四階居　　113
第四階　　119, 126-128
第四属　　113
第四段　　47, 113
第四転　　113, 119, 126-130, 134
第四転第一行　　126
第四転第二行　　126
第四等　　49, 119
第六段　　49, 59, 99, 110, 113, 118
属　　24, 93-95, 104, 110, 141-156, 200
属詞　　62, 63, 203
立居　　43, 94, 142

他動詞　　70, 126
断止言　　169-171, 175-179, 195
断止方然詞　　119
治定　　71
直説法　　131, 132, 163, 175, 193
隊　　141, 154
辞　　1, 2, 34, 36, 49, 62, 64, 89, 92, 93, 96,
　　98, 101, 102, 104, 105, 109, 110, 184, 190
テニヲハ　　1-4, 7, 8, 12, 13, 15, 16, 19, 20,
　　22-25, 33, 40, 42, 45-47, 49, 53-55, 61, 63,
　　64, 66, 67, 90, 92, 93, 95, 97, 98, 100-108,
　　111, 116, 117, 122-125, 128, 129, 132, 135,
　　138, 141, 144, 150, 155, 164, 165, 182, 184,
　　190-193, 197-200, 202, 203
氏邇乎波義慣鈔　　26, 33, 91, 92, 155
伝統文典　　89, 108, 109, 114-116, 124, 125,
　　133, 134, 137, 159, 182, 199
倫　　40, 94, 141-143, 154, 155

【な】

名　　93, 141, 142
咏　　93, 142-144, 146-148, 151, 155
七等　　113
靡　　15, 16, 24, 38, 39, 79, 95, 97, 107, 113,
　　115, 130, 133, 135, 150
靡伏　　16, 113
二位　　118
二級　　118
二等　　113
去倫　　94
願　　91, 93, 94, 102, 107, 118, 142, 144-
　　148, 151, 155
願ふ心の辞　　105

【は】

八等　　113

9

索　引

はも徒　15, 36, 51, 52, 54, 55
半過去　32, 119
引　15, 38, 39
引合　42-45, 48
ひとごと　82-84
標準法　131
不成法　131, 132
附説法　131
伏り　41
不定法　129, 131, 132, 136
文法会　162, 163, 196
変格詞　101
母音交替　16, 21, 24, 66, 97, 115, 128, 130, 133
法　114, 115, 125, 127-137, 139, 161, 163, 183, 199

【ま】

身　94, 141-144, 154
みづから　34, 73, 74, 80
未然疑言　113, 138
未然形　49, 116, 122-124, 135, 190
未然言　118, 124, 171
未然詞　118
未然段　113, 118, 119, 189
未然令言　113
未来　71, 113, 118, 119, 129, 138
未来格　118
未来動詞　126
命言　113, 126
命令形　7, 8, 19, 24, 47, 49, 55, 73, 89-102, 104-112, 114, 124, 125, 128, 130, 132, 133, 137, 138, 144, 150, 153, 155, 156, 182, 189, 190, 197, 199, 200, 202, 203
命令言　119
命令詞　119

命令動詞　126
命令法　91, 108, 109, 119, 125-127, 129-133, 136-138, 199
目　15, 95, 109, 113, 114, 156
メノマエ性　74, 85
目前感言　113, 138
目前察言　113, 138
目前切言　113, 138
モダリティ　73, 82, 198
文部省編輯寮　118, 120, 122, 138, 159, 169, 173, 174, 178, 179, 181, 189, 194, 201

【や】

八衢学派　90, 103, 108, 182
用　15, 45, 89, 93, 98, 104, 105, 129
用言　7, 13, 14, 19-21, 23-25, 37, 41, 45-47, 51, 55, 56, 58, 59, 61-63, 65, 66, 93, 97-102, 104-108, 110, 111, 121, 123, 134, 138, 150, 153, 156, 164, 165, 173, 182, 190, 197-200, 203
用後　113, 118, 126
洋式文典　89, 109, 114, 115, 125, 130, 132-135, 137, 159, 174, 199
用前　113, 118, 126
用体　113, 118, 126
用体言　119
用断　113, 118, 126
洋文典　3, 31, 33, 89, 108, 115, 125, 177, 181, 199, 200
用用　113, 118, 126
装　37, 39, 40, 42, 45, 79, 93
四段活用　7, 19, 20, 22, 32, 36, 38, 44, 49, 51-55, 57, 58, 60, 61, 64, 106, 111, 117, 128, 133, 134, 139, 170, 182-185, 187, 190, 195, 199
四位　118

10

項目索引

四級　　118

四等　　113

【ら】

ラ行変格活用　　23, 36-39, 46, 48, 51-62, 64-
66, 169-175, 179, 183-185, 187-189, 191-
193, 195, 198, 200, 201

良行四段一格　　169, 170, 173, 178, 183, 184,
188, 192, 193, 195

羅行四段の活詞ひとつの変格　　56

量限法　　131

令言　　118

連歌論書　　4, 71, 74, 75, 84, 90

連続法　　131

連体形　　15, 19, 38, 39, 54, 66, 67, 97, 116,
123, 128, 138, 164, 191, 193

連体言　　99, 113, 118, 119, 126, 127, 178, 188,
189, 193

連用格　　119

連用形　　44-48, 60, 61, 63, 116, 122, 123, 138,
190, 198

連用言　　99, 113, 118, 119, 126, 127, 175, 178,
188, 189, 191

連用詞　　118

六等　　113

【わ】

わがこと　　83, 84

11

著者略歴

遠藤佳那子（えんどう・かなこ）

1986年生。上智大学大学院文学研究科国文学専攻博士後期
課程満期退学。博士（文学）。現在、都留文科大学非常勤講
師、フェリス女学院大学非常勤講師、実践女子大学非常勤
講師。
専門は日本語学、日本語学史。
主な論文に「「自他」再考―近世テニヲハ論における」（『上智
大学国文学論集』50、2017年）、「明治前期の活用表における
〈命令形〉」（『日本近代語研究』6、2017年）、「黒川真頼におけ
る『詞八衢』の受容と展開」（『国語と国文学』94-7、2017年）
などがある。

近世後期テニヲハ論の展開と活用研究

〔令和元年度日本学術振興会科学研究費
補助金「研究成果公開促進費」助成出版〕

著者　遠藤佳那子

発行者　池嶋洋次

発行所　勉誠出版㈱

〒101-0051　東京都千代田区神田神保町三─一〇─二
電話　〇三─五二一五─九〇二一（代）

二〇一九年二月二九日　初版発行

印刷
製本　中央精版印刷

ISBN978-4-585-28047-7　C3081

山田孝雄著『日本文体の変遷』

本文と解説

藤本灯・田中草大・北崎勇帆 編・本体四五〇〇円（＋税）

文献時代の初めから明治時代に至る諸資料を博捜・引用し、時代別・文体別に詳述。日本文化・社会の根幹をなす文章・文体の展開を歴史的に位置づける意欲作。

江戸・東京語の否定表現構造の研究

許哲 編・本体七八〇〇円（＋税）

明治文学を対象に、文法的形式と意味・機能の両面から、文末否定表現の史的変遷にアプローチ。過渡期の言語実態を、日本語学的な視点からあぶりだす。

思想史のなかの日本語

訓読・翻訳・国語

中村春作 著・本体二八〇〇円（＋税）

近世から近代にかけての日本語の成立に対する歴史的な視点と、たえず編制され続けてきた「思想の言語」を捉え直し、「日本語とは何か」という問題を論じる意欲作。

近世武家社会と連歌

綿抜豊昭 著・本体九五〇〇円（＋税）

連歌は近世においてどのように展開していったのか。主要大名の資料を博捜し、政治や儀礼のなかに組み込まれながら営まれた連歌の諸相を歴史的に位置付ける。